Chemin du retour

Louis Delorant

Chemin du retour

LE LYS BLEU
ÉDITIONS

ISBN : 979-10-422-2811-8

Ce qui est oublié n'est pas perdu

S. Freud

Préambule

La Vie m'a donné un fils, Grégoire. Grégoire m'a dit, « Donne-moi ta vie ». La voici, dans son authenticité singulière, avec mon ressenti, avec ma vision qui seront sûrement différents de ceux qui l'ont partagée. Mon interprétation intime de l'expérience ne correspond peut-être pas à celle des acteurs. Chacun construit sa personne dans la relation qu'il préfère.

J'ai rendu compte en forme de témoignage, tellement l'écart entre les conditions de la vie de ma petite enfance paraît grand avec celles d'aujourd'hui en 2009. J'ai écrit avec mes moyens qui ne sont pas ceux d'un professionnel. Je « tape » avec un seul doigt sur le clavier de l'ordinateur. C'est lent, mais cela laisse le temps de réfléchir au mot que j'écris et de le remplacer souvent avant même que je l'aie terminé. Je relis et je précise pour être au plus près de ma réalité de l'époque. Ce récit est donc à lire sans l'anachronisme si courant d'aujourd'hui. Nous sommes entre 1942 et 1967. Comme beaucoup de ceux qui revivifient le contenu de leur histoire personnelle, j'ai été frappé par le déroulement naturel d'une vie « toujours présente », à l'image des poissons que l'on ne voit pas au fond de l'étang. Pourtant, ils sont là.

Je n'ai aucun commentaire à laisser à Grégoire. Que les siens soient de lui, dans la gouvernance du bateau de sa vie sur la mer commune de la Vie. Simplement en forme de parabole, cette rencontre faite à l'hôpital avec une dame de quatre-vingt-quinze ans, en perte de mobilité. On l'assoit chaque jour dans un fauteuil contre la fenêtre. « Vous devez vous ennuyer, Madame ? » « Non, je pense et je ne garde que les bonnes pensées ». « Alors, peut-on dire que vous êtes heureuse ? » « Ce n'est pas le mot. Je suis bien dans mon être ».

Autobiographie pour Grégoire

La Vie porte ma vie

Chapitre I
L'arrivée

C'était un dimanche, le vingt-deux novembre mil neuf cent quarante-deux. Vers sept heures du matin, m'a-t-on dit. Je pesais dix livres et demie. Autant dire que j'étais un gros bébé et que ma mère avait souffert en me mettant au monde. Quelques-uns m'accueillaient, mon père bien sûr qui comme médecin avait aidé à ma sortie, ma grand-mère Charpentier, mon grand-père Lancien, ma sœur Flora. Ils étaient là, réunis dans la chambre de mes parents avec la chaleur du poêle Mirus qui protégeait de la température extérieure. Il faisait très froid. Les vitres se bordaient de glace. Dehors en contrebas du jardin des « Manjard », la « sapinette » [1] entièrement recouverte de givre blanc se découpait dans le gris du ciel. À l'intérieur de la chambre, l'atmosphère était douillette. On imagine les linges blancs tout propres posés sur les chaises et les fauteuils, une bouilloire d'eau chauffant sur le poêle brûlant et une légère odeur de fumée de bois. Tous étaient heureux, ma mère de sa délivrance, moi de ma liberté, les autres de la bonne émotion du moment. Ils me donnaient le nom de Louis[2], comme mon père et associaient celui de Marie comme ma grand-mère Charpentier. J'existais donc en Louis, Marie. Mais on ne me fit vivre qu'en Louis. Ceci advenait en Saintonge, à Montguyon, gros bourg du département qui s'appelait alors la Charente-Intérieure.[3]

---

[1] Un épicéa de plus de vingt mètres de haut.

[2] Parce que l'abbé Paillet curé du village, qui venait de mourir sur le front dans la forêt de la Meuse en 1940, avait une dévotion particulière pour ce moine.

[3] Aujourd'hui : Charente-Maritime – 17 270 Montguyon.

J'étais si gros que l'on ne voyait qu'une boule de graisse à la place du nez et je respirais difficilement. Les choses se compliquèrent très vite avec l'apparition de l'impétigo sur mon visage. On craint pour ma vie. Il fallut me baptiser, mais l'église était trop loin et la température trop basse. L'Église vint donc à moi en la personne du curé Jamain qui m'ondoyait sur le champ. L'impétigo, quant à lui, venait de la machine à coudre. Les Allemands occupaient notre maison où un officier avait décidé d'établir ses quartiers, tandis que le reste de la troupe s'installait dans le grand pré de derrière la maison. Le tailleur des soldats avait réquisitionné la machine à coudre familiale. Or, il était atteint d'impétigo et c'est ainsi que ma mère qui utilisait la machine en cachette se contaminait sans le savoir. Son état empirait très vite à l'accouchement. On devait la transporter en urgence à la clinique de Libourne où pendant quelques jours son maintien en vie restait en suspens. Bref, nous survivions elle et moi, dans la confiance du lendemain.

J'aimais beaucoup mon berceau. Deux barres verticales rondes de métal peint en blanc, des pieds en arabesques supportant une mandorle horizontale en fer plat à laquelle pendait un filet. Dans le filet, un petit matelas gros comme un bel oreiller et sur l'oreiller, « Moi » heureux nombril du monde. Je regardais avec ravissement les voiles en tulle qui descendaient de la crosse de la tige verticale qui se dressait à la tête du berceau. Comble de bonheur lorsque les rideaux enveloppaient le berceau. Je pouvais alors rêver dans cet œuf blanc qui volait dans un univers encore matriciel. Marquer l'empreinte en creux de ma destinée. Un univers aimant dont des mains affectueuses venaient parfois bercer la mandorle. Je m'assoupissais et partais dans le laisser-aller bienfaisant de l'assurance d'être protégé.

Plus tard je saurais que mes quatre sœurs et mon frère avaient dormi dans ce berceau. Mes neveux et nièces s'y reposeront ainsi que mon fils Grégoire ; petit lien de mémoire temporaire comme peuvent l'être les bras des grands-parents.

Le pot de chambre fut un des premiers apprentissages de l'autonomie. Il devint imposé. Au milieu de la salle de bains, tout blanc, il m'attendait. Ma mère se fâchait, même quand je n'avais pas envie : naissance des conflits. Et découverte de la première odeur personnelle, du produit mystérieux de son corps. J'ai fait comme tous les enfants de la terre, dans la chaleur de l'été je me suis mis à genoux pour sentir de plus près cette chose bizarre, marron et arrondie ; « ça alors, j'existe ! ». Je crois que je devais chanter pendant que j'étais assis.

L'après-midi, je faisais la sieste allongé sur mon lit, dans la chambre de mes parents. Je devais donc avoir environ trois ans quand un jour j'entendais un plâtrier qui sifflait en travaillant au rez-de-chaussée. Je descendais en rouspétant pour lui dire de se taire et « de me laisser dormir ». Je recevais en retour une réprimande de ma mère d'une part pour avoir mal parlé à un adulte et d'autre part pour être descendu tout seul, ce qui m'était interdit. Ce souvenir d'initiative intempestive et de mauvais caractère ne m'a pas quitté, curieusement ! J'ai conservé également la bonne odeur humide du plâtre blanc que l'homme étalait sur les briques rouges. Le regarder faire me fascinait par « ce » qui se construisait de ses mains.

Nous habitions une grande maison sur rez-de-chaussée avec étage, de la fin du19e siècle. Mes parents l'avaient achetée en1929 un peu après la naissance de ma sœur Myriam. Les pièces où nous vivions au premier étage se disposaient de part et d'autre d'un couloir qui traversait toute la maison. On y accédait de la façade arrière par un perron soutenu de deux escaliers en pierre de taille et de la façade avant par de larges marches de pierre posées sur une terrasse sablée. Quand les portes de séparation s'ouvraient, nous voyions à la fois le pré du jardin de l'arrière et les ifs du jardin de devant. Côté sud, c'étaient les chambres et le bureau de mon père ; côté nord le salon, la salle à manger, la cuisine et la chambre de ma grand-mère donnant sur le pré. Sous le toit de tuiles, un grenier de toute la surface de la maison, éclairé par des lucarnes en chien-assis. Au rez-de-chaussée que nous appelions le sous-sol (semi-enterré), il y avait le garage pour la voiture ; une grande cave ventilée par des soupiraux où se trouvaient de vieilles barriques de vin ; un chai où l'on rangeait le bois coupé destiné aux poêles et aux cheminées. Un escalier de bois descendait à la cave. Chacun de ces endroits possédait sa personnalité, son odeur, son couloir d'accès, sa pénombre et ses zones noires. Des recoins un peu partout permettaient de jouer à la cachette. C'était une maison vivante, remplie de fluides variés qui pouvaient nous faire peur la nuit et nous combler de bonheur le jour. Tout cela était propice au développement des sens corporels et à celui de l'imagination.

Qu'aurait été la maison sans le jardin qui l'entourait ? On y entrait par une grille en fer forgé qui le bordait le long de « la côte du champ de foire ». Immédiatement on se trouvait sous la voûte de trois beaux ifs qui conduisait en nef jusqu'aux marches du perron. Trois grands tilleuls sur la gauche les dépassaient de leur hauteur. Côté nord de la maison, on pouvait courir sur les allées entre des massifs de légumes et un de framboisiers à l'abri de quelques poiriers. Un petit mur de moellons couvert de tuiles séparait le jardin de devant de celui de l'arrière. On arrivait sous l'ombrage d'un très haut tilleul à l'entrée d'un grand pré d'agrément. Là, deux rangées de pommiers se prolongeaient jusqu'au fond du pré, rejoignant la haie d'arbres de clôture d'avec la propriété voisine. Le long de « la route de Vassiac », mon père qui aimait cultiver avait planté quatre rangs de vigne qu'il « soignait » avec attention comme il le faisait des pommiers et des cerisiers. Il y avait aussi dans l'angle de la propriété mitoyenne de la maison de « La Justice de Paix », un petit poulailler où nous allions chercher des œufs. C'était l'endroit interdit dans la crainte que j'en laisse la porte ouverte. Je la sens encore dans ma main cette porte avec son cadre en planche de bois vieilli gris, son grillage « à poule » et son crochet à faire entrer dans l'anneau du piton fixé sur le montant.

Ce pré offrait une particularité intéressante, il surplombait côté sud le terrain de football communal où l'on descendait par un étroit passage, au travers de la haie de clôture. Ce fut ici, sans aucun doute, que je coupais (souvent…) concrètement et symboliquement le cordon ombilical familial. Enfin, dans le prolongement de la haie du terrain de football, on pouvait emprunter ce que nous nommions pompeusement « la rue du garage » qui nous séparait de la propriété de la famille Manjard, plus tard acquise par la mairie pour y construire un cinéma. Le côté sud de la maison possédait une vue pour moi capitale qui imprégnerait réellement toute mon enfance et adolescence : « La Vieille Tour » de Montguyon ou donjon du XIIe dont la ruine du haut « du Plateau » dominait le village et naturellement notre maison. D'ailleurs, la chambre où je suis né ouvrait ses fenêtres « sur » le donjon veillant sur moi en puissance tutélaire… de protection limitée dans le temps ; mais je ne le savais pas encore.

Ce grand jardin bornait le lieu de la première autonomie. Dans les beaux jours de l'été, au moins jusqu'à quatre ans, on me laissait le parcourir pieds nus. C'était un délice de sentir le sable ou les petits graviers qui chatouillaient le dessous des pieds. Il m'arrivait de m'élancer et de glisser volontairement dans les virages des allées, où je me faisais peur en courant vite ! Je n'ai pas encore parlé de la diversité des plantations dans les massifs : des rosiers bien sûr, mais aussi des palmiers, des buis, des figuiers, des lilas blancs et des bleus, des bambous avec anneaux, des roseaux le long de murs, des fusains contre le mur de la côte, des bignones orange et rouge grimpant sur la rambarde des escaliers de derrière, un arbre du Japon et même un grenadier exposé plein sud planté contre le mur de la maison de la famille Royé. Avec le recul je regarde tout cela en admiration de mes parents d'avoir su créer pour eux-mêmes et leurs enfants un environnement qui de nos jours fait rêver.

Dans chacun des deux massifs devant le perron d'accès du devant poussaient de belles pivoines roses du Japon. Très tôt on avait attiré mon attention sur le danger des fleurs qui accueillaient des abeilles souvent invisibles, cachées à l'intérieur. Qu'est-il donc passé dans le fluide de ce jour d'été de mes trois/quatre ans ? Ce dont je me souviens, c'est d'un petit garçon aux pieds nus qui gambade dans le jardin. Il enjambe la petite bordure de buis et il s'approche des grosses pivoines roses qu'il secoue pour s'assurer de l'absence de guêpes. Il se hausse sur la pointe des pieds, incline une pivoine vers son visage, la sent de l'extérieur et plonge son nez au cœur. L'odeur l'envahit, le submerge. Dans l'éclatement de ses sens, le rose pâle des pétales éclaire son cerveau, la chaleur du soleil l'inonde. Il n'est plus là… mais si, il y est plus que jamais, dans la découverte d'une communion insoupçonnée pour lui : une immersion dans la nature, une participation vivante à ce qui l'entoure, le ressenti d'une vibration universelle « reliante », créatrice de son être en soi non pas « à côté de », mais « avec ». Une vibration globale des cinq sens dans l'odorat, le toucher, la vue, le goût, l'ouïe, qui se joignent dans l'effloraison d'un sixième : l'*émotion*, ce mouvement harmonique unifiant l'unité avec le Tout. Plus en avant dans sa vie, il conceptualisera en microcosme et macrocosme. Pour l'instant, il vit d'une façon existentielle cette sortie de lui-même dans l'amour de la nature qu'il ressent en partage entre elle et lui. Ce moment-là je ne l'oublierai pas, c'est la fondation de ma structure.

Pieds nus sur la terre et caresse sur mes joues des pétales d'une grosse pivoine blanche.

Chapitre II
La famille proche

Tout centré sur la naissance de ma personne, je ne me préoccupais pas trop de ceux qui m'entouraient tant je me sentais en affection. J'étais élevé pratiquement comme un enfant unique avec la seule présence de ma sœur Camillia, mais de quatre ans plus âgée. A trois ans j'apprenais à sentir les fleurs du jardin tandis qu'elle a sept se penchait déjà sur les premiers livres de lecture. Les trois autres sœurs et mon frère étaient en pension à l'extérieur. Seize ans me séparaient de ma sœur aînée Myriam (je suis né l'année de son baccalauréat !), quinze années entre ma sœur Flora, treize entre ma sœur Fabienne et dix entre mon frère Julien. Ils suivaient leur scolarité à Bordeaux pour mes sœurs et à Bétharam dans les Pyrénées pour Julien. Je les voyais un peu aux grandes vacances, mais sur le fond j'étais petit garçon seul. Seul ? Pas tout à fait.

Médecin de campagne, papa travaillait toute la journée du lundi au samedi inclus. Le matin, il recevait ses clients et l'après-midi, il partait en voiture pour les visites des malades qui n'avaient pas pu venir. Je le voyais donc à déjeuner, le plus souvent rapidement, en retard sur son programme. Je constatais les tensions qui s'établissaient entre lui et ma mère, « Louis, ton repas est encore froid… Je dois le faire réchauffer… Tu te fatigues trop… ». Il bougonnait et avalait les plats servis. Il avait un côté triste et le regard qu'il portait sur moi m'impressionnait de son affection bienveillante. Le soir pour dîner, il revenait tard de sa « tournée » et nous ne mangions pas toujours ensemble. Il ne manquait pas cependant de venir m'embrasser dans mon lit. La nuit le téléphone pouvait sonner ou la cloche de l'entrée carillonner. La plupart du temps c'était pour un accouchement, car en ce temps-là les femmes donnaient naissance à la maison. Il partait donc, sans savoir si « ce » serait rapide ou compliqué. La nuit devenait longue pour lui et pour maman. Et inquiète pour moi.

Il était né en 1890. J'étais donc un fils de vieux comme je l'entendis fréquemment par la suite. Il avait effectivement l'âge des grands-pères de mes copains de cours d'école. C'est sûrement pour cela que les liens que nous tissions entre nous deux s'imprégnaient d'un non-dit d'amour de chagrin, lui dans la conscience de l'accélération du temps de nos rapports et moi dans l'éveil diffus à une limite redoutée. Il compensait son absence par un surcroît de tendresse… qui n'excluait naturellement pas la sévérité à l'obéissance due par les enfants aux parents.

Maman, Marguerite, avait onze ans de moins que papa. C'était une femme au caractère affirmé qui savait ce qu'elle voulait. Son impulsivité non maîtrisée la conduisait à des situations d'excès qu'elle regrettait aussi vite qu'elle les avait fait apparaître. Même sur le tard, sa spontanéité lui jouait des tours. Dans ses soixante ans, je l'ai entendue un dimanche à la sortie de la messe répondre vertement à un homme jeune qui demandait l'aumône, « Au lieu de tendre la main, vous feriez mieux d'aller travailler ! » (en 1966 il y avait beaucoup d'offres d'emploi) Continuant notre marche je disais « Maman tu sors de l'église où tu as prié Dieu et tu réponds comme cela à cet homme ? ». « Tu as raison » dit-elle et dans la seconde elle retourne sur ses pas, la larme à l'œil, et tout en s'excusant donne un gros billet au demandeur. Ainsi était maman. Pas étonnant qu'elle se sentait incomprise et que de nombreux désaccords surgissaient dans ses rapports à autrui. Néanmoins, c'était une affective, émotionnelle certes, mais qui aimait foncièrement les autres. J'en parle aujourd'hui avec mes mots d'adulte, mais ils expriment la réalité de mon ressenti d'enfant : j'aimais beaucoup ma maman, mais elle était difficile à vivre.

Ma grand-mère maternelle, Marie Charpentier vivait aussi dans la maison. Vieille dame, aux longs cheveux blancs peignés en chignon. Les jambes fragiles, elle ne marchait qu'appuyée sur deux grosses canes en bois clair, terminées par des antidérapants en caoutchouc. Les escaliers lui étaient interdits et le plus clair du temps, elle restait dans un petit appartement qui lui avait été aménagé au rez-de-chaussée. Elle s'asseyait dans un fauteuil d'osier rembourré de coussins. Je plaçais un tabouret en bois sous ses pieds en soulevant ses jambes raides. Elle confectionnait au crochet des fichus de grosse laine, à mailles serrées. L'hiver, ses épaules en étaient recouvertes du cou jusqu'à la taille. Les femmes en jetaient un sur leur dos avant de sortir dehors, ou au réveil quand elles allaient dans les pièces froides vider la cendre des poêles et rallumer le feu. On emmitouflait aussi les bébés dans ses fichus. La plupart de mes neveux et nièces ont dû oublier les sommes qu'ils y ont effectués ! Des difficultés de digestion l'obligeaient à suivre un régime alimentaire particulier dans lequel j'appréciais le pain d'épice et les biscuits Lu. Elle avait un « cœur d'or », selon l'expression du temps et j'allais régulièrement solliciter quelques bonnes choses à manger. Je crois que c'est chez elle que j'ai dû commettre mes premiers petits larcins dans les boîtes en fer où elle rangeait ses friandises. Son appartement était chauffé par un poêle à bois Mirus de couleur verte avec quelques parties de mica sur la façade avant qui permettaient de voir à l'intérieur si le bois brûlait, s'il en restait, s'il y avait des braises rougeoyantes. On pouvait régler le tirage au moyen d'un petit clapet rond qui tournait ouvert/fermé sur la porte. On pressent mon immersion consentante dans ce monde de chaleur. Assise dans son fauteuil, grand-mère me donnait aussi des boudoirs. Je m'agenouillais contre ses pieds enfouis dans de gros chaussons douillets en feutre et je posais ma tête sur son grand tablier noir. Elle passait sa main dans mes cheveux en grattant la nuque du bout de ses doigts. C'était délicieux. Je m'assoupissais. L'été on installait son fauteuil sous le haut tilleul[4] près du « petit garage » de derrière. On l'accompagnait s'y asseoir. On garnissait son tablier de fleurs du tilleul qu'elle triait pour ses futures infusions. De cette position elle surplombait le pré et les alignements de pommiers. Dans l'air un peu lourd de l'après-midi, elle écoutait les merles : « Tu les entends parler ? » me disait-elle. Cependant, cette quiétude, pour importante qu'elle fût, ne pouvait pas tout occulter. Elle portait en elle le drame familial.

Grand-mère était une des premières femmes qui aient divorcé à Montguyon en 1905, à l'issue d'un procès retentissant où une bonne fraction du village avait témoigné en sa faveur. (Je possède les minutes du procès) Elle avait donc dû quitter mon grand-père Albert Lancien, médecin du lieu, avec ma mère alors que celle-ci n'était encore qu'une petite fille. « Lancien » comme l'appelait grand-mère vivait encore dans sa maison de « la rue de la gendarmerie ». Il avait beaucoup de choses à se faire pardonner. Célibataire à la campagne, il s'était marié avec ma grand-mère grâce aux petites annonces, ce qui dénotait une certaine originalité au début du XXe siècle. Grand-mère vivait avec sa maman à Pougues-les-Eaux dans la Nièvre, son père entrepreneur aisé étant décédé depuis quelques années. L'union de « procuration » de mes grands-parents n'avait jamais bien fonctionné. « Lancien » montrait une avarice devenue proverbiale, manifestant une jalousie hors de propos en clouant les fenêtres de sa maison pour que grand-mère ne sorte pas dans le bourg pendant ses absences, et se comportant d'une telle façon a-sociable qu'il se fâchait régulièrement avec ses proches. Juste avant le procès, la maman de ma grand-mère était venue l'aider et le drame fut tel avec son gendre Lancien, qu'elle mourut à Montguyon. Drame absolu qui se prolongeait au-delà du jugement du

[4] À cet endroit, je trouvais régulièrement des silex que je m'amusais à lancer parce qu'ils se tenaient bien en main. Certains avaient les bords tranchants comme des lames de couteaux. Beaucoup d'années après en lisant sur le sujet je me demandais s'il ne s'agissait pas de silex taillés. Toujours à cet endroit, ma mère m'a dit qu'au cours de travaux des terrassements, les ouvriers avaient dégagé une large pierre lisse comme un tampon de fermeture qui sonnait le creux aux chocs des manches des pioches. Une crainte obscure l'avait empêchée d'en essayer l'ouverture… maintenant sous la fosse septique.

procès quand grand-mère dut être hébergée par une famille compatissante de Montguyon… tandis que le grand-père Lancien refusait de participer aux frais d'éducation et de nourriture de sa fille… ma maman. On comprendra ici peut-être mieux la fragilité psychologique de maman après la traversée d'une enfance si pleine d'embûches familiales. Épreuves qui se poursuivaient donc entre la présence de grand-mère chez nous et celle de grand-père chez lui. Le temps ayant fait son œuvre de lissage et la progressivité de l'âge aidant, les choses s'étaient quelque peu adoucies. Les grands-parents n'abordaient plus leurs déboires conjugaux, mais lorsque grand-mère apprenait que « Lancien » arrivait, elle quittait précipitamment les lieux, déclarant : « Voilà le vieux qui vient. Je pars ». Grand-père avait quatre-vingt-six ans, grand-mère soixante-quinze et moi cinq : l'observation des tempêtes de la vie entraîne chez les plus jeunes la formation d'une compréhension de la réalité qui peut faire défaut à bien des adultes.

De temps en temps on m'envoyait chez grand-père pour lui porter son repas. Il m'est arrivé de le trouver endormi, affalé sur son fauteuil, les jambes allongées et les pieds dans l'âtre de la cheminée, les semelles de ses chaussures racornies par la chaleur. Je me souviens d'une fois où il m'avait emmené dans une chambre à l'étage. Il avait ouvert une armoire et sorti de dessous une pile de draps, une épée qui m'avait impressionné. Je le vois encore faisant des moulinets pour montrer à mes yeux émerveillés comment on se battait en duel avec les « boches »[5]. Las, de retour dans mon foyer mon père avait brisé le rêve en expliquant qu'il s'agissait d'une épée d'apparat donnée à grand-père avec le grade de capitaine à l'issue de la Première Guerre mondiale… qu'il avait passé à l'« arrière » compte tenu de son âge, cinquante-quatre ans en1914 !

[5] … Que nos amis allemands veuillent bien comprendre.

Dans la famille il avait la réputation d'un original. Il était né à Montguyon d'un papa vétérinaire. Sa scolarité secondaire s'était déroulée à Montlieu où un « petit séminaire » situé contre l'église l'avait accueilli en sixième. Nous sommes en 1870... Il faisait ses études de médecine à Bordeaux puis à Paris. Une première tentative de mariage le distingua dans la commune. Le jour prévu, on trouva la porte de sa maison fermée. Il était parti à une exposition à Londres. Scandale. Désormais Albert Lancien ne serait plus désigné que sous le nom brutal de « Lancien ». On comprendra mieux pourquoi il passait des petites annonces en recherche de mariage dans les journaux ; aucune femme locale ne souhaitait s'unir à lui. Son caractère exécrable le précédait dans la vie et dans sa propre famille. Par exemple, apprenant la mort de son frère à Montendre avec lequel il était fâché pour une cause oubliée par les autres, il refusait d'aller à son enterrement, disant : « J'irai plutôt pisser sur sa tombe ». Des rumeurs concernant des « exploits cachés » parvinrent aussi à mes oreilles lorsque je fus adulte : on y parlait d'enfant illégitime qu'il aurait eu à Paris résultant d'amours secrets avec une jeune employée de maison. J'aurais donc eu un grand-oncle non signalé, gendarme près de Royan, mais ceci sans garantie... Avec moins de garanties encore, on me dit qu'il aurait assassiné un de ses professeurs de médecine lors d'une rixe dans une rue de Paris, rixe révélée par les confidences tardives de son compagnon d'alors qui deviendrait père d'un notaire de Saint Aigulin... De plus en plus sulfureux le grand-père ! Cela touche au romanesque. On ne prête qu'aux riches, dit-on... Cependant, j'appris d'une façon plus authentique qu'il possédait aussi ses zones de lumières. Mes parents m'envoyaient souvent faire des courses chez mademoiselle Doussarit qui tenait une épicerie près de la charcuterie Guichard. Elle avait une voix éraillée. Un jour elle me dit : « Tu sais, je suis encore vivante grâce à ton grand-père. Quand j'étais jeune, j'ai été malade du "croup", ma gorge se fermait, je ne pouvais plus respirer et j'allais mourir étouffée. Ton grand-père est venu, il a pratiqué une trachéotomie à la base du cou sous l'endroit qui se resserrait, il y a fait entrer un tube et j'ai pu respirer. Des cordes vocales ont été sectionnées, mais cela ne fait rien. J'étais sauvée ». Cela se passait aux environs de 1890. Il fallait être bon médecin et courageux pour prendre le risque de réaliser une telle opération, qui plus est à domicile en pleine campagne. Ce jour-là, j'apprenais pour le reste de ma vie que nous étions un composé de couleurs… et jamais mono couleur.

D'autres aspects alimentaient le côté un peu hors norme de Lancien. Au cours du 19° siècle sa famille s'était convertie du protestantisme au catholicisme. Quand nous allions à la messe le dimanche à Vassiac, maman ne manquait pas de me montrer un endroit au pied extérieur du mur à droite en entrant : « Tu vois, c'est ici qu'est enterré un Lancien depuis plus de cent ans parce qu'il était resté protestant. On n'enterrait dans le cimetière que les catholiques ». Beaucoup plus tard, j'ai eu la confirmation par défaut de ces origines protestantes où, faisant des recherches généalogiques, je n'ai pas pu remonter avant les années de la Révolution. Le nom de Lancien n'apparaissait pas sur les registres paroissiaux catholiques. Les registres des protestants étant très parcellaires… l'histoire de France les avait entraînés à être prudents. La petite histoire des Lancien s'étoffait également d'un épisode qui me paraissait un peu légendaire : maman racontait que son ancêtre Elie Lancien[6] était originaire de Lille « en Flandres ». Pendant le Premier Empire, Vétérinaire dans l'Armée d'Espagne, il aurait connu une femme à Montguyon lors d'une halte de son armée qui descendait vers la frontière espagnole. Ils se seraient plu et il lui aurait promis de l'épouser s'il revenait vivant de cette guerre (1807/1814). Dans les archives des actes civils de Montguyon j'ai effectivement retrouvé la mention du mariage d'Elie Lancien « Artiste vétérinaire » et de Julie Grondin, « Accoucheuse » le 10 décembre 1819. L'histoire est belle… Je terminerai plus sûrement avec la découverte d'un village qui portait le nom de Lancien près d'Archiac en Charente-Maritime. Les habitants, « gênés » par ce nom qui provoquait les moqueries, le

[6] J'ai eu une impression curieuse en adressant une lettre à son nom au Service historique de la Défense au Château de Vincennes… en quelque sorte, lui écrire deux cents ans après !

remplaçaient vers 1937 par St Martial sur Née. J'avais peut-être trouvé le départ de cette branche de mon arbre.

Albert Lancien vécu sa fin de vie en repentance dirions-nous aujourd'hui, en regrets (?) de ses agissements passés à l'encontre de grand-mère Charpentier. Il marquait une forte dévotion à la Vierge Marie. Régulièrement il se rendait prier dans une chapelle maintenant démolie qui jouxtait le « Couvent », école primaire privée située sur la route des Maine. Il y faisait froid. Il n'était pas assez couvert. Il attrapait une mauvaise bronchite. Un matin de janvier 1949, je le trouvais assis sur les marches de la grille d'entrée du jardin, recroquevillé contre le mur. Curieusement, il s'était habillé de son costume marron et de son gilet. Il tenait à la main une « lampe Pigeon », la mèche allumée. Ma mère arrivait en courant, « Qu'est-ce qui se passe, papa ? ». « Je vais chez ma fille avec ma lampe pour m'éclairer… ». Sa grande nuit commençait. Il mourait dans la journée. Ma mère m'emmenait le lendemain voir son corps, dans le clair-obscur du salon où l'on avait mis les volets en dôme et recouvert d'un drap le miroir mural. Je fis une prière pour lui, debout près de la flamme de sa lampe Pigeon. C'était mon premier mort.

Chapitre III
Les premiers pas

J'ai retrouvé une photo de ces premières années familiales. C'est l'été. Je suis un petit garçon de quatre ou cinq ans, portant une barboteuse tricotée en laine avec un grand L sur le devant (L comme Louis). Chaussées de sandales en cuir, les jambes sont minces, avec les genoux légèrement rentrés vers l'intérieur. Les cheveux sont blonds, bouclés, longs jusqu'aux épaules, peignés avec la raie sur le côté et une grosse anglaise roulée au milieu du crâne, à la mode des années de l'immédiate après-guerre. Je dois le dire sans fausse modestie, mes cheveux particulièrement fins provoquaient l'étonnement. Chacun voulait les toucher en y allant de son petit compliment. Je réagissais par un profond agacement. Je n'étais pas la propriété des autres et je ressentais dans tous ces gestes un « vol » de ma personne. Combien de fois aussi ai-je entendu, « Comme elle est belle cette petite fille ! ». Je me renfrognais jusqu'au moment où je répondais par un coup de pied dans les tibias tout en disant méchamment, « Je ne suis pas une fille, je m'appelle Louis Delorant ! ». Ma mère me donnait une gifle et l'interlocutrice déçue ajoutait, « Il a mauvais caractère cet enfant ». En conséquence je ne voulais plus parler. Tout cela devait cesser. Vers cinq ans j'allais pour la première fois chez le coiffeur, monsieur Dupuis qui coupait mes belles boucles. Grand-mère avait beaucoup insisté pour qu'on lui rapporte quelques mèches. Elle les rangeait dans une boîte sur laquelle elle mentionnait de son écriture penchée très 19e, « cheveux de Louis ». Je les ai encore. Elle aimait ce genre de souvenir. J'ai découvert beaucoup plus tard une toute petite boîte avec ces mots de sa main : « Dents de lait de Lily », petit surnom qu'elle avait donné à maman. Aujourd'hui, je regarde ému les dents de lait de ma maman (née en 1901 !), des petites perles blanc nacré.

Parmi les scènes de l'extérieur, l'aspect des camions gazogènes m'impressionnait au plus haut point. Dès que j'en entendais le bruit très élevé, je courais jusqu'à la grille du jardin pour les regarder monter la côte en pétaradant. La « chaudière ronde verticale » laissait sortir par le haut un panache de fumée noire. Par le bas, des flammes jaunâtres s'échappaient par à-coups, juste à hauteur de mes yeux. Je revois précisément le geste d'un conducteur jetant une bûchette de bois dans le foyer et se retirer rapidement pour éviter le retour de flammes. Du feu, du métal, des explosions : la matière en mouvement, une énigme. D'autres événements étaient plus calmes dans mes quatre/cinq ans ; par exemple lors des processions de la Fête – Dieu fin mai début juin. Les petits enfants portaient des corbeilles recouvertes de tissu blanc avec un ruban qui passait derrière le cou, bleu pour les garçons, rose pour les filles. De Montguyon on rejoignait Vassiac avec des haltes au pied des calvaires devant lesquels un reposoir avait été installé. Face à un ostensoir, en accompagnement des chants, on jetait une pluie de pétales de roses que l'on prenait en poignées dans nos corbeilles… Une année maman avait même mis en place un reposoir devant la grille du jardin le long de la côte.

J'avais hérité des jouets de mes frères et sœurs et même pour certains de mon père ! Je pense notamment à des soldats style 1900 en terre cuite peinte à la main, qui feraient maintenant la joie des collectionneurs. J'avais un ours jaune provenant également de la fratrie. Tous ces jouets étaient en parfait état après un usage de cinq enfants. Je les ai tous cassés, les uns après les autres. Soit je les démontais pour voir ce qu'ils avaient à l'intérieur et je ne les remontais pas, soit je les ouvrais en force. Là encore, j'ai reçu de nombreuses taloches de ma mère. J'étais doublement déçu, d'une part dans la conscience d'avoir détérioré des jouets qui avaient de la valeur et d'autre part d'être réprimandé. Une pulsion non maîtrisée me poussait à ce passage à l'acte. Quelle joie j'éprouvais, à lancer nounours en l'air, lui prenant le bras pour avoir plus d'élan ; à le voir monter le plus haut possible dans le ciel ou dans un arbre et, comble de plaisir, à le voir retomber de branche en branche ; et à le rattraper dans mes mains avant qu'il ne touche le sol ! J'en ris encore.

Il fallait que j'aille à l'école. Le Couvent des Ursulines, établissement primaire de filles, offrait une première année mixte filles/garçons pour les tout-petits. Plusieurs raisons guidaient le choix de mes parents, la proximité (deux cents mètres de la maison), la présence de ma sœur Camillia qui m'y accompagnait, l'aspect « école privée catholique » qui convenait plus à ma mère. Je ne me souviens pas du déroulement de cette année, sauf qu'il me semble avoir été qualifié d'enfant dissipé, avec de la difficulté à se tenir attentionné.

J'étais encore dans la ouate de mon jardin et j'y étais si bien.

De ces années où le confort intérieur de l'enfant peut paraître immuable m'est resté gravé avec une grande netteté le jour de la kermesse paroissiale dans la propriété de la famille Manjard. C'était un très beau parc entre notre maison et la Vieille Tour, bordé à l'est par le terrain de football et à l'ouest par le champ de foire. On entrait par un portail en fer ouvrant sur le champ de foire. Une allée, bordée à droite d'une haie de petits ifs et à gauche d'un muret de pierre séparant un grand potager, conduisait au jardin. On voyait alors une pelouse ceinturée de petits buis et entourée d'une allée en sable. Les étals des vendeurs paroissiaux s'organisaient dans cet espace. On trouvait à acheter les habituelles broderies, la vaisselle dépareillée, les gâteaux faits « maison », les pochettes-surprises, les vieux jouets en bon état. L'un d'entre eux avait attiré mon attention : une Jeep toute rouge à pédales, mais neuve, avec une étoile blanche entourée d'un cercle peints sur le capot. Papa me l'achetait. Je fus comblé, car, par principe, mes parents ne m'achetaient aucun jouet ; « Tu as ceux de tes frères et sœurs… », ou ce qu'il en restait. La pelouse se calait sur une pièce d'eau que nous appelions la « rivière ». Celle-ci courait de la limite de notre pré jusqu'au pied de la Tour où un lavoir était aménagé. Les bords de la rivière étaient plantés de conifères plus que centenaires dont les longues branches basses s'étalaient en virgules jusqu'au ras du sol. Deux ponts de bois la traversaient. L'un plus large que l'autre que nous appelions le « grand » pont et l'autre, le « petit ». Les animateurs de la kermesse apportaient des canards vivants, tenus dans l'eau par une ficelle attachée à une de leur patte. Pour gagner un canard, il fallait lancer un anneau de bois et qu'il s'enfile en collier autour de son cou. Le jeu demandait de l'adresse. Il y avait un certain orgueil dans les yeux de ceux qui repartaient avec un canard vivant sous le bras. À côté de la pelouse, un marronnier d'Inde aux longues branches dominait l'espace. En dessous se trouvait le jeu des lapins, avec des planches au sol et des passages en portes numérotées. On achetait un numéro, on lâchait le lapin, s'il passait sous la porte de son numéro, on repartait avec lui. Plus loin, le parc des Manjard s'adossait en arrondi à la colline plantée d'ifs, surmontée de la Vieille Tour. En pied, la vanne du lavoir laissait s'écouler un filet d'eau qui épousait la courbe de la colline pour aboutir à un second lavoir contre une bâtisse de jardin. Au-dessus du ruisseau, du lierre tapissait le versant de la colline. Au milieu de l'arrondi du jardin, près du lavoir, de grosses pierres de granit rouge avaient été disposées en fer à cheval, avec des massifs de buis. Les participants de la kermesse venaient s'y désaltérer sur des tables en panneaux de bois posés sur des tréteaux… Les bouteilles de limonades et de bière, fermées par des bouchons de porcelaine blanche accrochés par une tige métallique, étaient maintenues au frais dans l'eau du ruisseau, cachées derrière le lierre. J'entends encore les voix qui résonnaient en écho sur la paroi de la colline et des arbres. Dans ce parc on pouvait voir aussi un grand magnolia, des massifs de roses, des roseaux plantés à l'extrémité de la rivière près de ma maison. On remarquait enfin, ou tout de suite en arrivant, la « sapinette », un sapin très haut qui poussait contre un réservoir d'eau, tout près de la maison des Manjard. C'était une belle demeure bourgeoise du XIXe, à un étage et haute toiture en ardoise, la seule du village. Il me reste en mémoire vivante le vécu de cette kermesse à la manière d'un tableau de Brueghel le Vieux. Quand les hommes et les femmes s'amusent.

Aujourd'hui il ne reste plus rien de ce parc si intelligemment conçu. La propriété fut achetée par la municipalité quand j'avais huit ou neuf ans. Elle devint le terrain de jeu privilégié des enfants du village et notamment le mien jusqu'aux années de l'adolescence. La municipalité y construisait un cinéma, coupait les arbres centenaires, supprimait les haies et les massifs, comblait la « rivière », remplaçait le ruisseau par une buse enterrée. Le terrain fut aplani et recouvert d'une couche de sable. Il ne restait plus à la Vieille Tour qu'à s'écrouler. Elle le faisait en janvier1982.

Les étés 1946/48 furent particulièrement chauds et secs. L'eau courante n'était pas encore installée dans la commune (elle le fut peu après). La capacité de notre puits devint insuffisante pour alimenter les besoins de la maison, bien que mon père y ait fait raccorder une pompe électrique avec un ballon de rétention. Nous sommes donc allés chercher l'eau à la fontaine de Fontcrose qui se situait en contrebas de l'église de Vassiac sur le chemin de Pineau. Nous partons avec de grosses bonbonnes de verre posées sur la brouette en bois. Nous empruntons la petite route de Vassiac remplie de la chaleur de la journée. Nous nous arrosons en riant à la fontaine. Chose rare, toute la famille s'est trouvée réunie à cette occasion : papa, maman, Myriam, Flora, Fabienne, Julien, Camillia, Louis. Quelques mauvaises photos noir et blanc en gardent le souvenir. À ce moment des saisons j'appréciais avec volupté l'odeur des foins coupés du grand pré de l'arrière de la maison. C'était l'événement joyeux de l'été. D'abord, la patience ; il fallait attendre que l'herbe soit le plus haut possible, tout en observant le ciel pour éviter qu'un orage malencontreux ne vienne aplatir ce qui avait pris tant de temps à pousser. Ensuite, l'obéissance ; interdiction d'aller se cacher à plat ventre dans l'herbe haute, ou bien résister à la tentation d'aller chercher ces fleurs des champs si jolies qui avec un malin plaisir croissaient dans les endroits hors de portée de la main. Heureusement, un sentier large de deux pieds traversait le pré de tout son long jusqu'au tas de fumier où l'on déposait les restes choisis de nourriture pour constituer une petite réserve d'engrais. Je le suivais avec soin en caressant, de la paume des deux mains étendues, le dessus des tiges d'herbe.

Le grand jour de la coupe arrivait enfin. Papa adorait faucher. Il prenait sa faux et s'avançait dans l'herbe. Un homme venait l'aider. Il fallait entendre le crissement des lames pénétrant la base de l'herbe. De temps à autre ils s'arrêtaient pour souffler ; ils en profitaient pour aiguiser le tranchant de la lame avec une pierre qu'ils sortaient d'un récipient humidifié ayant la forme d'une corne de vache. Ils donnaient ordre de ne pas m'approcher. Papa avait dû intervenir trop souvent pour des tendons d'Achille tranchés irrémédiablement. Quand l'herbe était coupée, je pouvais intervenir, la retournant et l'étalant avec un râteau de bois trop grand pour moi. Ensuite, lorsqu'elle était devenue sèche, le plus beau moment se présentait, celui de la monter en bottes. Elle devenait du vrai foin, dans une odeur sublime que les hommes de toutes les générations ont célébrée. Quel enfant de la campagne dans le crépuscule d'un jour bien chaud ne s'est pas senti au paradis, allongé sur une botte de foin sous une allée de pommiers ? Quand tout s'estompe, que la lumière du soleil passe le relais à celle de la lune, que dans le silence qui prend place quelques oiseaux isolés veulent encore se manifester, que dans les yeux mi-clos les premières étoiles du ciel apparaissent, quand tout s'unifie ; à ce moment-là notre perception ne franchit-elle pas une frontière invisible ? Adulte, j'entendrais parler de transcendance.

L'herbe coupée, le pré redevenait la grande aire de jeux. Mes premiers coups de pied dans un ballon de football ont eu lieu ici. Mon frère Julien de dix ans mon aîné fut l'initiateur. Ses copains du terrain de foot lui avaient confié la garde du ballon ; en cuir épais cousu main, avec une vessie à l'intérieur que l'on introduisait par un orifice assez large bordé d'œillets fermés par un lacet en cuir. Il m'apprenait à « shooter en l'air » pour commencer. La hauteur atteinte l'étonnait, « çà, c'est un paquet ! ». Ce qui m'étonne c'est de me souvenir aujourd'hui de cette scène très anodine avec tant de précision. L'été j'allais manger des pommes sous les pommiers du pré et l'automne je rouspétais que l'on m'envoie avec un panier pour ramasser celles qui étaient tombées des branches courbées sous leur poids. Le « fond » du pré à l'est était planté en limite d'une haie d'arbres assez hauts pour avoir leur cime au soleil alors que l'ombre de la maison au soleil couchant avançait à l'autre extrémité. Mon imagination s'en trouvait activée. Je rêvais de construire une grande cabane en bois dans les branches où j'aurais mangé une omelette sur une sorte d'avancée en balcon, en regardant l'ombre venir vers moi. Elle m'engloutissait. Je m'endormais.

Une année, vers mes six/sept ans, on tua un cochon dehors au pied de l'escalier de la cuisine. Je garde peu de souvenirs de cet événement si ce n'est une grande agitation dans la maison.

Madame Marchal, du Guâ, était venue avec d'autres personnes qui allaient des chaudrons du dehors où cuisait la viande, aux ustensiles de l'intérieur où l'on confectionnait les pâtés et les grillons. On m'avait donné pour tâche de tourner la manivelle du hachoir. Il en sortait un mélange de chair rouge et de gras que l'on faisait entrer dans des boyaux à saucisses. Une odeur de viande bouillie se répandait dans la maison, dans les vapeurs des préparations des cochonnailles. Papa était venu. Il avait l'air tout heureux. Maman rouspétait contre tout ce dérangement et jurait que l'on ne recommencerait pas… effectivement.

Comme dans la quasi-totalité des maisons, la nôtre abritait son lot de chats. Ces animaux avaient officiellement une fonction : la lutte contre les souris et les rats. La plupart des chats se contentaient de manger dans les vieilles assiettes que l'on posait à leur disposition sur le sol carrelé de la cuisine ou sur les perrons des escaliers extérieurs. Ils aimaient marcher à « pattes hautes » dans le pré à la recherche des petits mulots. Avec cruauté ils jouaient avec eux en les faisant sauter en l'air à coups de patte précis, jusqu'à ce qu'ils soient fatigués avant de les avaler lentement. Certains chats montraient néanmoins de réelles qualités de chasseurs et ils passaient fièrement dans le couloir avec une souris entre les dents en allant la croquer dehors. Ils en trouvaient quelques-unes dans les pièces habitables, plus encore dans le grenier dont la porte d'accès comportait une chatière qui leur permettait l'accès. La nuit, il n'était pas rare d'entendre leur course à la poursuite de souris. Il n'en était pas de même à la cave où les gros rats se défendaient. Mon père plaçait des ratières métalliques en grillage avec un morceau de fromage. On savait que le rat était pris à ses cris aigus. Le plus difficile restait à faire pour le tuer. On plongeait la ratière dans une bassine d'eau sous la pompe où la pauvre bête était noyée. Bien qu'il s'agisse d'un animal nuisible, mes parents avaient chaque fois une pensée de compassion envers ce « vivant »[7] de la création. C'était pour eux l'occasion de m'expliquer la vie comme une expérience de confrontation de fait, qui incluait en elle le respect de ce qui était autre. On ne tuait pas par plaisir ni sans penser. La nécessité faisait loi. Cette pédagogie du quotidien contribuait beaucoup, et sans que je m'en rende compte, à construire une certaine vision de la vie dans mon intériorité. Les chats contribuaient à l'atmosphère affectueuse de la maison. Chacun de nous les interpellait par leur nom lorsqu'ils passaient. Nul n'était avare de tendresse à leur égard. Plus encore, ils devenaient les confidents des états d'âme. « Toi, au moins, tu me comprends », chuchotait grand-mère Charpentier à l'oreille de Grisette en la caressant. Qui n'a pas admiré la peau diaphane d'une main âgée glissant sur la fourrure d'un chat ? Que dire du ronronnement qui sortait des profondeurs... Ces échanges de compréhension intuitive entre des univers distincts, mais non séparés me questionnaient.

[7] Animaux : du grec *Zôa,* de *zen* (vivre) : « êtres vivants ».

Chapitre IV
Le centre du monde

Vers le début de ma septième année, mes parents m'envoyaient au catéchisme pour préparer ma « première communion ». On considérait cet âge comme celui de la « raison », où l'esprit commence à faire appel à la réflexion, notamment dans le domaine de l'abstrait. Le début de l'autonomie en quelque sorte. Je pouvais donc comprendre qui était Dieu...! Étonnamment, par rapport au plan scolaire où j'éprouvais de la peine, l'idée d'un Dieu créateur me convenait sans effort. Avec le recul du temps et l'autocritique de mon esprit, c'est une des choses qui me surprennent encore. Cette « affaire » que la création des étoiles, du soleil, de la lune, de la terre telle que je pouvais la voir avec la nature qui la compose, ne pouvait être sortie du néant m'apparut tout de suite comme plausible et acceptable à l'intelligence. Quand on m'expliquait l'humain comme la pointe de l'édifice créé, à l'image du Dieu créateur, je suivais tout également le raisonnement. La création comme don fait à l'homme concordait sans difficulté avec le petit garçon que j'étais, qui aimait tout autant les arbres, le soleil, la pluie, le chant du coq, mais aussi regarder les humains travailler dans les champs ou dans les maisons. Le décor prenait une âme. Je dois dire que mes parents avaient préparé le terrain depuis ma naissance avec leurs explications, leurs prières à table et le curé qui venait déjeuner de temps en temps à la maison.

Dans la fin de décennie des années 40, l'église de Vassiac était pratiquement pleine chaque dimanche à la grand-messe de 10 h 30, laquelle d'ailleurs était précédée d'une « petite messe » vers neuf heures. Une bonne partie du village assistait à cette cérémonie de 10 h 30. La chorale montait sur la tribune en bois juste au-dessus du porche d'entrée. Elle était dirigée par une ancienne institutrice, mademoiselle Roux, qui habitait une des plus anciennes maisons de Montguyon sur le côté gauche de la route en allant vers Vassiac. Ma sœur Camillia qui avait une belle voix (« ... à quatre octaves... » disait-elle, ce que je n'ai pas pu vérifier !) devait y chanter quelques années plus tard. Le curé se tenait à l'autre extrémité, dans le chœur, le dos tourné aux fidèles comme cela se faisait à ce moment-là. Au pied de l'autel, on pouvait voir une demi-douzaine de petits en enfants de chœur avec des « soutanes » rouges à boutons ronds et des surplis blancs dont quelques-uns étaient en broderie. Dans l'avant-chœur sur le côté gauche il y avait les bancs pour les filles du catéchisme et sur le côté droit ceux des garçons. Quelques parents se plaçaient juste derrière pour nous surveiller. Nous avions tendance à bavarder. Il n'était pas rare de se faire tirer l'oreille par l'un quelconque des parents, ce qui avait le don de m'horripiler. Nous avions quelques sous pour donner à la quête. Parfois je les dépensais avant d'entrer dans l'église, en achetant des caramels ou des petits rouleaux de réglisse noir que l'on trouvait dans une vieille boutique où on accédait par quelques marches, située juste en face du garage Perrier, tenue par une aussi vieille marchande. La quête ne rapportait pas grand-chose. Les pièces « trouées » qui, pourtant, n'avaient plus cours réapparaissaient régulièrement. En chaire, le curé Turillard fustigeait à juste titre cette « moquerie » du geste d'aumône. J'entendais en écho des réflexions d'adultes, « L'église est bien plus riche que nous... ». Dieu reconnaîtra les siens...

En revanche, une personne que tout le monde reconnaissait était le sonneur de cloches, monsieur Copreau, appelé dans l'esprit du temps : « père Copreau ». Pour nous qui étions des enfants, il paraissait bien vieux. Il était petit, avec un costume noir, généralement les pieds dans de gros sabots de ferme en bois. La grosse corde de la cloche pendait dans l'abside droite de l'église. Le père Cotterau faisait le spectacle en rythmant le rituel de la messe : d'abord des petits coups répétés environ une demi-heure avant le commencement pour informer la population qui entendait le son jusqu'au bourg, puis une pleine volée pour signaler l'imminence de l'entrée, puis au cours de la messe et jusqu'à la fin il en ponctuait le déroulement. Il fallait voir cela, en pleine sonnerie, ses sabots décollaient du sol et il se laissait soulever par l'attraction de la corde. Tous les enfants riaient… et les parents aussi. Je soupçonnerais presque le père Copreau de faire « son numéro ». Comme les vieux acteurs, il était un peu cabot. Il volait la vedette au curé. Il connaissait toute la population. En tenant le rôle de sacristain et de fossoyeur, il nous accompagnait tous, du baptême au mariage jusqu'à l'enterrement. À la sortie de l'église, chacun disait un mot à l'autre, montrait ses habits « du dimanche », ses beaux atours. Je me souviens vers 1947/48 d'une mode qui était restée chez quelques hommes de la campagne profonde, celle de se mettre un foulard ouvert en triangle couvrant les deux épaules. J'ai également vu les dernières mantilles qui voulaient cacher les cheveux des femmes. Certaines étaient si transparentes qu'elles devenaient plus coquines que la vision des cheveux. On pouvait distinguer aussi les signes de deuil chez les hommes, un ruban noir au revers de veste et pour ceux qui avaient encore plus de chagrin, un large brassard noir autour de la manche de veste… Tout cela dans le brouhaha de sortie de messe, dans l'odeur de la brillantine « Roja » et de la poudre de riz parfumée de ma maman. Vers dix/douze ans, je me couvrirai la tête de crème « Pento » pour fixer le cran de ma nouvelle coupe de cheveux.

Je devais apprendre le catéchisme et là, ce fut beaucoup plus difficile. Les choses se compliquaient. Je ne retrouvais pas l'esprit de Jésus dans les règles, dans les absolus, dans ce que longtemps après je sus être le dogme. Les mini-interdits religieux de l'extériorité me hérissaient : on ne mange pas de viande le vendredi, on doit être à jeun pour communier, on ne croque pas l'hostie (!), on fait son signe de croix quand on passe devant un calvaire (et ils étaient nombreux sur les chemins)… Toutes ces prescriptions alimentaires et de postures extérieures suscitaient en moi de vraies colères que je n'hésitais pas à exprimer malgré mon jeune âge. J'étais concerné et je le faisais savoir. Et je ne parle pas de l'autorité morale, mais aussi sociale du curé doyen qui me choquait. Que le lecteur ne sourie pas trop, c'était la réalité de ma campagne saintongeaise en 1949. Ce que mes parents n'avaient pas prévu c'est que l'âge de raison effectivement en cours d'advenir me donnerait très vite la capacité de faire une différence entre la vie de l'Évangile et la vie des hommes de l'institution-église. Ce fut mon grand discernement et il perdure en moi au présent. Chaque jour je l'actualise.

Le curé me qualifiait d'enfant difficile, affectueux certes, mais rebelle. J'étais « dissipé » pendant l'enseignement. Il ne pouvait pas savoir qu'en réalité j'écoutais tout, que la matière m'intéressait et que je retenais. Le temps de ses explications… je m'amusais en troublant l'ordre de la classe. S'il avait existé un Q. R. (Quotient Religieux) ! j'aurais peut-être été considéré comme précoce. C'eût bien été la seule fois de ma vie. Je faisais quand même au printemps ma première communion en compagnie des enfants du village.

L'idée de communication par la prière avec un réel invisible me séduisait d'emblée. Là, je crus sans peine tellement cela me paraissait naturel. Les circonstances concrètes s'y prêtèrent naturellement ; grand-père Lancien mourait en janvier de cette année. J'admis sans réserve que son esprit, son âme, vivait encore et que je pouvais l'aider à « aller au Ciel » par mes prières adressées au « Dieu bon ». L'expérience innée de relation que je vivais avec mon environnement du créé s'accordait bien avec une communication issue de la volonté. Il me suffisait de grimper à un arbre pour savoir que je priais dans l'acte en lui-même. J'acquis ainsi un concept de maturité que je m'étonnais… jusqu'à maintenant… de ne pas retrouver chez ceux que je fréquentais. Je ressentais en eux dans ces moments-là comme un état d'incomplétude qui m'interrogeait en compassion. Il leur manquait « quelque chose » dont la présence me semblait évidente. En ce sens-là, j'ai encore sept ans.

Dans le jardin de devant au bord de la « côte », j'établissais un rapport particulier avec les ifs. Assez hauts, ces arbres très solides avaient sur le tronc les branches en forme d'escalier. J'y grimpais dès que je le pouvais et je me souviens du bonheur de mes six ou sept ans quand j'atteignais la cime pour la première fois. Depuis, j'aimais monter m'asseoir sur la plus haute branche un peu souple en profitant de mon léger poids. Au-dessus des toits en tuiles vieillies du village d'où sortaient les souches de cheminées, mon œil s'élargissait plus loin que les collines proches, jusqu'à celles de l'horizon dans le sombre bleu fumé des bois. J'aurais même pu me croire à la hauteur de la Vieille Tour qui m'accompagnait sur la gauche. Je passais un bras autour du tronc comme on tient l'amitié par le cou et là, je regardais le soleil se coucher. La communion s'installait progressivement avec le silence qui gagnait les maisons et la campagne, pendant que la base de l'arbre prenait l'ombre et que j'étais encore en haut, au soleil dans le ciel. Le temps que l'ombre peu à peu me rejoigne au sommet, le soleil disparaissait dans l'horizon des collines. Je regardais sans penser, en réception. Je restais là le plus longtemps possible jusqu'à l'avancée du crépuscule. J'avais le sentiment diffus et confiant d'un « état d'être » qui me dépassait et m'imprégnait à la fois. C'est peut-être là-haut, au sommet de l'arbre, dans la douceur du soir qu'il m'a été donné le plus.

Chapitre V
La scolarité

La scolarité, elle, était beaucoup plus laborieuse. À six ans j'entrais au cours préparatoire de l'école communale. Le bâtiment était implanté à mi-hauteur de la côte menant à la Gautone, juste en face du cinéma d'alors situé dans l'ancien bâtiment à foin, ou grange du « Vieux Château ». La classe, une bâtisse en bois qui, je crois, avait servi aux Allemands pendant l'Occupation. La maîtresse, madame Hubert, était la femme du dentiste. C'est elle qui m'apprit à lire et à écrire. Je lui en suis vraiment reconnaissant. Elle utilisait la méthode Boscher, dans un livre intitulé « La Journée des Tout Petits ». Pendant plus de soixante ans, j'ai gardé en mémoire l'histoire de La petite Poule rouge et du grain de blé qu'aucun animal de la basse-cour n'avait voulu planter, mais que tous voulaient manger quand le pain fut cuit : « Qui est-ce qui va manger ce pain ? Moi ! cria le dindon. Moi ! cria le canard. Non, pas vous ! dit la petite poule rouge… » J'ai acheté une réédition en 2006. Si l'on savait l'émotion qui m'a saisi quand je l'ai ouverte ! Je revivais les scènes de campagne dessinées en couleurs, la forme des caractères, les syllabes détachées, l'écriture avec les pleins et les déliés, les chiffres avec les frises en fruits, en fleurs, en moineaux… J'ai senti l'odeur de l'encre d'imprimerie avec mon nez coincé dans la reliure de deux pages. J'ose le dire : j'ai embrassé la page.

Pour revenir à cette première année, elle s'était finalement bien passée. La suivante je descendais dans les constructions en pierre sur la route nationale à la sortie du bourg vers « La Pointe ». Le livre de lecture s'était épaissi et les devoirs de préparation à la maison le soir faisaient leur apparition. J'ai l'impression que je ne le respectais guère. Papa à son travail, maman aux activités de la famille, j'eus tout le loisir d'apprendre à mentir à ce sujet ; tellement je préférais courir dans le jardin ou monter aux arbres. Aussi, certains matins j'étais angoissé au risque d'être interrogé par la maîtresse. Pour la lecture elle appelait au hasard quelques élèves à lire tout haut et ma crainte était de l'être en premier, car en second ou en troisième j'avais le temps d'assimiler le texte. Je me souviens d'une première lecture où un « Brrrrr… » de froid s'était lamentablement transformé en « Beu reu reu... ». La maîtresse avait réagi en riant, mais j'en éprouvais intérieurement une grande honte… sentiment qui s'inscrivait très profond en moi. Le nom de l'institutrice m'est resté : mademoiselle Hiver. J'en garde un souvenir affectueux.

En septième j'entrais dans la classe de monsieur Lafleur. Je le trouvais sévère avec moi. Mon oreille droite légèrement décollée est un souvenir physique que j'ai conservé. Souvent, trop sans doute, je ne savais pas répondre à ses questions. Même s'il me gardait parfois à l'étude en forme de punition après les cours, j'avais de la difficulté à comprendre ce que l'on m'enseignait. Mon sentiment de dépréciation scolaire s'aggravait. Mon voisin de pupitre s'appelait Jean-François Prevost. C'était le surdoué de la classe. Plus jeune que moi d'environ dix-huit mois, il survolait sa scolarité avec aisance. Je l'aimais bien et je l'admirais encore plus. Sa facilité me le rendait inaccessible : son tablier bleu avec liseré rouge sur le devant et au bout des manches était toujours propre – le mien en drap gris portait des déchirures issues des branches d'arbres ou des ronces des chemins ; son cartable neuf contenait des livres bien rangés – le mien en gros cuir provenait de mes sœurs et frère, il ressemblait plus à une musette et les livres s'y mélangeaient ; ses cahiers étaient tous recouverts de papier bleu avec l'étiquette collée bien ajustée dans l'angle haut droit – les miens avaient des protège-cahiers de publicité. Je pense par exemple à celui de la marque des ampoules Mazda dont j'aimais les couleurs bleu foncé et jaune des bandes dessinées représentant sur la couverture du dos des lampes et des phares de voiture éclairant la nuit. J'allais les demander à l'électricien, monsieur Perez, place du champ de foire. Mais le nec plus ultra de Jean-François c'était l'intérieur de ses cahiers : pas une tache d'encre, les frises de bas de page que l'on nous faisait dessiner au crayon de couleur étaient régulières, sans dépassement, l'écriture agréablement formée avec la première lettre en majuscule sans erreur. Je voyais les notes de l'instituteur écrites à l'encre rouge dans la marge : « Très bien » 9/10 ; 10/10. Quand il avait 8/10, on lui faisait remarquer. Pour ma part, j'étais malhabile et nous écrivions avec des plumes à encre, fines en acier type « Sergent-major » pour les petites lettres et des plumes larges pour les grandes lettres ou des majuscules. Je trempais trop les grosses plumes dans l'encrier de porcelaine blanche et je laissais un « pâté » sur la feuille. Avec les plumes fines plus raides, je faisais des pattes de mouches en « remontant » le trait. Enfin, pour les leçons, il valait mieux que Jean-François réponde avant moi. Ce que j'écris là est en forme d'hommage envers ce petit garçon de neuf ans. Il devait mourir aux environs de ses vingt-cinq ans dans un accident d'automobile. Je l'ai beaucoup regretté.

Donc, en septième je rongeais les porte-plume en bois, je trouais les pages des cahiers en voulant effacer les taches d'encre, je cassais les mines de crayon que je taillais trop et mon plumier en bois avec dessus à tirette ressemblait à un fourre-tout. J'ai dit que j'étais malhabile : un jour je revenais chez moi à midi porteur d'une boîte neuve de crayons de couleur que j'avais commandée à l'école. En tirant la cloche à la porte de la maison, j'étais si heureux de la montrer à mes parents que j'anticipais en la regardant dans le reflet de la vitre. Hélas, elle s'ouvrit et les crayons tombaient dans le soupirail de la cave sous lequel les bûches de bois à brûler avaient été rangées. Impossible de rattraper les crayons ! Dépité, je jetais la boîte vide dans le soupirail de crainte d'en parler. La frustration commençait à me gagner. Cependant je compensais.

Il fallait marcher un bon kilomètre de la maison jusqu'à l'école communale. Lorsqu'il pleuvait j'emportais des demi-coques de noix que je remplissais de mie de pain, je fichais de dans une allumette avec un bout de papier en guise de voile. Le jeu consistait à les faire flotter comme des petits bateaux le long des caniveaux. Quand il n'y avait pas de noix, c'étaient des petits bouts de bois que l'on guidait avec une branche prise dans un fagot. J'avais les pieds trempés, mais j'étais heureux. Un témoin qui s'ignore était monsieur Moulin que je remarquais, devant son pas de porte, souvent assis sur une chaise au pied d'une pompe à essence, en bas de la côte de la Gautone. De larges bretelles soutenaient ses pantalons de toile bleue qui entouraient un ventre bien rond. À la fin de l'automne, les platanes du « champ de foire » perdaient leurs feuilles. Les ouvriers communaux les rassemblaient en plusieurs tas devant la maison Manjard et y mettaient le feu. À la sortie de la classe, le jour baissait rapidement et la fraîcheur commençait à descendre. Je voyais de loin le rougeoiement des feux. Je courais pour y être plus vite, je jetais mon cartable au pied d'un platane et je m'immergeais dans la fumée pour la sentir. Quel bonheur ! Je sautais par-dessus le tas de feuilles, sans grand risque, ce n'était que des braises. Avec un bâton que l'on trouvait en cherchant bien, je remuais les feuilles pour les aérer et relancer les flammes qui montaient dans la nuit. Je me chauffais le devant du corps tandis que le dos ressentait le froid. J'avais presque l'impression d'être deux en un. Je rentrais chez moi en respirant dans mes vêtements l'odeur de la fumée. Les jours de fin de printemps quand les blés commençaient à bien grandir, il m'arrivait même à midi de revenir à la maison par le chemin buissonnier. Je remontais la côte de la Gautone vers le grenier à foin-cinéma, je passais à côté de la Vieille Tour, je courais jusqu'en haut de la colline de Pineau et je redescendais par le terrain de football. J'arrivais en retard à la maison pour déjeuner, mes parents s'insurgeaient, mais le bon moment passé valait bien quelques remontrances. J'équilibrais ma vie.

Sur le chemin de l'école, des événements imprévus se présentaient de temps en temps. Le cirque National plantait son chapiteau place du Champ-de-Foire à l'arrière de la pharmacie Cousin. Sa venue était annoncée depuis une dizaine de jours par de grandes affiches en couleurs vives avec les animaux sauvages en gros plan où les tigres et les lions ouvraient des gueules menaçantes. La ménagerie s'installait sur le haut de la place, dans l'odeur de la paille humide et du pipi des bêtes. La levée du mât du chapiteau, tiré à mains d'hommes, était un spectacle à elle seule, dans les cris et le son métallique de la masse qui tapait sur les fiches de blocage qui s'enfonçaient dans le sol. Il y avait une représentation ou deux. J'y allais avec papa. Cela permettait à un petit campagnard comme moi de voir vivants des animaux du monde entier. Papa rouspétait contre leur état sanitaire… D'autres fois des funambules passaient. Ils tendaient un filin métallique entre deux poteaux. Je regardais, muet d'intérêt, la marche en équilibre de ces hommes et de ces femmes, si haut au-dessus de nous. On voyait le balancier osciller, au gré de leur vie… sans filet. J'étais fasciné. Comme c'était à l'air libre sans clôture, les familles d'artistes se pressaient autour des spectateurs avec des corbeilles pour se faire payer. Certains ne voulaient pas donner la somme demandée, récoltant la réprobation justifiée des quêteurs, « Paysans ! Ils risquent leur vie… ». Un jour j'ai assisté à un numéro exceptionnel dans le genre. Les funambules avaient fixé le filin dans un sapin, de la colline à côté du garage des pompiers, relié à un poteau en contrebas sur la place. Après l'évolution classique des personnes sur le fil, en exercice final, un homme avait fait l'aller-retour sur une moto à jantes creuses. J'étais à l'arrière du public près d'un groupe de femmes des funambules. J'entends la voix forte de l'une qui crie au « trompe la mort » : « N'y va pas ! Tu vas te tuer ! ». « Il » y alla. Dans un sanglot, j'entends la femme ajouter plus bas, « Ils ne le méritent pas ». Elle avait raison. Nous ne le méritions pas.

Cette dernière année d'école communale révélait à ma réflexion des réalités sociales qui m'interrogeaient. Entre autres, on y rencontrait des enfants de notre âge, mais qui n'étaient pas du bourg. Je pense à ceux que l'on qualifiait de l'« Assistance Publique ». Généralement il s'agissait d'orphelins ou de petits enlevés à des parents « difficiles » ou trop pauvres que l'on « plaçait » souvent dans des fermes. Certains venaient à l'école à pied d'au moins trois kilomètres. Parfois même quelques-uns devaient traire les vaches avant de partir. Ils étaient debout depuis cinq heures du matin. Je revois celui que l'instituteur attentif et bienveillant laissait dormir un moment la tête penchée sur ses bras appuyés sur le pupitre. Des parents adoptifs ne méritaient pas qu'on leur confie ces enfants. J'ai vu un de ces pauvres malheureux (et je ne fais pas de compassionnel) qui avait dû traverser tout le bourg, de Saint-Martin d'Ary jusqu'à l'école, avec un écriteau pendu autour du cou sur lequel était mentionné « Voleur ». La marâtre le conduisait avec une badine dans la main. Il me semble que des témoins intervenaient auprès de la femme pour que cela cesse… On ne s'étonnera pas qu'un jour nous ayons appris qu'un de ces enfants avait mis le feu à la grange de la ferme où il « travaillait ». Heureusement, bien d'autres parents adoptifs prenaient soin de ses enfants comme des leurs, en les protégeant, en suivant leurs études et faisant en sorte qu'ils progressent socialement et humainement.

L'hiver la classe était chauffée par un poêle à charbon. Nous étions assujettis à un roulement programmé pour aller remplir chacun notre tour le seau de charbon à la réserve installée sous le préau. L'été pendant les deux derniers jours de l'enseignement, nous nettoyions notre classe et particulièrement nos pupitres. Nous apportions des feuilles de papier de verre et des morceaux de verre. Ils servaient à gratter la surface de bois pour enlever les taches d'encre et à la poncer. J'appréciais le moment où l'on vidait les encriers. Nous les rendions très blancs en les passant sous l'eau. L'école était vraiment finie. Je crois que le maître terminait l'ultime jour en nous lisant une histoire « complète ».

Dans la cour de récréation, nous étions mélangés avec des plus grands que nous, notamment avec ceux qui préparant le certificat d'études avaient treize ou quatorze ans. Ils nous rudoyaient un peu. Je ne portais qu'un nom dans cet univers, « Delorantu ». Je disais m'appeler Louis Delorant ; « le fils du médecin ? » me demandait-on. Je répondais oui. Combien de fois ai-je alors entendu, « fils de riche ! ». Je prenais cela comme une insulte. Je commençais aussi à me battre avec mes poings. C'est à cause de cela que je reçus un jour devant tout le monde une gifle de l'instituteur qui blessa profondément mon intériorité. La hiérarchie me devenait pesante. À ce moment du récit, comment ne pas évoquer l'horreur qu'était devenue la distribution des prix à la fin de l'école le quatorze juillet. La cérémonie se déroulait dans le cinéma du « grenier à foin » du Château. Tous les parents étaient convoqués. Tous venaient. Les écoliers se tenaient debout sur la scène de théâtre face au public. On nous faisait monter par classe en commençant par celle du certificat d'études. L'instituteur-directeur, monsieur Boucher, remettait les certificats en rouleaux entourés d'un ruban, il précisait l'existence de mentions, il donnait en récompense des beaux livres à tranches dorées à ceux qui avaient réussis. Ensuite, chaque classe se présentait et les élèves étaient appelés nommément dans l'ordre de leur classement. Les premiers recevaient des livres, les applaudissements et ils descendaient rejoindre leurs parents. Petit à petit ne restaient sur la scène que les derniers… dont je faisais partie. Ceux-là partaient sous les huées. Ma mère ne voulait plus venir.

Chapitre VI
Qui sont mon père, ma mère, mes sœurs et mon frère ?

Pendant ce temps la famille évoluait. Je voyais peu mes sœurs et mon frère. L'écart d'âge nous séparait plus que tout. Myriam, l'aînée et seize ans de plus que moi, réussissait dans ses études. Après son baccalauréat passé à Bordeaux, elle commençait dentisterie. Elle venait à Montguyon pendant les vacances, mais elle ne restait pas longtemps à la maison. C'était une fille studieuse, pondérée, avec beaucoup de « classe » ; aussi elle était invitée dans de nombreuses familles. Elle s'habillait avec goût. Je la revois descendant du car « Citram » venant de Bordeaux, portant un beau manteau, des gants, un sac à main. Je m'empressais de porter sa valise en la tenant du bout de mes deux bras. Elle a contribué sans s'en douter à mon intérêt de l'actualité. En effet, elle achetait « Paris Match » chaque semaine. Vers dix ans, je me précipitais pour regarder les photos et lire les légendes. Nous étions en 1950/52, pendant la guerre d'Indochine française. Paris Match était le grand média nationale et je me passionnais pour cette guerre si lointaine que les photos noires et blanches, pleines pages nous rendaient si proche. J'ai suivi comme cela la fin du camp de Diên Biên Phu. Je lisais aussi avec envie les dessins d'humour sous-titrés de la dernière page. Il me semble bien y avoir vu les premières caricatures de Sempé. Pour mes douze ans, elle m'offrait « Expédition Orénoque-Amazone » le livre de Valentin Gheerbrant relatant sa découverte récente de l'Amazonie. Elle me faisait ainsi voyager avec pédagogie. Myriam restait cependant une sœur assez lointaine. Mais je l'aimais beaucoup… comme tous les autres de la fratrie.

Flora, la seconde, suivait des cours de dessin à l'École des Beaux-Arts de Bordeaux. Elle montrait une bonne aptitude et j'admirais ses dessins au fusain représentant des hommes et des femmes nus qui ne manquaient pas de m'interroger sur cette profession de « modèles ». Je la voyais aussi de temps en temps à l'occasion des vacances. C'était une fille gentille, douce, aimant la nature, les petits cailloux, les oiseaux. Je crois qu'elle rêvait facilement. D'une grande sensibilité et pas très expansive, elle se tournait plutôt vers son intériorité. À plus de quatre-vingts ans, un jour où je lui souhaitais son anniversaire le quinze octobre, elle me confia : « Maman m'a dit qu'à ma naissance, je sentais la violette ». Tout son programme en condensé…

Fabienne, la troisième, accompagnait Flora à l'École des Beaux-Arts. Peut-être plus orientée vers la peinture que sa sœur. J'appréciais ses natures mortes, ses représentations de la Vieille Tour et de l'église romane de Vassiac qu'elle peignait dans de beaux « terre de Sienne » et des verts pleins de matière. J'attendais sa venue avec impatience. Un jour j'étais allé cueillir des lilas blancs et bleus pour les lui offrir. J'étais monté sur la murette de la rue du garage au-dessus du potager des Manjard. En cassant les petites branches fleuries, je dérangeais un essaim d'abeilles qui me piquaient la tête, le cou et les mains. Je hurlais de douleur et je sens encore l'odeur du vinaigre que maman faisait couler généreusement sur la peau pour me soulager. On parlait de Fabienne comme d'une belle fille, bien « tournée ».

Elle m'emmena une fois faire mon premier long voyage sans mes parents. Nous prenions le car « Citram » au carrefour des Billettes pour Bordeaux. À l'arrivée, en passant à pied sur le Pont de pierre au-dessus de la Garonne, on dominait le port qui s'étalait sur la rive ouest. Je n'avais jamais vu une si vaste étendue d'eau. J'eus donc un mot d'enfant : « Oh, le grand lavoir ! ». J'étais bien le petit campagnard qui arrivait en ville. Il paraît même que je disais bonjour à toutes les personnes que je croisais sur le trottoir. Fabienne me conduisait jusqu'à un appartement que mes parents avaient loué au quatrième étage d'une maison rue Saige, près de la rue Sainte-Catherine, en plein centre-ville. Il me reste de cette sortie à Bordeaux des images à la Dickens : un ciel plein de fumées, des façades noires, des rues étroites, des pavés gris bombés, des maisons très hautes, du bruit partout, des voitures, des coups de klaxon… une forme d'immensité. « Perdu dans la grande ville ? »[8]. Je découvrais l'anonymat. Montguyon, Bordeaux, quel rapport ? Pour l'instant, je montais les marches de l'escalier en colimaçon qui s'élevait jusqu'au quatrième étage et, en haut, je voyais les têtes de Myriam et de Flora qui nous regardaient avec d'autres têtes de garçons que je ne connaissais pas. Le monde se construisait aussi en dehors de Montguyon.

Julien se distinguait de ses sœurs. Il avait très mal vécu les années de guerre 1940/45 pendant lesquelles il avait été mis en pension dans un collège religieux à Bétharam dans les Pyrénées, pas trop loin de Lourdes. Il reprochait cet éloignement à ses parents, dans un établissement où il ne mangeait pas à sa faim, où la discipline était plus que ferme, et où le comportement brutal des religieux devait le dégoûter de la religion. Papa et maman l'avaient envoyé là-bas pour l'éloigner de Bordeaux qui venait d'être bombardé par les Allemands. Ils craignaient pour sa vie et il était leur seul fils de dix ans au début de 1942. Lui, avait un ressenti de rejet. La fracture s'était donc installée avec les parents, me semble-t-il, plus encore vis-à-vis de maman. Sa scolarité suivait normalement son cours quand le premier coup de tonnerre éclata dans le ciel bleu familial de mes sept/huit ans. Julien quittait le lycée pour s'engager dans l'école de la marine marchande. À dix-huit ans, il embarquait comme « pilotin » sur le « Royan » [9] à Bordeaux, dans son premier voyage destination

---

[8] Titre d'un livre de mon enfance.

[9] Cargo de 140 m de long, appartenant à la Compagnie maritime Delmas-Vieljeux. Il s'agissait d'un « Liberty », bateau construit pendant la guerre aux USA pour le transport de matériel vers l'Europe. Donné ensuite à la France au titre de l'aide du plan Marshall.

Philadelphie. J'avais accompagné maman lui rendant visite juste avant son départ. Julien quittait sa famille dans un drame qui ne disait pas encore son nom. Il se prolongera.

Pour moi, il représentait le grand frère adulte, un peu lointain qui apportait l'imprévu de l'extérieur. Il arriva une fois à la maison avec une carabine 22 long rifle. Je devais avoir une douzaine d'années, peu après la mort de mon père. Il me la prêtait pour chasser sous les grands arbres de l'entrée, en me recommandant de ne tirer que vers le haut, jamais à l'horizontale pour éviter de blesser quelqu'un. Une arme à feu dans la main modifie l'état d'être de celui qui la porte, un basculement immédiat dans le sentiment de toute puissance : comme si tout devenait possible dans une sorte d'invincibilité. Je me suis trouvé dans ce ressenti en faisant le tour de la maison, caché dans les buissons, traversant les bambous, grimpant aux arbres et visant des personnes sur les chemins sans qu'elles me voient. Pour finir, j'allais sous les ifs où les oiseaux venaient se poser sur les hautes branches. Je tirais sur un moineau. Il tombait sur le sol où je le ramassais. Hélas, il vivait encore. Le duvet de son ventre était chaud et les battements de son cœur retentissaient dans la paume de ma main. Je manquais de courage pour le tuer. Je serrais son cou du pouce et de l'index. Son œil noir grand ouvert me regarde encore. Ma mère fit la leçon du respect à observer vers le vivant. Pour une fois j'ai bien entendu.

Restait près de moi ma sœur Camillia de quatre ans plus âgée. Je n'ai pas beaucoup de souvenirs d'elle de ces années. L'été, dans l'après-dîner des beaux jours, nos parents nous envoyaient chercher le lait à la ferme des Remy, à la Gautone. Nous partions avec deux bidons de lait, un gros de cinq litres et un petit de deux. Nous marchions au moins deux kilomètres en passant par la côte de l'ancien cinéma. Cette promenade me plaisait, surtout au retour. Dans la descente de la côte, un beau panorama s'offrait à nous. Le regard surplombait les toits du village et il se prolongeait vers les collines du lointain. Si je ne me trompe pas, je crois qu'il était possible à nos yeux avertis de distinguer les toits pointus du château de la Madeleine émergeant des bois. Avec un peu de chance, on assistait au soleil qui se couchait, disparaissant dans le ciel si rouge que les bois à contre-jour en devenaient noirs. Nous jouions comme tous les enfants à faire tourner nos bidons de lait sans qu'il tombe. Je sais que je m'amusais aussi à lui tirer les nattes de cheveux qu'elle portait avec deux rubans noués en extrémité. Camillia prendrait plus de place dans ma vie pendant mon adolescence.

Trois temps forts marquaient les retrouvailles fraternelles, Noël, Pâque, les vacances d'été. Noël permettait de construire la crèche avec des personnages d'une trentaine de centimètres de haut. Il fallait donc voir grand avec du papier rocher formant caverne et le détail que je préférais : la mousse bien verte et épaisse dont on me confiait la collecte sur le dessus du mur de pierre le long de la Côte. On l'étalait en plaque pour former un sol douillet autour de la grotte. On plaçait un sapin assez haut, avec des boules et des guirlandes. Cela sentait bon, cette mousse et ces aiguilles d'arbre, relevées par l'odeur chaude de la fumée du bois brûlant dans la cheminée. Le soir avant de se coucher on mettait nos chaussons au pied de l'arbre… que l'on retrouvait avec quelques cadeaux à notre réveil. À huit ans je recevais une carabine à flèches. Je la portais fièrement en bandoulière, pratique pour jouer à la « petite guerre ». À dix ans j'obtenais un petit canon métallique à amorces sur lequel je mettais le nez juste au-dessus pour sentir l'odeur de l'explosion. À douze ans je devais recevoir un jeu de Monopoly, mais j'anticipe.

Pour Pâques, les cloches venaient de Rome, survolaient le ciel de la maison d'où elles lâchaient des œufs et des poules en chocolat. Je scrutais les nuages ; « Je ne les ai pas vues… » disaient mes cinq ou six ans. « Tu regardais ailleurs quand elles passaient, cherche bien ! » répondaient mes sœurs. Je trouvais les œufs en écartant les branches de buis, en soulevant les feuilles des fleurs, en tirant sur une branche d'if.

L'été viendra plus tard.

Et les parents de mes six/dix ans ?

D'abord, et sans l'ombre d'un doute, je les aimais énormément. Parmi les scènes les plus anciennes, il m'en revient une qui justement devait être assez rare. C'est un soir d'hiver avant le coucher. Nous sommes dans la chambre de mes parents. Des bûches brûlent dans la cheminée. Ils sont assis chacun dans un fauteuil devant l'âtre. Il fait chaud. Papa lit le journal. Maman se peigne. Je lui demande de la coiffer. « En premier le peigne et ensuite la brosse », précise-t-elle. En me soulevant sur la pointe des pieds, je partage ses cheveux en deux par une raie sur le milieu de la tête. Elle avait de beaux cheveux longs noirs qui tombaient bas, qu'elle arrangeait en chignon. Je les démêlais avec les larges dents du peigne. À suivre, j'utilisais les dents aux espaces plus fins et je terminais en lustrant avec la brosse à cheveux. Je passais de l'autre côté pour la même opération tout en m'appliquant au travail de la nuque. Il est curieux qu'en écrivant cela au moins soixante ans après je ressente physiquement le volume et le poids de ses cheveux regroupés en natte dans ma main et les vibrations des dents du peigne passant sur son crâne. Ce n'est pas encore le moment de parler du temps toujours présent. J'y reviendrai plus loin. Cependant, pour ne pas montrer une vision trop édulcorée de la réalité des rapports avec maman, je dois dire que je ressentais trop d'« autorité » dans ses interventions, comme un manque de dialogue.

En revanche, les relations avec papa se révélaient plus empreintes de compréhension. Souvent, le jeudi après-midi, il m'emmenait avec lui faire sa « tournée ». Il allait dans les fermes soigner les malades. J'ai gardé de ces moments un souvenir extraordinaire. Nous partions en voiture, au début, c'était une « Juvaquatre » noire, en dernier, une « 203 Peugeot » bleue. Dès que nous étions sortis de la rue du garage, une complicité s'installait entre nous. Je m'asseyais sur le siège arrière, au milieu, et je posais mes coudes sur chacun des dossiers avant. Je voyais la route défiler devant comme si j'avais été le conducteur. On se garait dans la cour de la ferme. Presque chaque fois un chien arrivait en aboyant méchamment. J'appris la bonne attitude : ne pas bouger, ne jamais toucher le chien, le laisser me sentir, ne pas faire de gestes intempestifs, lui parler doucement tout en avançant avec calme. Papa me faisait entrer, ne serait-ce que pour dire bonjour. C'était généralement « la pièce où l'on vivait ». Les murs blanchis à la chaux, le plafond de poutres en bois noirci. Ce que j'aimais d'emblée c'était l'odeur de fumée de bois qui imprégnait la pièce. La grande cheminée où je pouvais rester debout, avec l'âtre noir de suie, le chaudron de fonte pendu à la crémaillère ou posé sur les chenets, son « ventre » bien au chaud au-dessus de la braise ou flottant dans la cendre grise. Le verre de vin de l'« homme » volontairement non nettoyé, culotté, de couleur vineuse et violette, posé sur la toile cirée à carreaux de la table centrale. L'ampoule électrique unique sous l'abat-jour en porcelaine blanche lui-même suspendu au fil à contre -poids blanc et oblong. Le sol était fréquemment en gros carreaux de terre cuite rouge. Le lit se trouvait bien souvent dans un angle de la pièce. Papa auscultait et parlait avec les personnes. Combien ai-je vu de dos « cassés » ? Beaucoup d'agriculteurs portaient dans leur corps la conséquence de la pénibilité du travail de la terre. Les reins se courbaient dans la douleur des sillons creusés par le poids du corps qui forçait sur les poignées de la charrue tirée par le cheval ou par les bœufs. Avec l'âge, c'est-à-dire très vite, les hommes entouraient leur taille de plusieurs tours d'une large bande de flanelle pour tenir au chaud et retarder la venue des rhumatismes. Un détail me frappait : les bretelles chez les anciens, et chez les plus jeunes, le pantalon bleu qui remontait le plus haut possible dépassant une grosse ceinture de cuir. C'étaient mes repères vestimentaires générationnels après les shorts et les pantalons de toile bleu ciel sur ventre plat…

L'accueil était sympathique. Les fermiers interrogeaient : « C'est votre dernier fils ? ». L'atmosphère ne me paraissait pas étrangère. Je me trouvais bien avec eux. Pour les soins je devais sortir : « Tu peux aller dans la cour… attention à ne pas tomber dans la mare… va dans la grange… n'ouvre pas le portail de la basse-cour… va voir les "bêtes" dans l'étable, mais ne t'approche pas trop… » Je sortais alors, heureux d'avoir à découvrir quelque chose que l'on me proposait. La grange remplie de foin dont je fermais la porte pour mieux sentir le parfum qui s'en dégageait. L'échelle de bois me tentait pour monter à la « mezzanine ». C'était interdit. J'ai dû le transgresser bien des fois. L'étable m'attirait également, comme elle attire tous les enfants. L'hiver il y faisait plus chaud qu'au-dehors. La chance pouvait me servir et je m'approchais de vaches qui n'étaient pas aux champs ou mieux encore, du taureau qui était dans son box, un anneau métallique traversant ses naseaux. Le frisson du danger me parcourait ! Ici aussi j'aimais cette odeur si particulière des étables, cette odeur si vivante. Près des mares, le soir, on entendait le coassement des grenouilles. Il m'arrivait de jeter des cailloux dans les roseaux pour les voir en sortir… j'attends encore. À la Gautone, le « lac vert » se cachait dans le pré derrière un monticule. Il résultait de l'excavation de « terre blanche » ou kaolin que l'on trouvait assez abondamment en « poches » dans le sol de la région et qui était envoyé à Limoges pour la fabrication de porcelaine. Quand la poche était vidée, le trou se remplissait naturellement d'eau et le miracle de la nature se poursuivait, laissant alors apparaître dans les prés et dans les bois des petits lacs à la couleur variée selon la nature du sol ; des couleurs pastel et tendres à base de bleu ou de vert. J'adorais. Tous les enfants de Montguyon connaissaient par exemple le « lac bleu » au cœur des bois de pins où nos parents nous emmenaient pique-niquer et où plus âgés nous irions nous baigner. Bordé de hautes fougères, dans l'odeur humide de la forêt, nous nous égarions volontairement parmi les pousses naissantes des jeunes pins avant de retrouver le lac. C'était l'Amazonie impénétrable des premières bandes dessinées que nous lisions.

Le jeudi soir je revenais avec papa la tête débordante d'images, d'odeurs, de sensations de froid ou de chaleur, de paroles d'accueil et d'au revoir. Tout m'imprégnait positivement, y compris ce que d'autres auraient peut-être vécu négativement. Il m'a été donné cette chance de pouvoir discerner ce que je voyais, sans le nier, mais avec réalisme. Sans noircir, mais sans enjoliver. Merci, je n'y suis pour rien. Je n'oublie pas les pieds nus dans les sabots de bois ; les talons plus gris que la terre ne pouvait l'être ; les pièces sans éclairage ; l'eau froide que l'on allait chercher au puits dans des seaux de fer blanc ; l'assiette creuse unique pour manger la soupe de légumes et le fromage. Je n'oublie pas non plus la façon scandaleuse dont certains traitaient leurs vieux parents qu'ils laissaient dans l'annexe de la ferme, et qui mangeaient à part. Il arrivait que le médecin soit prévenu en toute dernière extrémité. J'oublie encore moins les commentaires échappés de mon père, comme un trop plein de ressenti, au retour d'appel téléphonique qui l'avait fait venir pour constater le décès de la grand-mère que l'on avait trouvée noyée dans la mare de la cour de la ferme, de sa ferme, celle où elle était née quatre-vingts ans plus tôt. Même aveugle de vieillesse, elle savait où était la mare… pour ne pas y tomber de son plein gré. Certains héritages ne pouvaient attendre plus longtemps. Je ne veux pas assombrir le tableau ni chausser les lunettes roses de l'illusion. Tout le monde n'était pas comme cela, heureusement. J'entends cependant aujourd'hui trop de commentaires sur le monde « idéal du bon vieux temps ». Ceux-là auraient dû parcourir les fermes des années 1945/1952 et visiter les hospices de vieillards en 1960… Je veux aimer bien. Dans le réel.

Chapitre VII
Le clan des petits copains

Deux nouveaux petits compagnons venaient de faire irruption dans notre vie d'enfants, les frères Guillaume, Jean-Pierre et Michel. Michel avait notre âge d'environ huit ans et Jean-Pierre trois ou quatre de plus. Nous les avons découverts un soir d'hiver au crépuscule, sur le champ de foire. Ils sortaient juste de la maison « Manjard » acquise par la municipalité qui leur avait trouvé ici logement au premier étage. Monsieur Guillaume arrivait à Montguyon en qualité de secrétaire de mairie. Je crois qu'il avait fait partie des troupes d'occupation en Allemagne. Michel et Jean-Pierre débarquaient tout auréolés d'une histoire… un peu d'histoire de France ! Comme si cela avait été dit hier soir, j'entends leur récit d'être montés dans un avion en chocolat… pour une première rencontre, ils faisaient fort ! Je commence par eux ce chapitre sur la bande de copains que nous formions parce qu'habitant cette maison ils se trouvaient au cœur de ce qui constituait notre terrain de jeux : l'ancien jardin des Manjard que nous appellerons désormais le « Parc », la Vieille Tour avec le « Plateau » et le jardin de la famille Baron, le terrain de, la colline de « Pineau », le champ de foire, la « Côte » et ses platanes (où se trouvait ma maison), la rue de la gendarmerie et son prolongement la route de Vassiac. Le microcosme de l'univers, lieu de nos évasions imaginatives et réelles. Toutes nos vacances globalement de sept à quatorze ans sont là.

Le garçon le plus près de chez moi s'appelait Guy Poirier. J'allais souvent dans sa maison située en mitoyen de celle de la famille Baron, le vétérinaire. Il y régnait une odeur de bois nouveau provenant sans doute d'un aménagement de parquet qui avait été posé dans une pièce en surplomb de la cuisine. La fenêtre de celle-ci ouvrait directement sur le parquet. Cette disposition provoquait un drame. Un petit voisin nommé Jean-Claude Klein venait jouer avec nous. Guy et moi devions avoir six/sept ans et Jean-Claude quatre ou cinq. Je le revois en barboteuse chez sa grand-mère, madame Picard. Un jour où il nous avait suivis chez Guy, il s'était assis sur le bord de la fenêtre ouverte de la cuisine, il avait basculé en arrière. Tombé dans l'évier et de l'évier sur le sol, assommé, il était resté sans connaissance un long moment. Peut-être un an après, nous apprenions qu'il devait subir une opération du cerveau où l'on avait diagnostiqué une grosse tumeur. Le rapprochement avec la chute précédente se faisait naturellement. Jean-Claude ne survécut pas à son opération. J'allais le voir dans son lit mortuaire. Je vois un visage jaune cireux et un détail que l'on n'oublie pas : on lui avait mis son béret marron sur la tête pour cacher la cicatrice. J'étais impressionné. Son cercueil était porté à mains d'hommes sur un brancard, de sa maison jusqu'au cimetière de Vassiac. Je tenais un gland du voile pour l'accompagner. Depuis soixante ans, chaque fois que j'entre dans le cimetière, je vais faire une prière sur sa tombe. Je me demande pourquoi son nom n'y figure pas.

François Giraud habitait sur la route de Vassiac, juste au-dessus de chez moi. C'est chez lui que je recevais ma première invitation à déjeuner. J'étais très heureux de partager le repas d'une famille. J'en garderai l'envie. Son père tenait un abattoir. François m'emmenait parfois assister à l'abattage des vaches et des bœufs. Ils étaient tués d'un coup manuel de burin entre les cornes. La bête s'affaissait sur ses genoux avant de basculer sur le côté. On découpait la peau avec un ciseau électrique. Le sang coulait sur le sol et les viscères que l'on enlevait dégageaient une odeur de merde chaude. Le sens de la vie commençait à me poser question. J'aimais les animaux, le Vivant, et j'appréciais le beefsteack. Nous jouions très souvent sur le terrain de foot-bal. François voulait être goal où il montrait de l'habileté. Je tirais des penaltys ou des « dix-huit mètres ». Nous alternions les positions. On tenait la comptabilité des buts encaissés ou détournés. Nous nous contestions. Les parties s'éternisaient pour ma plus grande joie. Normalement, la sirène qui sonnait midi dans les deux scieries qui encadraient Montguyon nous signifiait l'heure du déjeuner… que l'on oubliait. Nos mères nous appelaient chacune leur tour de leur balcon : « François, ois, ois, ois ! Louis, oît, oît, oît ! » Nous prenions un malin plaisir à répondre : « Quoi, oi, oi, oi ? » pour entendre : « À taaaaable ! ». On se regardait en riant : « J'aaaariiiive ! ». Le soir, il en allait de même quand le soleil disparaissait derrière la maison des Manjard et que le crépuscule naissait. Il était si agréable d'entendre le bruit du ballon rebondir sur l'herbe quand le silence descendait. Tout cela dans la cuvette du terrain de foot avec la Tour, au-dessus qui faisait écho.

Julien Hubert, surnommé « cacou », le fils du dentiste et de l'institutrice habitait rue de la gendarmerie juste en face de la boulangerie Pelletier et de la maison de mon grand-père Lancien. Après la mort de celui-ci, mes parents nous envoyaient l'été, Camillia et moi, ouvrir les volets et les fenêtres pour ventiler les pièces. Nous avions exceptionnellement la permission d'y retourner nous coucher après dîner. La journée se prolongeait dans le jour déclinant et la chaleur de l'été. En haut de la côte, devant la Perception, l'odeur du goudron chaud de la rue remontait en effluves douillets. Nous descendions la rue de la gendarmerie dans un sentiment de liberté tranquille. Les chambres étaient au premier étage. Du balcon je parlais avec « cacou » qui lui se tenait sur le sien de l'autre côté de la rue. Nous nous lancions des pelotes de ficelles que nous attachions aux garde-corps. C'était la joie d'aller les chercher sur la rue quand elles tombaient et c'était la joie du matin de voir les voitures circuler sous ces fils tendus. Je me sentais bien dans cette maison dont l'odeur caractéristique contribuait à me faire changer d'univers. C'est d'ailleurs là que j'ai pris conscience de l'évolution en vieillissement de mon corps. Depuis tout petit je me rongeais les ongles de pieds. Je prenais mon pied à deux mains et le portais à ma bouche. Cet exercice de souplesse comblait la sensation de toute-puissance du corps. Or, un jour où je me trouvais dans la chambre du « haut », je m'apercevais que mes jambes n'avaient plus l'élasticité nécessaire. Je n'en faisais plus ce que je voulais. Quelle déception !

Une petite bande d'enfants du village se constituait spontanément et progressivement. Des noms viennent s'agréger aux premiers cités ; les deux frères Jean-Louis et René Laporte, Jacky Clément, Yannick Dupuis, Jean-Pierre Lemoine, les deux frères Gauthier du Café de la Poste, Bernard Lucas, William Brunet, Raymond Gaillard, parfois Barbier bien qu'il habitât un peu plus loin au café de l'arrêt des cars Citram au carrefour des Billettes, parfois Tarnaud, bien qu'il fût un peu plus âgé. D'autres encore qui venaient l'été en vacances, je pense plus particulièrement à un garçon qui logeait chez sa grand-mère rue de la gendarmerie et qui nous rejoignait chaque mois de juillet. J'oublie des noms sur des visages… et je dois oublier aussi des visages. Qu'ils veuillent bien m'en excuser. Ils vivent dans le présent de notre passé commun. Ce petit monde autour de dix ans s'entendait relativement bien dans ses différences. Celles-ci s'affirmeraient plus tard, avec l'âge. Pour l'instant, sans le savoir, nous vivions une ambiance du genre « Guerre des boutons ». « Qui sera le chef ? »… petit Gibus… Le donjon ou « la Tour » régnait sur nos jeux. Elle dominait la situation du haut de sa colline. Sa présence au centre de nos ébats la faisait participer à nos activités. De quelque endroit où nous nous trouvions, nous la voyions. En arrière-plan constant de notre paysage, elle alimentait l'inconscient de notre imaginaire. Qui à dix ans avec une épée de bois à la main ne se serait pas investi en Bayard montant à l'assaut du château ?! Le rêve dans la réalité. Mes parents me recommandaient de ne pas aller à l'intérieur ni de passer au pied sur le sentier au-dessus du lavoir de chez Manjard. Des pierres tombaient régulièrement… Vers sept ou huit ans, c'est un plus « grand » d'au moins dix ans qui me faisait braver l'interdit. Mes yeux émerveillés découvraient la « salle des gardes », en contrebas du pont-levis. Elle occupait toute la surface de la Tour avec une voûte en coupole jusqu'au sol. Une ouverture en hauteur donnait l'éclairage de l'extérieur à travers un mur de trois ou quatre mètres d'épaisseur. Une planche en permettait l'accès, on rampait dans le mur jusqu'à la façade que l'on descendait en prenant appui sur les pierres dégarnies de joint. C'était fabuleux. Il subsistait encore une partie du plancher en pierres du premier étage. On y montait par un reste d'escalier. Les générations précédentes avaient fixé une lisse en fer contre le mur, entre les cheminées suspendues au-dessus du vide. On s'y accrochait pour limiter notre poids et l'on pouvait aller s'accouder à l'unique baie de la Tour, en « anse de panier ». On surplombait alors tout le village. La vue s'élargissait en panorama de la place du Champ-de-Foire jusqu'à la route des Maine et plus loin encore. Ma maison natale me paraissait subitement toute petite. De là-haut nous étions les enfants d'autre temps.

Dès les vacances venues, nous étions une bonne douzaine à nous regrouper régulièrement au « Parc ». Nous nous donnions rendez-vous au pied du grand marronnier. À la saison où tombent les marrons, donc à fin septembre et plutôt aux petites vacances de la Toussaint nous faisions une bataille de marrons. Il y avait tout un rituel : attendre que le maximum de participants soit là, d'abord pour prendre la décision collective du jeu, se partager en deux camps et choisir ses partenaires dont l'adresse de certains les faisait préférer aux autres, définir l'endroit où se déroulerait la joute (en fixe derrière une haie ou derrière de vieilles portes que l'on savait où trouver), aller chercher une provision de marrons que chacun emportait dans son camp. On décidait d'enlever les bogues dont nous savions bien que les épines pouvaient nous blesser. Enfin, chacun en place à une dizaine de mètres les uns des autres, on se lançait les marrons. C'étaient les cris, les invectives, les bosses dont certaines étaient douloureuses sous le choc, les rires. J'adorais sentir dans la paume de la main les marrons assez gros pour la remplir. Leur surface brillante et douce caressait la peau. J'en gardais quelques-uns dans mes poches… C'est simple ; on s'amusait.

D'autres fois, nous jouions à la « petite guerre ». Je crois même que nous distinguions d'avec la « Grande Guerre ». La première utilisait des armes blanches, lances et javelots en bambous, épées en bois, épées de branches d'arbres, sorties des fagots des cantonniers, arcs dont il fallait choisir le bois solide et flexible à la fois et tendre la ficelle. On se faisait des boucliers, souvent le couvercle d'une bassine métallique simplifiait les choses… La seconde utilisait les armes à feu ; pistolets, mitraillettes, fusils que l'on fabriquait en bois issu de notre environnement naturel. Une erreur de langage m'avait valu une forte moquerie : « Si l'on faisait les boches contre les Allemands ? ». Chacun voulait être dans le camp des « résistants », 1945 était proche. Petite ou grande guerre, nous étions en mouvement. Chaque camp partait dans une direction différente avec un lieu commun où se retrouver, généralement la Vieille Tour, parfois dans « la salle des gardes ». Le premier arrivé avait gagné, l'astuce étant d'empêcher l'autre d'y parvenir. Nous tendions des embuscades, cachés dans les buissons ou les fourrés à travers lesquels serpentaient les étroits sentiers que nous devions pratiquement être les seuls à emprunter. Les bois résonnaient alors de hurlements, « À l'attaque ! », « Pan-pan ! T'es mort ! ». Bien sûr tous ne s'arrêtaient pas, « Non, non ! Je suis seulement blessé ! » Et c'étaient les courses dans les collines, les sauts au-dessus du ruisseau qui longeait le terrain de football, les cachettes dans les massifs de ronces, la montée à l'arbre et rester masqué par les branches… Le plaisir extrême d'être au plus haut de l'arbre sans voir les autres qui passent en dessous, mais les entendre parler entre eux, « Où est-il passé ...? », pendant que l'on reprend son souffle après avoir tant couru. Nous élargissions notre choix de jeux en « cow-boys contre les indiens ». Le fond restait le même, mais la dénomination changeait tout !

Le « Fer à cheval » était aussi un de nos lieux de rencontre favoris. Au bout du Parc il se situait idéalement au pied de la Tour, dans l'arrondi en cuvette délimité par le ruisseau, la colline de chez Baron bordée de sapins sur la droite et la pièce d'eau sur la gauche avec les grands conifères et le lavoir. Ces gros blocs de granit disposés en forme de fer à cheval nous attiraient. Ils permettaient de s'asseoir en vis-à-vis. Ils favorisaient la discussion. L'allée qui les entourait s'était vite transformée en anneau de piste cycliste. Nous pédalions sans fin, en dérapant volontairement. La configuration de l'endroit permettait aussi de sauter le ruisseau et de grimper sur le flanc de la colline jusqu'à la base de la Tour en s'agrippant aux racines des ifs. La descente était plus « glissée », et il fallait être attentionné à la chute des pierres de la Tour. Mais existe-t-il un plaisir sans risque ? Quand j'étais seul et qu'il pleuvait, j'aimais venir dans le lavoir. On y accédait par un abri en bois fermé sur les trois côtés et recouvert de planches. J'entrais et je refermais la porte. La solitude de cet endroit me plaisait particulièrement dans l'immersion de la nature qui l'environnait : le bruit des gouttes de pluie sur le toit, celui de la chute d'eau débordant de la « grande pelle » de fermeture et de retenue ; le muret de la « petite pelle » séparant la pièce d'eau du lavoir ; la perspective de la surface du lavoir qui se prolongeait le long du ruisseau jusqu'au terrain de football avec les arbres et les massifs de ronces en bordure ; l'espace ouvert du terrain de football qui livrait la vue sur la colline de Pineau ; l'atmosphère chargée d'humidité odorante des arbres et de l'herbe. Un univers se construisait que je m'appropriais. J'aurais aimé manger ici une omelette sur une table dressée… rêve de neuf ans ! Je regardais. J'écoutais. J'admirais. Quelque chose me pénétrait. Je devenais ce que je voyais.

Ces jeux nous aidaient à former notre caractère face à la société qui nous attendait. Ils servaient d'exutoires à nos pulsions d'agressivité. Nous nous éduquions à la vie de groupe. Nous expérimentions à notre insu une sorte de tolérance, la solidarité, la faiblesse, l'autorité, la lâcheté, le danger de la force physique seule et brutale, l'inimitié, la relativité des règles pourtant définies en commun. S'y développait aussi le sentiment de précarité, du temps qui avance si vite, « C'est déjà fini ! On se retrouve demain ? ». Les vacances passaient. Un trait de personnalité s'est révélé chez moi : j'aimais être le cheval léger, celui qui part en « éclaireur », celui qui laisse le gros de la troupe pour aller en avant, chercher où sont les autres, avoir le sentiment délicieux de sa liberté sans commandement de son semblable. Je suis encore comme cela. Sous le manteau de la règle nécessaire au fonctionnement de tout groupe humain, garder précieusement une marginalité libératoire. J'ai su beaucoup plus tard qu'en astrologie chinoise j'étais cheval. Je me suis reconnu dans ce double de l'animalité : aimant galoper et sauter les barrières pour aller brouter dans les herbages voisins et parfois interdits… même si revenant in fine à son écurie.

J'ai parlé du ruisseau qui longeait le terrain de football. Il évoque les lavoirs de ma prime enfance. L'origine partait de la fontaine de Font-Crose qui se trouvait en bordure du chemin reliant l'église de Vassiac au village de Pineau. De là, un petit cours d'eau s'écoulait dans le creux du vallon de Pineau jusqu'à Montguyon en passant par le « Parc », le champ de foire sous le garage Martinez, se prolongeait au-delà de la boutique de madame Doussarit pour se jeter dans le Mouzon, rivière qui nous sépare de la commune de Saint Martin-d'Ary. Tout le long de ce ruisseau étaient implantés des lavoirs. Entre autres, du Parc, une grosse buse en ciment passait sous le garage des pompiers pour aboutir au lavoir de la propriété Baron en bas de la Vieille Tour. Quand on y regardait, on ne voyait qu'un petit rond de lumière au bout. Je crois que les frères Guillaume s'y aventurèrent les premiers. Un jour je les suivis. On entrait accroupi et on avançait à quatre pattes. L'aventure ! J'ai eu peur lorsqu'au milieu du parcours, dans le noir je ne distinguais plus que les deux petits disques de lumière de l'entrée et celui de la sortie. Le silence m'angoissait. En arrivant au lavoir Baron, il fallait enlever ses chaussures pour sortir pieds nus dans l'eau froide.

Parmi les autres lavoirs, je me souviens notamment de celui en pied de la colline de Pineau, où il jouxtait une cressonnière, dans le pré en pente où la famille Giraud laissait paître ses vaches. Je revois la lavandière partant de notre maison, poussant la brouette en bois pleine de linge. La permission de l'accompagner était assortie de recommandations les plus intransigeantes, surtout celle de ne pas trop s'approcher de l'eau, tellement la crainte de la noyade était grande. Sur place, la lavandière s'agenouillait dans un baquet de bois contre le rebord en pierre lisse et pentu qui ceinturait le lavoir. Elle plongeait le linge dans l'eau et le savonnait sur le rebord. Elle le replongeait, le remontait, le frappait avec un gros battoir en bois. Une grosse bulle se formait des draps qu'elle lançait largement pour mieux les rincer. Elle tirait le drap, le roulait en se relevant et le posait sur la brouette dans une profonde bassine en faisant attention que rien ne déborde sur la roue. La lavandière avait des sabots en bois qu'elle retirait lorsqu'elle se mettait à genoux. Elle n'était pas seule, d'autres femmes venaient aussi. C'était le jour du « linge ». Les dernières nouvelles intimes des familles s'y échangeaient. Les secrets s'envolaient du lavoir jusqu'au bourg. Sur le chemin du retour, mon œil à hauteur de ses mains les voyait toutes rouges, gonflées d'humidité et de froid. Je dois de dire le respect que m'imposaient mes parents vis-à-vis de ces femmes. Il s'agit en effet d'un des travaux physiques les plus pénibles que j'ai vus. Quand laver des draps dans un lavoir casse les reins, que l'eau froide provoque des rhumatismes articulaires dans les mains, que la personne s'épuise et vieillit prématurément. Combien de kilogs doit peser un drap de coton ou de lin plein d'eau qu'il faut sortir à genoux ? Je ne sais pas, mais ce doit être très lourd. Je ne veux pas faire du Zola, mais simplement dire mon affection.

Les frères Guillaume devenus mes voisins les plus proches m'entraînaient dans leurs jeux. Ils s'étaient aperçus qu'en passant par le grenier de la maison Manjard, où je rappelle qu'ils habitaient, on pouvait accéder à l'intérieur du garage des pompiers. Par une petite trappe, on débouchait dans le haut de ce grand hangar où les pompiers stationnaient leurs camions. C'était donc l'endroit interdit par excellence. On descendait jusqu'au sol par une échelle assez haute. On grimpait dans les camions pour s'asseoir à la place du conducteur et l'on faisait semblant de conduire. Un pompier pouvait venir ouvrir inopinément le portail ou, pire encore, que la sirène informant d'un incendie se mette à sonner… ce qui nous aurait laissé peu de temps pour repartir par où nous étions venus. C'était le plaisir de la transgression… le plaisir du risque ; le grand frisson de dix ans !

Tout l'environnement immédiat appelait au jeu. J'avais uniquement à traverser les clôtures de notre propriété. Sortir de la maison imposait les escaliers. Descendre sur le terrain de football glissait au travers d'un trou aménagé dans la haie du pré qui le surplombait. Aller « au bourg » ouvrait la porte de la grande grille qui bordait « la côte ». Accéder directement au jardin Manjard se faufilait par un massif de bambous planté tout contre le bâtiment des réserves. Toutes ces étapes constituaient pour moi le franchissement d'une limite qui, curieusement, entraînait une modification de mon état d'être, en progression vers un plus d'autonomie et de liberté. J'expérimentais les séparations symboliques… Il y avait également un bâtiment des réserves aujourd'hui disparu qui a été remplacé par le cinéma actuel. Il se prolongeait par une sorte de grange ouverte où l'on stockait du foin et des fagots de bois coupés par les cantonniers. Avec les « Guillaume », comme nous les appelions, nous évidions le centre des tas de foin et de fagots pour créer des cavités dans lesquelles nous nous cachions. Nous emportions notre « quatre-heures » pour y manger dans la bonne odeur du foin, à l'abri des regards. Près de cet endroit, dans un petit bassin rond, vivaient des grenouilles et des crapauds. Quand la ponte avait lieu, je prenais des filaments avec les points noirs. Je les transvasais dans une grosse coupe en verre posée dans la salle d'attente des clients de mon père. Petit à petit l'œuf devenait têtard et le têtard crapaud. Le miracle de l'évolution me fascinait.

Chapitre VIII
Le clan des villageois

Le bourg de Montguyon (un peu plus de trois cents habitants) était ma ville. Dès mon plus jeune âge j'aimais la rencontre des habitants. Chacun était une aventure inconnue qui pouvait se raconter, mieux que n'importe quel livre. Je le dis avec l'étonnement de l'adulte d'aujourd'hui. Je voyais bien les mésententes, les critiques, les jalousies surtout ; parfois même les haines. Toutes ces familles aux maisons si proches connaissaient leur histoire réciproque, celle des parents et des grands-parents… qui se reportait quelquefois sur les enfants. À ce sujet, j'ai entendu quelques réflexions pas très aimables sur ma famille. Je n'en tenais pas trop compte et je saluais tout le monde avec sincérité. La nature m'avait doté d'une capacité à « amortir » les traits qui se voulaient blessants et je les oubliais facilement. La découverte de la diversité humaine partait du pont de Saint-Martin d'Ary sur le Mouzon, jusqu'à l'étang de la Distillerie où je devais aller pêcher vers treize/quatorze ans. À Saint-Martin d'Ary, il y avait encore un forgeron que l'on m'interdisait d'aller voir, c'était trop loin ! Heureusement un autre tenait sa forge plus près, à côté du café Marquis. Il fallait vivre la magie du soufflet qui attisait les braises, du rougeoiement du fer, du bruit du marteau, de la force physique que dégageait le forgeron. Du garage Martinez à celui de « La Pointe » aux « Graves », de l'arrêt des bus des « Billettes » chez « Barbier », jusqu'à l'église du XIIe de Vassiac je cheminais dans l'envie de voir d'autres personnes. Cette diversité humaine se métaphorisait entre le donjon de la Vieille Tour du XIIe et les cinq mille ans du dolmen mystérieux de Pierre-Folle vers lequel il fallait monter, là-haut, aux Maine.

J'aimais être invité à entrer dans les maisons. Il y avait la cuisinière à bois ou à charbon qui chauffait les plats du repas. Je humais avec délectation ces odeurs d'intérieurs. Chaque maison avait la sienne. Je crois que les yeux fermés j'aurais pu reconnaître chez qui je me trouvais. J'allais chez le coiffeur, monsieur Dupuis, près de la gendarmerie. Il travaillait avec monsieur Colin qui boitait. Un poêle chauffait le salon de coiffure avec posé dessus une bouilloire qui sifflait. Pendant l'attente je lisais les revues à disposition des clients, principalement Miroir-Sprint qui relatait le sport. Des photos pleine page, de montagnes, de cyclistes en gros plan, Fausto Copi, Kubler, Koblet et autres Darrigade. On trouvait également des revues de chasse, le maître des lieux faisant aussi commerce de fusils et de cartouches. Les conversations roulaient donc principalement sur des histoires de courses cyclistes, de calibre, de fusils, de palombes et de chiens de chasse. Monsieur Dupuis avait un timbre de voix bien rond qui m'assoupissait un peu dans le bruit discret du vaporisateur d'eau de Cologne qui terminait la coupe de cheveux.

Un jour j'étais allé déjeuner chez la famille Guillaume. J'avais été surpris de voir le repas se dérouler dans la même assiette à soupe creuse que l'on retournait pour manger le dessert sur le dessous. Monsieur Guillaume proposa à mes parents de me donner des cours de piano. Je devais avoir un peu plus de dix ans. Je me revois assis devant l'instrument et cet homme bienveillant qui cherchait à m'instruire en musique. Certes je sais que j'étais maladroit de mes mains et que mes doigts n'avaient sans doute pas beaucoup d'agilité, mais je ne comprends pas encore pourquoi je suis resté rétif à ce premier enseignement… qui resta le dernier. L'abstraction de la calligraphie des notes de musique, les doigts engourdis, le refus de l'effort, la crainte de l'échec dans une matière que je ne connaissais pas ? À l'étonnement de monsieur Guillaume devant cette situation, je ne pus répondre que je préférais courir dans les prés et grimper aux arbres. Évidemment, cela m'était plus facile. Je garderai ce moment en forme d'incompréhension, vivant au fond de moi comme une blessure en souffrance. Le sentiment d'une occasion unique de progrès gâchée. Moi qui aimais tant entendre le son du piano.

Dans la rue je disais bonjour à tout le monde. C'était d'ailleurs la recommandation première des parents. Un jour, monsieur Langlois, le plombier-couvreur tombait d'un toit. Il habitait rue de la gendarmerie, je passais devant chez lui chaque fois que j'allais chercher le pain à la boulangerie Pelletier. On craint pour sa vie. Il s'en tirait avec les jambes cassées. Après une longue absence, je le revoyais un jour, appuyé sur deux cannes sous les aisselles, qui passait en haut de la côte devant la maison du maire, monsieur Lévêque. Je me trouvais sur la rue devant la grille du jardin. Je revois la surprise sur son visage à m'entendre l'appeler en criant, « Monsieur Langlois ! Bonjour ! ». Il levait une béquille pour me faire signe. Je devais avoir sept ans.

Un peu plus tard on me confiait ma première grande fonction officielle : aux obsèques de monsieur Jean Le Goff je devenais le porte crucifix des enfants de chœur. Nous étions trois en aube noire avec un surplis blanc, en tête du cortège qui faisait à pied, derrière le corbillard tiré par un cheval, le trajet de sa maison[10] (un peu plus haut que l'école des garçons) jusqu'à Vassiac. Madame Le Goff m'avait embrassé en remerciement. Je ressens encore la chaleur de ce mouvement. Si les adultes se rendaient compte combien ces petits gestes demeurent dans la mémoire affective…

Dans les repères marquants, je n'oublierai pas la librairie de monsieur Weber. C'était le symbole de la lecture. On pénétrait par un couloir dans sa petite boutique. Pour moi c'était la caverne d'Ali Baba de la diversité des connaissances. Je venais juste d'apprendre à lire.

[10] Cette maison est la première où ont habité mes parents. Myriam y est née.

« Fripounet et Marisette » fut mon premier « illustré », puis « Tarzan » dont les aventures exotiques m'attiraient. Ensuite venait mon premier abonnement, à « Spirou ». J'aurais dû les conserver, ces originaux s'achètent une fortune actuellement. Puis « Tintin »… et les autres. J'ai un souvenir précis du cow-boy « Roy Rogers », de « Pipo », d'« Elastoc »… Si j'anticipe sur le moment, plus tard ce seront les revues de photos avec bulles et dialogues ou des sous-titres, comme « Madrigal », « Nous Deux » que je cachais sous mon pull-over en allant à la maison ! La boutique devenait un lieu de rassemblement pour les enfants du bourg où l'on aimait se retrouver. Trop nombreux, nous devions sortir pour ne pas gêner les clients. Alors nous discutions sur le trottoir, comme des « grands », en regardant les gens passer. En outre, monsieur Weber animait le club de football. Sauf erreur, je crois qu'il a dirigé nos entraînements de l'équipe de minimes à l'ASM. Nous jouions sur le terrain au pied de la Vieille Tour avec un maillot vert orné d'une bande noire en V sur le devant.

La convivialité du bourg se développait plus encore le « jour de foire », le troisième mercredi de chaque mois. Nous n'avions pas école ce jour-là. La présence des gros animaux distinguait la « foire » du « marché » qui lui n'en avait pas. Tout le centre était occupé, du bas de la côte de la Gautone en passant par la place de la mairie jusqu'à la gendarmerie ; de celle-ci jusqu'à la maison de « Justice de Paix » en face du calvaire ; de la Perception des Impôts en descendant devant chez moi jusqu'au champ de foire. À ce dernier, on trouvait à sa partie haute, fixées sur des poteaux de béton, des barres en fer qui servaient à attacher les vaches. Il y avait même un plateau de pesée pour les bêtes près du passage que nous appelions la « ruelle ». Dans la partie basse, la rue de champ de foire était bordée de chaque côté par des étals de vente surmontés d'une toile. Place de la mairie c'étaient plutôt les légumes. Rue de la gendarmerie jusqu'au pied du calvaire, on côtoyait surtout les poules, les canards et les lapins… tous vivants bien sûr. La joie de voir ces petits animaux dans des bacs en bois fermés sur le dessus par un grillage « à poules » et les poussins au duvet marron et jaune qui s'agitaient dans des paniers d'osier ! Le plaisir de se promener dans la liberté de l'anonymat de la foule, en courant et slalomant entre les personnes ! Parce qu'il y avait du monde. Cette foire était attractive à l'époque. L'entrée de la Justice de Paix nous était interdite, à nous enfants. Un homme en surveillait l'accès, mais pris par une occupation quelconque, il avait dû s'absenter. J'étais entré. C'était le monde des adultes. On y parlait de choses sérieuses, de litiges entre personnes, entre mitoyennetés, de vols de canards dans les basses-cours. L'histoire humaine de la commune se débattait ici. « Qu'est-ce que tu fais là ? » entendis-je d'une voix forte. Je sortais. Dehors, quelques coups de poing pouvaient s'échanger à l'issue du jugement. Que reste-t-il de ces mini-conflits ? Un jour, une dizaine de vaches s'étaient échappées et passant par la rue du garage, elles avaient envahi notre pré. Ma grand-mère Charpentier avait eu très peur et moi encore plus en voyant les cornes pointues qui passaient si haut et si près devant la porte vitrée. Dernier petit écho de la foire : en face de la maison des Baron, un étal vendait des jouets. J'admirais notamment des pistolets à eau dont le canon chromé se raccordait à une poire en caoutchouc rouge. Il fallait voir la tête des femmes dont nous arrosions les mollets en nous approchant par-derrière, avant de nous enfuir en riant. Nous évitions les hommes… courageusement ! À la foire, nous nous alimentions en sac de billes en terre cuite de toutes les couleurs, en billes d'agate, en petits boulets de fer et en gros boulets. Quelques copains surclassaient l'ensemble en adresse dans le lancer de billes sur une « ligne » ou dans le « pot » (cercle rempli de billes), je pense entre autres à Guy Poirier. J'avais une certaine adresse aux osselets.

Au carrefour du champ de foire, j'allais souvent à la pharmacie Cousin. En entrant, vous aviez le nez rempli d'odeurs sortant des pots de médicaments et des préparations pharmaceutiques. Près de la porte, une balance « pèse-personne » m'attirait chaque fois. Métallique, blanche, avec le plateau de pesée plus haut qu'une marche qui faisait osciller une grande aiguille dans un grand cadran rond. La merveille.

Madame Cousin, la pharmacienne, me donnait une pièce de monnaie pour que j'y monte. Je me trouvais bien dans cette pharmacie où l'on me donnait la permission de me rendre à l'occasion des courses cyclistes, Bordeaux-Saintes, ou le tour des Billettes à l'occasion des fêtes de Saint-Martin d'Ary et de Montguyon. J'étais surveillé par monsieur Cousin ou monsieur Jacob qui regardaient volontiers les courses dans le cliquetis des pédaliers, le chuintement des boyaux sur le goudron. Le temps que les coureurs arrivent, on ne voyait déjà plus que les numéros des dossards sur le dos des maillots.

Mes parents m'envoyaient faire les commissions chez les commerçants. Je râlais, mais dès que j'avais quitté la maison j'étais content que l'on me donne une tâche et heureux d'aller rencontrer d'autres personnes. La diversité me séduisait : le boulanger monsieur Pelletier dont le fournil était mitoyen de la maison de mon grand-père Lancien et à la caisse madame Anita Lebrun, dame âgée qui écrivait sur un cahier avec un crayon la commande du jour ; en revenant je mordais le côté tendre du pain de cinq livres dans le milieu où la croûte est un peu plus fine – le boucher monsieur Henri Leblanc et sa femme, où le maniement des couteaux dans la chair rouge des pièces de bœuf me donnait des frissons. C'est là que je voyais vers seize ans le premier garçon de ma génération commencer son travail professionnel, Michel Besson à l'abord facile et convivial – le charcutier Guichard – l'alimentation les Docks en face de chez madame Doussarit – le pâtissier Daniel sur la place de la mairie, le dimanche nous lui commandions un St Honoré. Adolescent j'allais acheter un double cornet de glace pistache et vanille – le boulanger Millet près de la maison de mon copain Jacky Clément – la couturière madame Saintprix, tailleur rue de la gendarmerie qui habillait sur mesure. Ma mère et sœur étaient des clientes régulières – la petite épicerie de madame Mallet, située entre la maison du couvreur monsieur Langlois et celle de la Perception. Il me semble avoir acheté chez elle mes premières cigarettes « Eigliff (?) » un petit paquet rouge de dix unités – le photographe monsieur Lavisseur habitué de mes parents, qui photographia toute une génération ; sa sœur Marcelle femme un peu originale dont je redoutais le bisou tant sa joue collait de crème. Ils venaient de temps en temps déjeuner à la maison – Madame Marty qui habitait dans le virage du faux bourg de Saint-Martin d'Ary, près du pont sur le Mouzon, à côté de la famille Aubry. C'était une dame âgée, veuve, à laquelle mes parents accordaient toute leur confiance. Ils lui remettaient les clés quand nous partions ou bien c'est elle qui venait garder la maison. Chez elle, mon attention était attirée par un ancien poêle à sciure de bois comme on n'en voyait déjà plus : un cylindre métallique que l'on remplissait, par le haut, avec de la sciure autour d'un gros manche en bois que l'on retirait après avoir tassé la sciure. Il restait ainsi un vide qui permettait la circulation de l'air du poêle jusqu'au tuyau d'évacuation de la fumée. On l'allumait par le bas. Il fallait régler le fonctionnement par le clapet du débit d'air du tuyau de cheminée… C'étaient des poêles dangereux dont le feu pouvait « s'emballer » très vite. J'ai souvent vu la tôle du conduit rouge par l'intensité de la chaleur. Mais la sciure de bois ne coûtait pas cher… au risque du pire. C'était le poêle du pauvre – Monsieur et madame Pierre Cousin[11] sur la route de Vassiac, grands amis de maman, parrain de Myriam nous les appelions « parrain et marraine ». Ils avaient vendu leur pharmacie à leur frère Emile, juste avant la guerre de 1939 ; les dévaluations consécutives les avaient ruinés. Ils habitaient une maison au style basque blanc et rouge, la « Maisonnette » où j'allais quelques fois apprendre à jouer au billard à l'adolescence – toujours sur la route de Vassiac, mademoiselle Roux qui animait la chorale de l'église –, le cordonnier, monsieur Guyot, en face de chez moi dont le magasin sera remplacé par un atelier de photos « Paris-Photos ». Un jour, après de longues hésitations, j'avais demandé au photographe de me vendre la photo d'une jeune communiante « solennelle », Marisca, qu'il avait exposée dans sa vitrine. Il avait eu un sourire amusé en disant que cela n'était pas possible (vers 11/12 ans) – le garage de monsieur Martinez où je

[11] Ils roulaient en voiture ancienne : une Primaquatre Renault noire et rouge des années 1934/35. Une curiosité !

portais ma petite bicyclette quand la chaîne sautait – le vétérinaire Baron dont je trouvais joli l'angle arrondi de la maison en bas de la « côte ». Une anecdote : Madame Baron, un matin où je passais devant sa cuisine en allant à l'école s'aperçoit que j'ai des verrues aux mains ; « Passe me voir avant de rentrer chez toi ce soir », dit-elle. Au retour, elle prend mes deux mains et les enduit d'une pommade qui ne sentait pas très bon. « Reviens demain ! ». En quelques jours les verrues avaient disparu et ne sont pas revenues. « Ton père pourrait te soigner… » ajouta-t-elle, pince-sans-rire ; la pommade qu'elle m'avait donnée soignait les verrues des pis des vaches… ! Papa était médecin et monsieur Baron vétérinaire ! Cela fait partie de mes souvenirs « vivants », parmi les plus humains.

Je fréquentais la population volontairement ou non, mais je la côtoyais en permanence et pour le moins avec intérêt. Elle fait partie intégrante de mon patrimoine d'homme. Je suis de ceux qui pensent que toute rencontre, tout croisement, impriment des traces inconscientes réciproques. Nous ne pouvons pas les évaluer, mais elles sont là. Comme deux sphères d'énergies et de couleurs différentes se traverseraient dans le contact proche ou lointain et se compléteraient partiellement des couleurs de chacune. Un salut, un serrement de mains, un regard échangé ou surpris, plus encore une étreinte évidemment, tout cela s'agrège dans « ce » qui constitue la personne en développement. Jusqu'à la fin de notre vie, nous restons des êtres en devenir par les liens de la rencontre : « Chaque rencontre a son enfantement »[12]. Le miracle de la relation, dans l'accroissement de l'être.

[12] In, « Dans le secret des ermites d'aujourd'hui » - François de Muizon.

Chapitre IX
Les grands déplacements

Une ou deux fois par an, papa allait à Ozillac rendre visite à son oncle Albert Delorant. C'était un vieux monsieur de plus de quatre-vingts ans avec une barbichette blanche. Papa lui marquait un grand respect. Il le considérait comme son père. Ancien instituteur « libre », il avait dirigé la scolarité de papa dans son enfance en compagnie de ses frères, les oncles Marcel et Jean Delorant, et de son cousin Robert Lefranc. J'entendais souvent papa dire, « Je suis devenu médecin grâce à l'oncle Albert ». D'ailleurs il lui avait donné sa thèse de médecine. L'oncle Albert était marié à tante Séraphie. Je les regardais comme des personnes d'un autre siècle, j'avais sept ans et ils me paraissaient si âgés. Il me reste de ces rencontres une image floue de couleurs d'habits noirs, de murs extérieurs en pierre grise, de chemins d'herbe verte, de cheveux blancs. Je ressentais une atmosphère détendue, relationnelle. Papa aimait venir ici.

Ces voyages avaient lieu le dimanche. On me demandait si j'avais fait mes devoirs et appris mes leçons. Je répondais oui. Je n'aurais voulu manquer aucune de ces sorties, notamment celles où l'on déjeunait chez le cousin Robert Lefranc. Il possédait une grande ferme du nom de Mastavy à St Séverin en Charente. Chez lui je me sentais transporté à l'étranger. Sa femme Elénutza était une princesse roumaine, me disait ma mère… ce qui me faisait rêver. Elle nous accueillait avec une gentillesse infinie. Je vois son sourire. La table était chaque fois garnie des produits de la ferme et l'on mangeait bien.

À la fin du repas, je demandais la permission d'aller dans l'étable. Elle était spacieuse, propre, bien ventilée. Dans la pénombre et l'odeur de foin, je marchais sur l'allée du milieu entre deux rangées de vaches, sans trop m'approcher ni les toucher. « Attention aux coups de sabot arrière, on ne les voit pas venir ! ». J'observais avec crainte le taureau. Il représentait la force brutale, le vrai danger. J'étais déçu quand son box était vide, « Il est au pré », me répondait-on. Je sortais et de l'extrémité de la cour qui surplombait le vallon, je cherchais à voir les bêtes. L'été, dans la grosse chaleur de début d'après-midi, une bonne odeur remontait des champs de blé. Je somnolais dans le paysage.

Vers neuf-dix ans, une sortie s'est imposée lorsque papa diagnostiquait une appendicite. Je fus opéré à la clinique du Libournais. Quelle découverte ! Tout était nouveau dans cet univers : les rapports avec les soignants, leurs blouses blanches me les faisaient venir d'une autre planète – l'odeur d'éther et d'autres senteurs inconnues – une chambre sans meubles, avec un lit étrange en fer peint blanc, les murs blancs – la solitude lorsque la porte de la chambre se referme. Le parcours tout nu sous un drap dans le brancard entre la chambre et la salle d'opération. Le masque appuyé sur le nez et la forte odeur d'éther qui pénètre mon cerveau le temps de basculer dans l'« invivant ». Je me réveille dans une chambre aux murs de couleur rose. (J'ignorais que l'on m'avait changé de chambre) Dans les vapeurs de la sortie de l'anesthésie, je me demande si je suis au ciel. Cette première impression m'a suivi jusqu'à ce jour. « Si j'étais au Ciel ? ». J'absorbais ma déception petit à petit, au fur et à mesure que les contours de la chambre se dessinaient dans leur réalité. Le plateau repas me plaisait, léger, et le sourire de l'infirmière. Je devais rester quelques jours en convalescence. On frappait à la porte. Entrait un curé d'un certain âge avec une longue barbe grise, le Père Alphonse Revaud aumônier de la clinique. Ancien des Missions Etrangères de Paris, il arrivait de Mandchourie, expulsé par Mao. Après quarante-deux ans passés là-bas, il avait oublié en partie le français. Il parlait avec l'accent chinois et il fallait bien tendre l'oreille pour comprendre.

C'était l'aventure vivante qui me rejoignait : les six mois de voyage en bateau pour aller si loin, l'exotisme des escales en Égypte, en Inde (nous sommes dans les années 1907…), l'arrivée en Mandchourie, la nourriture avec des baguettes, le coucher sur des nattes, les déplacements à cheval dans les montagnes… Il vivait en pleine campagne à Kirin dans la région de Harbin. Rien ne manquait dans son récit ; et surtout pas la relation avec les Mandchous. Il les parait de toutes les qualités : accueillants, gentils, travailleurs et notamment rieurs. C'était un missionnaire tolérant, parlant de Lao-tseu et de Bouddha avec estime. En revanche à son retour, la foi des chrétiens de France lui semblait trop fade. Les Mandchous étaient si bien ! Dès que je pouvais marcher, il m'invitait dans son bureau. Là, il m'apprit à fumer la pipe… « en Mandchourie tous les enfants fument ! ». Je tirais mes premières bouffées pendant qu'il racontait ses expériences chinoises. Le rêve devenait possible. Je revenais à Montguyon enthousiaste : je serai missionnaire d'Asie. Je voyais cependant que papa ne partageait guère les bienfaits de cette rencontre : « Quel vieux fou… et en plus il lui apprend à fumer la pipe ! ». Ce court épisode resterait une belle fleur de mémoire. Récemment j'ai appris qu'il était décédé en 1963, dans un accident de la circulation ; il roulait à mobylette… à 80 ans ! Cela m'a plu.

Pendant les grandes vacances, mes sœurs m'ont emmené exceptionnellement à La Rochelle. Nous prenons le car jusqu'à Montendre et de là le train jusqu'à notre destination. Le grand-père Max Delorant et sa femme Marie-Fabienne avaient fait construire une maison 39 rue Jeanne d'Albret. J'y étais allé une première fois du vivant de la grand-mère en 1948. J'en ai peu de souvenirs, mis à part les piqûres de moustiques noirs qui provoquaient des cloques rouges qui grattaient beaucoup. Maman était venue. Le climat était particulièrement tendu entre elle et sa belle-mère. J'y reviendrai plus loin quand je parlerai plus longuement de la vie de papa. Donc en 1950, après le décès de grand-mère Delorant, j'accompagnais mes sœurs. Je découvrais la plage de sable, la mer, les méduses, les vagues, le vent du large, la joie de courir en maillot de bain, le corps libre, l'odeur du varech et du sel, les mouettes. Tout était nouveau. Tout me paraissait immense. J'étais impressionné avec l'apport d'un sentiment de crainte en face d'une nature qui dominait. Le bruit des vagues dont les rouleaux s'écrasaient sur le sable résonnait encore dans mes oreilles en partant, quand on traversait les Parcs parmi les cris aigus des paons. J'ai trouvé une photo de plage de cette année-là, rendant le passé très proche : jouant au volley-ball à marée basse au pied du mur de la promenade de « La Concurrence », Myriam, Flora, Fabienne, Boris, tous en maillot de bain, le corps mince et beau de jeunesse, dans l'insouciance du moment.

Autour de 1953 je découvrais aussi le piquant de sorties plus discrètes et franchement défendues. Je ne sais plus qui m'avait entraîné au cinéma de la Vieille Tour dans une séance de l'après-midi. Il s'y projetait un film de « gangsters » (comme l'on disait…) en noir et blanc dont j'ai oublié le titre, avec Gabin. Nous étions une demi-douzaine, je ne me souviens que des frères Guillaume. En payant ma place, la peur d'être reconnu m'oppressait. La petite bande descendait l'allée du milieu, entre les bancs de bois, pour s'asseoir au premier rang au pied de l'écran. Je ne me retournais pas pour que personne ne me voie… Pendant la projection l'un de nous avait distribué des cigarettes. La marque m'est restée, des Pall-Mall. Je n'avais jamais fumé, à part la pipe du Père Revaud ! Je faisais comme tout le monde. Les autres se moquaient de moi, « Il ne faut pas souffler, il faut aspirer ! ». La moitié de ma cigarette était mouillée de salive… Les spectateurs pouvaient fumer dans cette belle salle voûtée tout en longueur dont l'épaisseur des murs de pierre dépassait un mètre à la base. L'hiver la température s'y maintenait tiède et fraîche l'été. Le sol en plancher de bois, en pente vers la scène. J'y ai vu le premier film de ma vie « Les quatre filles du docteur March », avec papa et maman, peut-être la seule fois où ils m'accompagnèrent ensemble au cinéma. Papa n'était pas cinéphile. À d'autres moments nous allions fumer dans une sorte de petite grotte que nous avions découverte entre le pont-levis d'accès au Plateau et le donjon. On s'y glissait par un trou étroit de la colline. On ne pouvait pas se mettre debout. Dans la lueur des bougies, nous fumions assis. Ce n'était pas confortable, mais il y avait le plaisir[13] d'être sous terre avec la roche en plafond. Pour l'instant je vivais la pleine transgression de l'interdit. J'en éprouvais un réel malaise. Au retour chez moi, j'inventais nos jeux habituels même si maman avait trouvé mon absence bien longue. Mentir à ce point me gênait profondément.

C'est une tranche d'âge où les rêves se développent facilement chez les enfants. Combien de fois croisons-nous sur un trottoir de jeunes garçons de neuf/treize ans qui parlent tout seuls, qui font des gestes apparemment désordonnés de combat contre de l'invisible ? On peut se trouver à deux mètres, ils ne nous voient pas, étrangers à l'activité extérieure, ils sont plongés dans leurs aventures intérieures. Ils marchent comme des somnambules, en marmonnant leurs mots à eux. Ces scènes étranges me fascinent chaque fois. Comme ceux-là, j'avais moi aussi quelques rêves en réminiscence de situations que j'aurais aimé vivre : je construisais une cabane maison en bois dans un arbre, au milieu de la forêt. Je choisissais un grand arbre et je montais les planches sur des branches hautes, mais solides. C'était une seule pièce, assez vaste que je meublais d'un lit-divan recouvert d'un plaid écossais aux belles couleurs. Il y avait une fenêtre contre le lit pour que je puisse voir dehors en étant couché et qu'ainsi j'admire à la fois le rouge du soleil levant entre les branches des arbres autour, et aussi la lune éclairant la forêt par un ciel clair et étoilé. Je plaçais une table pour écrire, un fauteuil en bois avec des coussins. Au milieu de la pièce, j'avais installé un poêle rond en fonte noir et le tuyau qui faisait sortir la fumée sur le toit. Je cuisinais des omelettes géantes que j'allais manger dehors sur la terrasse en bois. Assis sur une chaise, devant une table, je dégustais dans la bonne odeur des œufs qui se mélangeait à la bonne odeur des sapins. Je remontais l'échelle de corde d'accès. Seul, au-dessus du sol, dans l'écoute de la vie de la forêt j'étais heureux.

---

[13] … que je qualifierais aujourd'hui d'« archaïque ».

D'autres rêves venaient aussi me visiter, comme celui du bateau-péniche sur la rivière. Il descendait le cours calme entre des rives plutôt plates. Je recherchais les prés inondés plus haut que les clôtures. La péniche flottait au milieu des champs, se glissait entre les hauts peupliers d'une haie, s'approchait de la lisière des forêts… La péniche était en bois, avec un pont de grande surface où je pouvais somnoler dans des transats sous le soleil printanier en lisant un livre, après le déjeuner. Il y avait la table à l'extérieur où je prenais mes repas de tartes aux pommes et aux prunes. Le soir, je prolongeais le dîner en glissant doucement sous la lune dont je m'amusais à parler à la sœur jumelle qui se baignait sur l'eau. L'intérieur n'était qu'un large séjour rempli de divans, de coussins moelleux, de rayonnages garnis de livres. Le matin j'y mangeais un petit-déjeuner de café au lait chaud avec des tartines de beurre sur du pain tendre accompagnées de confitures et de miel. Je regardais les paysages mouvants, au fil de l'eau, par une fenêtre dont l'air frais du dehors faisait de la buée sur les vitres. Le soleil tout rouge se levait à l'horizon en se reflétant sur l'eau. En ouvrant la fenêtre, je goûtais avec bonheur l'odeur de branchage et de verdure humide de la brume qui montait.

Enfin, un rêve très fréquent de long parcours dans la neige du Grand-Nord canadien. Là, j'étais influencé directement par une littérature qui magnifiait la vie de plein air dans la solitude dynamique. Notamment James Oliver Curwood, mais aussi Jack London et bien d'autres dont les ouvrages étaient publiés dans la collection « Verte ». Je partais en trappeur seul sur les pistes enneigées, le fusil en bandoulière, les raquettes aux pieds. Je bravais les tempêtes de neige, je dormais dans mon sac de couchage « chaud » (!) à l'abri sous les larges branches de sapins alourdies de poudreuse. Je peinais en gravissant les montagnes, enfoncé dans la neige jusqu'à la taille. Arrivé au sommet, je découvrais en contrebas la vallée toute blanche avec le petit chalet accueillant… qui m'attendait. J'allumais du feu dans le poêle à bois… le vent pouvait hurler entre les arbres…

Ces rêveries venaient le jour, mais aussi au coucher dans le dortoir, avant de m'endormir. Je les acceptais sans retenue. Elles étaient le produit naturel de mon imagination. J'avais remarqué qu'elles équilibraient mon ressenti global, très consciemment elles avaient un pouvoir apaisant. Je pense qu'elles ont structuré mon état d'être en faisant en sorte que puissent s'échapper le trop-plein de stress, l'angoisse des circonstances familiales, l'échec scolaire. Elles ont contribué à la construction de ma valorisation de « personne ». Je « pouvais faire » ma vie, malgré les épreuves, les incertitudes. Je créais ma maturité d'adulte au milieu de situations agressives, où les efforts et le combat ne me faisaient pas peur. J'apprenais à compter sur moi-même, à me débrouiller seul. Ces rêves ont développé mon imaginaire, ma capacité d'évolution, mon aptitude au changement, diraient les psy. d'aujourd'hui. Je confortais comme cela une confiance en moi sur le fond qui me serait utile toute la vie. D'abord, et c'est le principal, en faisant confiance à la vie. Première distinction, combien validée par la suite, entre « ma » vie que je fais et « la » vie qui me porte. Naissance de la relativisation des événements que certains trouvaient dramatiques, en « accidents » transitoires. En complément de tout ce qui précède, je dois préciser avoir eu la chance d'être pourvu dans ces jeunes années d'une faculté : celle de comprendre que ces rêves n'étaient que cela. Au réveil, c'était oublié. L'activité du jour était vraiment autre chose. Mais ce qui est oublié n'est pas perdu… a dit quelqu'un dont je ne sais plus le nom.

J'ai été pensionnaire pendant six ans, de l'âge de dix ans jusqu'à seize. Dans des dortoirs d'une cinquantaine de lits, on ne peut savoir la solitude qui étreint l'enfant qui se déshabille debout à côté de son lit… « Son » lit ?

Chapitre X
Les fissures

Le dix juillet 1952 naissait Madeleine, la fille de ma sœur Flora. Belle occasion de faire l'école buissonnière, la seule de toute ma vie ! Je dis à l'instituteur que mes parents m'emmenaient la voir à la clinique du Libournais à Libourne. En partant de chez moi le matin je cachais mon cartable dans le massif de bambous-roseaux. J'escaladais la colline de la Vieille Tour. Je faisais un passage sur le Plateau, avec prudence parce que je pouvais y être vu de notre maison. Je courais dans les buissons, je grimpais aux arbres... Je m'ennuyais, je regrettais ! L'addition du sentiment de culpabilité n'arrangeait rien. L'après-midi, assis dans la voiture, j'étais heureux, mais gêné.

Cette première naissance dans le cercle familial rapproché m'élevait au rang d'oncle, à peine à dix ans. Du coup, les frères Guillaume m'appelèrent régulièrement « tonton ». Mais le principal se trouvait ailleurs. L'accouchement de Flora concrétisait une rupture du déroulement heureux de l'atmosphère de la vie de la famille, rupture qui s'était amorcée lorsque mes parents avaient loué pour mes sœurs Myriam, Flora et Fabienne l'appartement de la rue Saige à Bordeaux. Elles y vivaient en totale liberté, dans une sorte de sans-souci. Les parents payaient le loyer, maman allait régulièrement les alimenter en confitures, en conserves, en argent de poche. C'étaient donc des filles particulièrement aidées. De plus, les trois avaient un physique agréable. Dans ces conditions, il devenait naturel que les hommes se présentent dans le paysage.

Flora connut un garçon de Montguyon, Maurice Leroy, qui faisait de brillantes études à l'école d'hydrographie de Bordeaux. Beau garçon, beau parleur, il fréquentait quelques jeunes filles. Le drame éclatait vers les vingt-deux ans de Flora à l'annonce de leur souhait de mariage, réalisé en 1951. Mes parents eurent beau objecter qu'il ne lui restait que deux ans d'études pour devenir professeure de dessin, qu'elle pouvait donc attendre cette échéance pour se marier… et connaître Maurice un peu mieux ; rien n'y faisait. Ils vinrent habiter dans un premier temps dans la maison du grand-père Lancien. Ayant réussi ses concours, Maurice embarqua très vite comme officier de pont sur un navire de la compagnie des Messageries Maritimes. Il partit pour l'Extrême-Orient. Flora se retrouvait seule avec un enfant à élever. Un autre suivrait un peu plus tard, mon neveu Helliot. Cette fois-ci la vie était bouclée. Ils achetaient un appartement à Marseille. Mon père vivait cela très mal, comme une catastrophe annoncée.[14] Il discernait dès le départ une incompatibilité de caractère entre les deux, tant Flora était tournée vers l'intériorité et Maurice vers l'extériorité. La suite lui donnera raison.

Fabienne suivait globalement le même itinéraire. À l'École des Beaux-Arts, son regard croisait celui de Boris Lamy, étudiant en architecture, né à Plassac en Gironde. C'était un travailleur acharné et doué d'un bon talent artistique. Mais les études sont longues pour obtenir le diplôme d'architecte. Pourtant Fabienne réitéra le même souhait que Flora, « On veut se marier… ». Le voile de l'amour occultait tous les arguments des parents sur le mode de : « Tu es trop jeune, attends que Boris ait fini ses études et toi tu termineras les tiennes, attendez de plus vous connaître… ». Même cause même résultat, Fabienne se mariait sans délai en 1952. Un enfant arriverait

[14] Flora quittait définitivement Montguyon vers Marseille en novembre 1954, le lendemain de la fête du Christ-Roi. C'est elle qui me l'a raconté soixante ans plus tard : papa l'avait accompagnée en voiture à la gare des bus Citram, avec ses deux enfants Madeleine et Helliot. Il avait aussi porté une malle très lourde, bien qu'il souffrît beaucoup du dos. Il était conscient de son mauvais état de santé. Il lui dit : « Tu sais, je crois que je vais mourir prochainement. » Flora se souvient encore qu'il pleurait à chaudes larmes alors qu'elle voyait son visage derrière la vitre de l'autocar qui partait. Scène prémonitoire : papa devait mourir quelques jours plus tard, le 6 décembre.

aussi vite, ma nièce Marisa. Mon père continuait d'être catastrophé. De quoi et comment cette nouvelle famille d'étudiants allait-elle vivre ?

En parallèle les choses ne s'étaient pas arrangées dans ce sens-là du côté de Julien. Après s'être engagé comme pilotin au grand dam des parents, il continuait ses études à l'école d'hydrographie de Bordeaux où il avait rencontré Maurice. De bons résultats d'études lui promettaient un avenir sérieux dans la marine marchande. En réalité, il promit son cœur à Anne-Marie Marchand, jeune fille de Bordeaux. Il ne restait à Julien qu'un an ou deux d'école pour atteindre le grade d'officier de première classe « Pont ». Scénario identique à ceux de ses sœurs, il préférait le mariage en 1953. Il restait donc dans les « machines », l'endroit du bateau le plus bruyant, où la température est la plus élevée, où les odeurs de fuel et d'huile font mal à la tête lorsque les soixante degrés règnent sur la côte d'Afrique.

Mon père se demandait ce qui lui arrivait.

Le paroxysme se produisait à l'annonce par Myriam du parti qu'elle avait choisi : Wilhelm Wolf[15], Allemand, étudiant en droit à Bordeaux. Myriam venait juste de terminer dentisterie. À vingt-quatre ans, elle avait installé son cabinet au rez-de-chaussée de la maison de Montguyon et un peu plus tard elle achetait une maison à Saint-Martin d'Ary sur le bord du Mouzon. Elle se distinguait en faisant peindre les volets en jaune vif. Sa compétence et sa gentillesse lui attiraient une large clientèle. Elle commençait à être bien connue. Elle avait refait complètement le dentier de papa. Il en tirait une grande fierté. Avec

[15] Wilhelm Wolf, né à Dornberg (près de Bielefeld), Allemagne en 1924. À dix-sept ans en classe terminale de philosophie l'armée allemande vient sélectionner les plus costauds. Envoyé sur le front russe, rapidement malade par la dysenterie, il est rapatrié sanitaire au Sud près de Bordeaux. Prisonnier à l'armistice, on l'envoie travailler dans les vignes d'un château bordelais. Sa jeunesse le fait remarquer par le propriétaire, celui-ci lui permet de venir lire les livres de la bibliothèque. Ce propriétaire, diplomate de carrière, lui conseille à sa libération de faire ses études de droit en France à Bordeaux, « pour œuvrer à la réconciliation franco-allemande ». C'est là qu'il rencontrera ma sœur Myriam. Grand travailleur, polyglotte, il fera par la suite une bonne carrière dans la diplomatie allemande. Il aimait le bon vin… de Bordeaux.

l'arrivée de « Willy », mes parents voyaient la reproduction du cheminement des autres enfants. Ce qui aggravait la situation fut la nationalité du prétendant. Papa n'était pas « anti » allemand comme on pouvait l'être encore à cette époque si proche de l'armistice de 1945. Cependant, il portait des souvenirs, lourds : entré au service militaire en 1912… il ne sortait de l'armée qu'en 1918 ! Sept ans, dont quatre au front, auxquels il rajoutait sa mobilisation de 1939 et les déboires qui en suivirent. Entre autres, il se rappelait très bien ce jour de1945 où en pleine débâcle allemande on sonna à la porte d'entrée à l'heure du déjeuner. Il se leva de table pour ouvrir. Trois individus en civils portant de longs manteaux de cuir noir, auxquels on reconnaissait des sbires de la Gestapo (Français ou Allemands ? Mais ils parlaient français), lui intimèrent l'ordre d'entrer dans son bureau. Ils fermèrent la porte à clé. Ils le firent asseoir à sa table et, sûrement bien renseignés par des services bancaires de Bordeaux, lui demandèrent de signer un ordre de session des actions de la Royal Dutch Petroleum. C'était l'unique placement financier de mon grand-père Lancien… autrement dit, tout l'argent économisé au cours de sa vie. Devant le refus de mon père, ils lui appliquèrent un revolver armé sur la tempe en ne lui laissant pas le choix. Il avait un pouvoir du grand-père. Alors il signa en pensant à sa femme et à ses six enfants. Les individus repartirent comme ils étaient venus… Ma mère me disait encore vingt ans après, combien mon père était livide et bouleversé lorsqu'il revint à la table de la cuisine… Alors les Allemands… il préférait les oublier. Et voilà que sa fille aînée, celle qui réussissait le mieux dans la vie sociale, celle qui peut-être était le plus près de son cœur parce que la première née, lui apprenait qu'elle voulait se marier à un Allemand. Le statut d'étudiant de Willy par rapport à la situation professionnelle bien assise de Myriam ouvrait en outre aux suppositions les plus malveillantes.

À partir de 1950 les désaccords s'accroissaient de plus en plus dans la maison, notamment quand papa n'était pas là. J'éprouvais l'élasticité du temps entre les périodes de calme et celles de la tension des conflits entre les parents et mes sœurs et frère. Le temps où tout allait bien s'effritait peu à peu. Maman voulait « mettre à la porte » ses grands enfants. Des scènes terribles avaient lieu, dans les hurlements de ma mère, ses imprécations, mais aussi les cris des filles et de Julien. Le sol tremblait sous les talons qui couraient dans le grand couloir. Très souvent, trop souvent, la visite de mes sœurs et frère se transformait en drame. Chacun leur tour je revois soit Flora, soit Fabienne, soit Julien, soit Myriam, descendre les marches du perron arrière et se réfugier en pleurs dans le pré. Il fallait voir maman jeter les valises du haut du perron, proférant l'anathème sur les uns et les autres. Grand-mère Charpentier impotente dans ses quatre-vingts ans gémissait dans son fauteuil en disant de sa fille, ma maman, « … Elle va détruire notre famille… ». Je dois préciser que maman avait un fort caractère, que les difficultés de sa petite enfance la rendaient réactive et à fleur de peau, parfois en déséquilibre psychique. Incapable de maîtriser ses émotions, il lui arrivait de dire des choses qu'elles ne pensaient pas. La crise passée, elle s'effondrait en pleurs ; toute rouge avec une poussée de tension qui durcissait encore son comportement. Ainsi, mes sœurs et mon frère, si tôt arrivés, repartaient leur valise à la main en criant, « Je ne reviendrai plus dans cette maison ! ». Ils tournaient au coin de la rue du garage pour disparaître sur la côte. Je les avais attendus. Ils s'en allaient. C'était le drame. J'avais adopté deux attitudes, soit je m'échappais en cours d'explosion pour revenir plus tard, soit je restais en pleurant dans une crispation si forte de tous mes muscles que je pourrais la ressentir encore aujourd'hui. Dans les deux cas, je sortais du jardin, je traversais le terrain de football, j'allais à côté de la Vieille Tour où poussaient de très beaux conifères en bordure de ce qui avait dû être une petite carrière de pierre. Là, je grimpais sur la branche la plus haute. Je m'y asseyais. Je voyais la Tour à ma gauche, en bas le terrain de foot et en arrière-plan je pouvais distinguer notre maison et le pré de derrière. Mes jambes tremblaient. Je pleurais du fond de mon cœur. Comme beaucoup d'enfants de cet âge, je crois que je devais parler tout seul. Petit à petit j'entendais le vent, j'écoutais les oiseaux chanter, je me laissais porter par la force tranquille de l'arbre. Une compassion indéfinissable se propageait en moi. Ma respiration se calmait. Je sentais les nerfs se dénouer. Je redescendais les jambes raides, les muscles endoloris. En rentrant dans la maison, grand-mère m'appelait pour m'embrasser.

Une scène ressort parmi d'autres. Un jour, Julien était venu déjeuner à la maison avec sa fiancée Anne-Marie qu'il appelait Minou. Nous avions mis les petits plats dans les grands en préparant la table de la salle à manger. Je participais avec bonheur aux préparatifs : la nappe blanche épaisse en lin à déplier, les assiettes en porcelaine de Limoges que l'on plaçait l'une sur l'autre, les verres à pieds en cristal, de dimensions dégradées, les couverts en argent avec le « C » de Charpentier. Les serviettes de larges mesures avec les initiales brodées des grands-parents suscitaient la recherche de leur nom ; façon symbolique de les rendre participants au repas ? On rajoutait un bouquet de fleurs du jardin qui donnait des couleurs et du parfum. L'ensemble sur la belle table à rallonge aux angles arrondis... Arrondis les angles ? Ils auraient dû l'être plus encore quelquefois... D'où cela vint-il ? Je ne le sais plus. Mais les échanges devinrent non conviviaux entre Julien et maman. Il dut employer un mot déplacé. Papa le reprenait sans animosité. Julien se leva brusquement en faisant tomber sa chaise. D'un geste de mains violent, il cassait les verres de sa place dont les morceaux étaient projetés dans l'assiette de papa. Minou se levait en pleurant. Ils partirent sans se retourner. Je vois le visage fatigué de mon père, les traits tirés, les yeux cernés, se lever de table pour aller s'enfermer dans son bureau. Il avait soixante-trois ans. Il en paraissait dix de plus. Il aimait beaucoup Julien.

Les heurts provenaient exclusivement des rapports avec maman. Bien sûr, mes sœurs et mon frère l'aimaient comme on aime une maman, mais elle était si compulsive. J'ai déjà cherché à expliquer pourquoi. De plus, l'éducation très privée, dans les « bonnes manières » qu'elle avait reçue de ma grand-mère lui avait laissé une forme de sentiment d'appartenance à une classe sociale que nous qualifierions aujourd'hui de bourgeoise. Si l'on se rappelle que sa maman était née en 1872, ce type de formation était devenu insupportable pour des jeunes âgés de dix-huit ans en 1945/47 qui dansaient au son nouveau du jazz ! Sans trop vouloir psychologiser, ils n'avaient qu'un seul souhait : rompre avec une mère qui les étouffait. Ce qu'ils firent dès leur majorité à vingt et un ans. En revanche, ils n'avaient qu'un seul regret au profond d'eux-mêmes, celui de se séparer de leur père. Son caractère bougon nous le rendait aimable. Il était doux, modérateur, discret et affectueux. Mes frères et sœurs ont été écartelés au vrai sens du mot entre le monde mental de papa et celui de maman. J'ai ressenti cette déchirure en eux. Une meurtrissure.

Chapitre XI
Mon père

Je loupais l'examen d'entrée en sixième. Mes parents m'envoyaient redoubler la septième à Libourne dans la classe préparatoire au collège. Nous sommes le premier octobre 1953. J'inaugure mon nouveau statut de pensionnaire. On m'a donné le numéro 11, désormais cousu sur tous mes habits, linges, mouchoirs et figurant sur tous les livres et cahiers. Le dortoir du collège doit contenir au moins cinquante lits, une rangée le long de chaque mur plus une au milieu. Il accueille les élèves de la septième à la quatrième. Mon lit porte mon numéro. Les deux lits entourés de rideaux blancs pendants d'un cadre haut signalent la présence des surveillants. Ce qui m'a frappé c'est la vision de tous ces lits blancs et surtout l'odeur. Une odeur de renfermé, avec un mélange d'eau, de javel, de lessive, de produit désinfectant. Chaque élève possède son casier dans le couloir d'entrée. On y range les habits propres en haut, sales en bas, le nécessaire de toilette, les chaussures. La porte se ferme par un cadenas personnel… Montguyon était loin.

La classe de septième se trouvait à l'extérieur à cinq minutes à pied, dans une annexe du collège le long du cours Tourny. L'institutrice me prenait en main, m'encourageait, la grammaire me devenait familière. Je revenais à la maison tous les samedis, souvent en voiture d'autres parents qui ramenaient leurs enfants plus âgés que moi, entre autres la famille du boucher Leblanc et la famille Lecomte de Cottières. Je vivais cependant très mal cet enfermement de pensionnaire. La privation de liberté pesait sur mon psychisme et donc sur mon comportement. Je ne savais pas discerner au-delà de la contrainte disciplinaire. Je devenais réactif émotionnel sans le savoir. En revanche, je voyais que les piliers affectifs me faisaient défaut. Mes parents me manquaient. Malgré tout je réussissais l'examen d'entrée en sixième.

À la rentrée d'octobre, j'étais heureux de ce changement d'état scolaire. Toutes ces nouvelles matières m'attiraient. Mes parents avaient choisi « classique », c'est à dire plus littéraire, notamment avec le latin ; et l'anglais en première langue. L'épaisseur des livres produisait un gros effet et le contenu me faisait envie. Je les ouvrais sur mon nez pour sentir l'odeur d'imprimerie et de papier glacé. Les illustrations et les photos suscitaient mon intérêt. J'avais le désir d'apprendre. Dès les premières semaines, je tombais de haut. D'abord l'anglais dans l'apprentissage duquel je mettais tant d'espoir, ne passait pas. Dans sa pédagogie le professeur prenait le parti de donner les explications dans cette langue. Je n'arrivais pas à plaquer l'intonation sur le mot. Entendre « I am » ne me parlait pas, même en le lisant. Je décrochais très vite, dans l'impossibilité d'apprendre les leçons. Je passais pour nul alors que beaucoup saisissaient le sens du cours. Mes capacités étaient donc directement en cause. De leur côté, les déclinaisons latines me posaient d'énormes problèmes. Là, pourtant, je ressentais le professeur comme particulièrement compétent. Mais le génitif, l'ablatif, l'accusatif se mélangeaient en potage indigeste. Je ne comprenais pas mon incompréhension. En mathématiques le processus se renouvelait. Ma soif de progresser était si grande. Ma désillusion devint si profonde. Il n'y a qu'en Français, orthographe et compositions où je me tirais assez bien d'affaire. Du coup, l'attrait pour la lecture s'amplifiait aussi vite que je perdais pied dans les autres matières. Mon appétit, je peux dire aujourd'hui insatiable, d'accroissement des connaissances en dehors même du cursus scolaire prenait corps. J'équilibrais mon intériorité… comme je le pouvais. Cela me sauvait.

Le samedi il fallait revenir à la maison. Ce qui aurait dû être chaque semaine un bonheur parfait se transformait en aporie d'une impasse existentielle : comment gérer la joie de retrouver mes parents avec à la main un carnet de notes plus que médiocres ? Je culpabilisais d'autant plus que n'osant montrer mes notes réelles, j'en falsifiais quelques-unes ; un devant un trois devenait treize, une grosse tache d'encre fort à propos sur un chiffre... Je le présentais à mon père généralement le plus tard possible, le dimanche soir pour qu'il n'ait pas le temps de tout vérifier. Il n'était pas dupe. Je le voyais soucieux. Il me demandait si je faisais mes devoirs et si j'apprenais mes leçons. Je répondais oui. Il disait me faire confiance. J'étais désespéré de mauvaise conscience. Personne ne m'aidait vraiment dans ces travaux dominicaux. Le matin nous allions à la messe. Ma mère préparait le déjeuner. Ensuite, c'était le seul après-midi où mon père pouvait se reposer. J'allais donc « courir » dans le Parc où le terrain de football. Grand-mère Charpentier répétait, « Il est toujours parti ! ». C'était vrai.

Le lundi six décembre 1954, c'est au tour de mon père de nous emmener au collège à Libourne. La 203 Peugeot quitte la maison vers sept heures et demie du matin. Maman est là aussi, à l'avant. Je suis assis sur la banquette arrière avec un frère Guillaume. Nous allons chercher un fils Lecomte à Côttières. Après la grande descente vers la rivière le Palais et le passage du pont, nous remontons pour bifurquer à droite dans le petit chemin conduisant à la maison Lecomte. En plein tournant la voiture se déporte sur le bas-côté gauche et s'arrête. J'entends mon père dire « Je ne vais pas bien ». Il ouvre sa portière. Il tombe dans l'herbe. Ma mère pousse un cri. À ce moment arrive monsieur Legendre conduisant sa voiture. L'image suivante se situe dans la 203. Monsieur Legendre est au volant, papa sur le siège avant. Je suis sur la banquette derrière le conducteur. Maman est derrière papa. Nous roulons vers la clinique du Libournais. Du sang coule du nez de papa. Je vois sa tête qui ballotte. Il parle encore un peu. Je l'entends s'adressant à maman à mon sujet : « Achète-lui quand même son cadeau de Noël ». Ce sont les derniers mots que ma mémoire auditive retiendra de lui. Ceci m'a beaucoup marqué dans le symbolisme du moment. Une parole de don. En effet, il était convenu de m'offrir un jeu de Monopoly. Contrairement à l'habitude, je le garderai longtemps et en bon état… pour le donner une quinzaine d'années plus tard à mon neveu Helliot. La voiture arrive à la clinique. Des infirmiers mettent papa sur un brancard que je vois disparaître dans un couloir. Maman reste aussi. Monsieur Legendre me laisse au collège. En début d'après-midi je suis appelé chez le proviseur. « Ton papa est mort ». Le ciel me tombe sur la tête. Myriam vient me chercher. Nous repartons à Montguyon dans la 203 qu'elle conduit. Mes mains s'agrippent au dossier avant recouvert de plastique rouge-grenat avec un liseré blanc le long des coutures.

Papa est né le 21 juin 1890 à La Rochelle. Son père Max est professeur d'agriculture, mort en 1935. Sa mère Flora, née Bretonne, décédera en décembre 1949. Je l'ai vue une seule fois à Montguyon. Nous nous sommes cachés avec Camillia dans le recoin du petit couloir qui relie la cuisine au grand couloir. Dans la partie centrale devant la porte de l'escalier de la cave, il fait vraiment noir. Nous guettons le passage de la grand-mère. Dès qu'elle arrive en tâtonnant un peu, nous crions de toutes nos forces pour lui faire peur : « Ah ! Ah...! ». Elle pousse un gémissement affolé. Maman surgit, distribue une paire de claques. Mais quel bonheur de surprendre les autres ! Grand-mère Delorant n'appréciait pas. Je me demande même si elle ne repartait pas plus tôt que prévu. Le climat était tendu entre elle et maman. L'histoire prenait sa source dans l'enfance de papa. Il avait deux frères aînés de deux ans et d'un an, Marcel et Jean qui, paraît-il, étaient les « préférés ». J'ai plusieurs fois entendu l'épisode du repas de sardines dont les filets étaient offerts aux deux frères tandis que papa ne devait se contenter que des têtes. La relation par maman des derniers instants de sa belle-mère m'ont fait froid dans le dos de mes sept ans. Grand-mère Delorant[16] criait, « Je ne veux pas mourir, je ne

[16] En 2017, ma sœur Flora me rapporte une scène à laquelle elle a assisté dans les années juste avant la guerre de 1939 : elle était rue Jeanne d'Albret à La Rochelle. Grand-mère, Delorant

veux pas aller en enfer… ». Mes parents me demandaient de prier pour cette grand-mère à peine croisée… « Cela peut l'aider… »

L'année 1954 nous interrogeait par la coïncidence de la mort de papa en décembre avec celle de l'oncle Albert qui l'avait précédée en janvier. L'oncle Albert avait accueilli en 1900 ses neveux les trois frères Jean, Marcel, Louis Delorant (mon papa) à Ozillac en compagnie de leur cousin Robert Lefranc, le temps de leur scolarité secondaire. Papa était le plus jeune… et c'est lui qui obtenait les meilleurs résultats. Les dissensions s'approfondirent quand son frère Jean partait au service militaire. Les parents demandaient à papa qui avait un sursis, de « devancer » la conscription afin d'accompagner son frère plus âgé au service militaire. Il acceptait par gentillesse bien qu'il soit étudiant en médecine proche de son diplôme. Nous sommes en 1912 : au bout du compte ces deux ans de service se prolongeaient par les quatre ans de guerre 14/18, plus une année de maintien sous les drapeaux, soit sept ans d'armée ! et le report d'autant de son examen final. Tout cela laissait des traces familiales, mais aussi humaines.

Papa bénéficiait d'un naturel doux et gentil et ces années de guerre qui le conduisaient comme infirmier des plaines d'Ypres jusqu'aux montagnes des Dardanelles y ajoutèrent la tolérance, le respect de l'autre et la compassion. Il avait l'expression « brusque » de son époque, issue des difficultés de vie de l'enfance et de l'expérience des tranchées de la guerre. Son parler-vrai pouvait parfois paraître brutal, mais tout le monde voyait en lui un homme aimant, non violent, prêt

---

faisait manger du potage à sa vieille maman.
Celle-ci n'en voulait plus. Le ton est monté entre la mère et la fille et grand-mère Delorant a giflé sa mère en aller-retour. Flora s'en souvient précisément quatre-vingts ans après. Elle me dit combien cela l'avait fait pleurer.
En effet, grand-mère Delorant n'était pas tendre. Flora me raconte comment, toujours à La Rochelle, dans les années 1933/34, à un dîner grand-mère Delorant qui servait la soupe demande à ma sœur Fabienne âgée d'environ quatre ans de préciser son « merci » : « Merci comment ? Mon chien ou merci grand-mère ? » Fabienne répond : « Merci mon chien ! » Grand-mère lui dit : « Puisque c'est comme cela, tu vas au lit tout de suite, sans manger ». Fabienne s'était exécutée. Elle avait eu tellement peur qu'elle avait fait pipi au lit. Grand-père Delorant, lui, en avait ri.

à rendre service. Après sa mort maman appela un comptable pour aider à la succession. On découvrit alors un très grand nombre de clients qu'il soignait gratuitement et beaucoup d'autres à crédit. Il n'avait aucun goût pour le luxe. Il détestait l'apparat. Il mangeait frugalement, se contentant de très peu. Souvent le repas était interrompu par des appels téléphoniques d'urgences. Accidents, fins de vie, accouchements surgissaient sans prévenir. Il montrait une disponibilité spontanée et naturelle. Combien de fois l'ai-je vu se lever de table sans attendre « Mais finis donc de manger ! » disait maman. Il partait, sa serviette en cuir usé et déformé à la main… portant le poids du reproche. Les accouchements pouvaient se prolonger la nuit quand l'appel venait en cours du dîner. Les routes et les chemins d'accès aux fermes étaient étroits, mal éclairés. Maman montrait son anxiété, ne s'endormant pas devant les aiguilles de la pendule. Elle avait l'attente « inquiète ». Elle guettait le bruit du moteur de la voiture que l'on entendait du croisement de la pharmacie Cousin et que l'on reconnaissait, soulagé, du virage du bas de la côte en face de chez Baron. Il pouvait revenir au petit matin, « J'ai dû pratiquer une césarienne… c'était un garçon… c'était une fille… ». La vie reprenait son cours.

À quatre heures de l'après-midi, il venait à la cuisine boire un bol de lait et manger un morceau de pain sec. J'aimais le retrouver à ce moment plus intime pour échanger avec lui. D'ailleurs c'est là qu'il me faisait une fois une confidence qui m'étonne encore compte tenu de mon jeune âge : « Tu sais, ta maman est malade et la vie est bien difficile avec elle ». J'apprenais comme cela à garder pour moi les choses importantes. C'est la première fois que je parle de cette conversation. Sa patience s'exerçait vis-à-vis de maman. Elle était tellement enflammée pour un rien, qu'elle créait des circonstances de drame qui n'en valaient pas la peine. Un jour, elle installait des rideaux dans leur chambre. Montée sur l'échelle, elle sollicitait l'aide de papa avec tant d'invectives que je le voyais lui donner un coup de poing sur la poitrine. Un hurlement s'en suivit… elle avait une côte fêlée. Dix ans plus tard, elle attribuait son cancer du sein à cet épisode. Au plan physique il était costaud, dans les un mètre soixante-douze, mais musclé avec de larges épaules. Mon frère l'a vu se suspendre en « croix de fer » aux anneaux du portique de la balançoire. Au début de son activité de médecin, il se déplaçait à moto. Il gardait la dernière en souvenir dans le garage, une vieille Terrot sur laquelle je montais en actionnant les manettes, « Broum broum… ». Il en avait aussi gardé une sinusite chronique à rouler dans le froid de la campagne, plus un nez cassé à la suite d'une chute.

J'ai parlé des repas de midi. Il me revient les quelques fois où le vin manquait dans le pichet. J'accompagnais papa à la cave pour « tirer » le vin de la barrique. Il m'apprit à me servir d'un tuyau en pipette, c'était plus rapide à couler. Vers la dizaine d'années, j'étais volontaire à l'étonnement de tous. Au lieu de laisser couler le vin tranquillement par le robinet, je l'aspirais à la « pipette » et je buvais ma part ; sans doute l'équivalent d'un petit verre. J'éprouvais une certaine détente à m'allonger sur le sol terreux et à laisser le vin descendre en moi. La cave était sombre, le jour entrait par des soupiraux, les odeurs de vieilles barriques et de bûches coupées : un petit paradis ! Sans excès, j'ai eu la chance d'apprécier le vin, avec retenue naturelle. Je ne me tenais pas correctement à table. La grande punition était de nous envoyer dans l'escalier qui conduisait à la cave, l'éclairage éteint par l'interrupteur placé à l'extérieur. On se retrouvait dans le noir absolu. J'avais vraiment peur. Quels êtres étranges, quels démons, voire quel diable, pouvaient surgir du silence d'un monde sans lumière, sans repères ?!

Comment ne pas évoquer un épisode de soins personnels ? Parmi les plus prégnants de ma mémoire ressort celui des bronchites dont j'eus à souffrir plusieurs années de suite entre six et neuf ans. J'ai de la fièvre et pour me soigner on m'installe la journée dans le lit de papa et maman qui est plus grand et plus commode que le mien. Cela permet aussi de ne chauffer en continu qu'une chambre. (Il y avait un poêle à bois dans chaque pièce et c'était un vrai travail de les alimenter toute la journée) Des draps propres sont mis en place. Malgré la fièvre je me sens bien dans ce grand lit. Mais quand je vois papa arriver tenant dans sa main une seringue qui me paraît très grosse remplie du liquide vert de l'Eucalyptine, prolongée par une longue aiguille à l'extrémité biseautée, je pousse des cris d'appréhension. Quelques gouttes qui se projettent en l'air hors de l'aiguille et je dois me retourner sur le ventre. Je hurle de peur, je crispe les muscles des fesses dans un mauvais réflexe, le froid de l'éther du coton qui glisse sur la peau détend instinctivement, l'aiguille pénètre, je crie plus fort. C'est fini. Cela recommencera le soir même au début de l'infection. Je m'entends dire, « Non, pas deux ; l'autre demain ...! ». Une petite fiole de verre ronde contient de la pénicilline ; je revois très bien le bouchon plat en caoutchouc gris maintenu par un cerclage métallique fin. Il s'en dégageait une odeur caractéristique que depuis lors j'ai associée à la maladie. Les piqûres de pénicilline faisaient moins mal que celles d'Eucalyptine Lebrun ! Certains jours j'avais droit au lavement. C'était l'horreur ! Le pot de tôle émaillée blanc tenu à main levée haut par maman, le tuyau de caoutchouc rouge qui descend jusqu'à la canule que l'on a enfoncée douloureusement dans mon derrière, « Ne serre pas les fesses… », l'eau tiède qui entre dans l'intestin, le « Retiens-toi plus longtemps ! », le ventre qui fait mal, le bassin métallique froid qui est glissé sous les fesses… etc. ! Je ris en me remémorant la scène. Tout n'est pas fini. Il reste le cataplasme ! Des linges propres sont dépliés sur la table, maman étale dessus une pâte épaisse de couleur jaunâtre et fumante. Elle rabat le débord des linges et pose le paquet sur le haut de ma poitrine. Cela brûle la peau et cela fume. L'odeur de moutarde pique les narines. On remonte les draps sous le cou, « Ne bouge pas… ». Petit à petit la chaleur diminue. Maman enlève le cataplasme, étend une serviette de toilette sèche sur la peau rougie. Sous les couvertures la chaleur se répand dans l'ensemble du corps. C'est le moment extra de la maladie, dans le douillet du lit, dans le silence de la chambre, dans l'entente du bois qui craque dans le poêle, dans la vue du ciel par les deux grandes fenêtres.

En soulevant un peu la tête, j'aperçois les créneaux de la Vieille Tour au-dessus des branches du noisetier. Un reste de fièvre, un engourdissement moelleux, les yeux peuvent se fermer. Le bien-être du réveil. Dans le rythme des bruits assourdis, je reconnais la vie de la maison : la porte du couloir qui s'ouvre et se ferme, la voix de maman, le choc des cannes de grand-mère. Quand mon état s'améliore, la joie de manger assis dans le lit sur le plateau de bois dont un côté arrondi en creux se cale sur le corps. Ensuite, l'extase (!) dans la digestion chaleureuse sous le couvre-pieds. Je fais durer au maximum ces jours de convalescence immédiate. Pour m'occuper, on me donne à lire des exemplaires de Readers Digest. J'ouvre rapidement les pages dont l'odeur de papier glacé et d'encre d'imprimerie chatouille mon sens olfactif. Très vite j'apprécie ces histoires courtes, faciles de lecture ; notamment les blagues « Mieux vaut en rire » m'attirent. La diversité des sujets devient un motif d'intérêt et puis, à la fin, une histoire « complète ». Je découvre que tous les sujets me concernent. Bien heureuse maladie !

Ce qui se remarquait aussi chez papa, bien qu'il n'en fasse pas état à l'extérieur, c'était sa foi. Dans sa chambre il y avait un prie-Dieu capitonné de couleur grenat, style fin 19° siècle Il ne se serait pas couché sans faire sa prière. Le dimanche il emmenait en voiture toute la famille à la messe. Je faisais à cette occasion ma première grosse bêtise. Je crois qu'il s'agissait d'une Juvaquatre. J'avais remarqué qu'il suffisait de tirer le bouton du démarreur pour que le moteur se mette à tourner. Il me le permettait parfois en sa présence. À la sortie d'une messe, je me précipitais en premier dans la voiture. Je tirais le démarreur, mais j'ignorais que la première vitesse était enclenchée. La voiture avançait par bonds ! Heureusement, elle était stationnée contre le petit talus qui l'arrêtait en contrebas de l'église de Vassiac. Papa se précipitait. J'avais droit à une taloche magistrale devant tout le monde. À cinq/six ans, voulant bien faire, j'étais déçu. Donc, papa était croyant. Une foi authentique qui s'appuyait sur son expérience humaine du temps de guerre et du temps professionnel à soigner les autres. Il ne supportait pas les bigoteries et encore moins les faux-semblants. Il n'était ni le « m'as-tu-vu » des places publiques ni celui du premier rang à l'église. Sans pour autant se cacher, il avait un comportement discret. Une image me reste de sa spiritualité intérieure profonde. C'est la nuit, un été après dîner. Papa est assis sur le banc de la terrasse de l'entrée de la maison. Il prie. Le dos du banc s'appuie contre le massif de bambous à anneaux qui sont si durs et les pousses mortes raides en aiguilles si dangereuses. À gauche, la masse sombre de la maison. À droite, le massif de fleurs où poussent les pivoines roses. Au premier plan de face, les branches noueuses de l'arbre du Japon se découpent dans le ciel. Plus loin au fond on aperçoit la Vieille Tour noire de contre-jour dont les créneaux se détachent dans le bleu nuit du ciel. Un ciel éclairé par une pleine lune superbe, si lumineuse que l'on peut marcher dehors en regardant notre ombre sur le sol. Dans le silence je m'approche. Papa m'appelle, « Louis, viens t'asseoir. Fais avec moi une prière ». Il m'accompagne. Sous la lune, la prière du cœur.

La pièce d'entrée de la maison, au sol carrelé en losanges noirs et blancs, servait de salle d'attente aux clients. Ceux-ci s'asseyaient sur des chaises d'un côté et de l'autre sur un banc.

Dans un coin se trouvait le « meuble à bois » où se rangeaient les bûches coupées pour le poêle de l'entrée et celui de son bureau. Je l'ai conservé : des générations de Montguyonnais se sont assises dessus. Il y avait aussi un meuble et une grande coupe en verre dans laquelle je mettais à la saison, les têtards à grandir. Les personnes attendaient ici leur tour de consultation ; jusqu'à une quinzaine les jours de marché. Selon les instructions, je devais sortir par la cuisine ou par le perron de derrière sur le pré. Il m'arrivait pourtant de passer par l'entrée, entre deux rangées de clients. Mes parents m'avaient éduqué à dire bonjour chaque fois, à être respectueux. Quand j'étais petit, jusqu'à six/sept ans, il arrivait que des femmes m'embrassent en me demandant mon prénom et mon âge. Plus tard les hommes me serraient la main. J'adorais ces contacts humains. Ma prime jeunesse les idéalisait peut-être. Qu'importe, je les accepte aujourd'hui à l'identique.

Le bureau de papa dégageait une odeur mélangée de médicaments et d'éther. Il comprenait une grande armoire Louis XV, un meuble bibliothèque Louis Philippe ; une table de travail contemporaine, deux divans pour l'examen des malades. En dernier vers 1953, il était très heureux d'avoir acquis un appareil de radiographie perfectionné. Il était particulièrement prudent dans sa manipulation vis-à-vis des malades. On trouvait aussi un appareil à infrarouge de la forme d'un gros projecteur destiné à « chauffer » les parties douloureuses du corps comme les rhumatismes. Enfant, j'ouvrais une porte de la bibliothèque uniquement pour sentir l'odeur de vieux papier qui s'en dégageait et tout un passé me pénétrait. Inconsciemment, le contenu des livres devenait « mon » présent temporel. Il y avait aussi un coffre assez élevé. Je me hissais sur la pointe des pieds pour y puiser des numéros de « Illustration » du début du siècle et de la Première Guerre mondiale. Je contemplais avec avidité ces photos qui me parlaient d'un autre temps… qui me semblait si loin. La grande armoire contenait des livres de médecine et beaucoup de médicaments en échantillons. Sur l'étagère plus haute que mon bras tendu pouvait atteindre, papa laissait des pièces de monnaie. Cela lui évitait d'avoir à sortir son portefeuille quand le client le réglait. Je m'étais aperçu de cette disposition et j'en abusais. Quand il s'absentait, je me faufilais avec précautions dans son bureau, je refermais la porte sans bruit pour que rien ne se remarque de l'extérieur, j'ouvrais la porte de l'armoire sans la faire grincer, je montais sur une chaise et je prenais quelques pièces. Je sortais du bureau le cœur battant plus vite dans le risque encouru et le cœur spirituel lourd d'avoir trompé la confiance de papa. Certes il ne s'apercevait de rien. Il ne comptait pas les petites pièces. Je n'en prenais pas tellement non plus, juste assez pour acheter un ou deux illustrés avec les copains. Mais les parutions étaient hebdomadaires… Je réitérais.

Un mot s'impose ici. Mes parents ne me donnaient jamais d'argent. Pour eux l'argent avait trop de valeur pour être « gaspillé » par un enfant. L'argent remis à un enfant le corrompait parce qu'il devait être gagné par le travail. « Tant que tu ne travailleras pas, tu n'auras pas d'argent », « C'est un mauvais entraînement à une vie sans effort… ». Eux-mêmes avaient été éduqués dans cette forme de morale puritaine du 19° s, issue d'un mélange de lecture évangélique et du constat de la pauvreté sociale globale, parfois si intense qu'elle donnait mauvaise conscience à certains « possédants ». Les conditions de vie familiale difficiles qui avaient entouré leur propre enfance pesaient aussi naturellement sur leur façon de penser. De ma naissance jusqu'à quatorze ans, je ne « savais » pas ce qu'était un portefeuille. De toute façon je n'aurais rien eu à mettre dedans. Dans ce sens-là je peux dire que même en vivant dans un cadre matériel agréable, j'étais élevé dans un esprit de manque. C'était bien le but de mes parents. En disant ceci, je n'exonère pas mon comportement. Cependant un sentiment d'infériorité prenait corps dans les relations avec les autres. Malgré tout le recul possible, il me semble que mes parents étaient dans l'excès à ce sujet. Mon rapport personnel à l'argent en a été affecté.

Cette parenthèse fermée, du bureau de papa, il reste entre autres une belle photo de mon frère Julien dans ses huit/neuf ans assis sur la table de travail avec le calot de mon père sur la tête et ce dernier debout à côté en uniforme militaire, sans trop d'erreurs possibles en 1940. Cette deuxième mobilisation, vingt années après la fin de la première face à l'invasion allemande l'affectait particulièrement. Il avait cinquante ans, cinq enfants, ses parents à soutenir. Comme tous les Français, il se demandait où cela conduisait et quand cette nouvelle guerre, dans la reconduction des horreurs habituelles, allait s'arrêter[17].

---

[17] Anecdote pendant la débâcle de l'année 1940, où les réfugiés civils venant du nord de la France passaient par Montguyon. (Sur la RN 10, à 60 km de Bordeaux, c'était un village étape.) Ils étaient « accueillis » dans les baraques en bois implantées à « La Distillerie ». De nombreux juifs parmi eux fuyaient devant l'avance allemande. J'ai entendu mon père parlant de certains d'entre eux qui devaient être riches : femmes en manteaux de fourrure, bijoux, valises en cuir de qualité… Mon père effectua plusieurs accouchements. Il parlait avec émotion de ces bébés qui, bien qu'issus de familles aisées pour certaines, naissaient sur la paille au sens premier du mot. Il

Les sentiments de circonspection vis-à-vis des Allemands et antinazis prédominaient chez lui. On ne s'en étonnera pas. Cette seconde guerre marque un tournant dans le cours de sa vie. Je m'en suis aperçu à l'examen des photos de famille : les plus nombreuses, celles où l'on voit parents et enfants ensemble dans le jardin, près de la balançoire, dans la maison, datent pratiquement toutes des années 1925/1940. Leur qualité aussi est plus belle, en noir et blanc bien contrastées, nettes, cadrées avec soin. On s'aperçoit que le photographe ami de la famille, Auguste Lavisseur, s'appliquait à produire des clichés intéressants. Après la Seconde Guerre, les photos de « Latry » comme nous l'appelions affectueusement, se firent très rares, pour ne pas dire qu'elles furent absentes. J'y vois le signe d'une modification importante dans le déroulement des événements familiaux. La grande rupture fut le départ en pension et à l'université des autres sœurs et frère. La maison perdait de sa vie. La dernière photo de papa accompagné de ses six enfants été prise à Bordeaux vers 1948 sur un trottoir du Cours de l'Intendance par un photographe de rue comme cela était courant à cette époque de la juste après-guerre jusqu'aux années 1955. J'y retrouve souvent mes sœurs et frères ; maman aussi lorsqu'elle allait au magasin « Bouchara » acheter des coupons de tissus. Elle les rapportait à la couturière, madame Saintprix, rue de la gendarmerie, avec un « patron » soigneusement choisi pour les habits. C'était moins cher à Montguyon. La confection industrielle recommençait à peine…

Papa a un regain de bonheur avec le retour de Myriam, dentiste à Montguyon. Les pièces du rez-de-chaussée jusque-là occupées par grand-mère Charpentier se modifient en cabinet de soins tandis que grand-mère qui ne pouvait plus monter les escaliers du perron s'installe à l'étage dans la chambre « Empire » donnant sur le pré. Un autre moment de joie partagée, peut-être le dernier, se produit à l'occasion de ma communion solennelle le 13 juin 1954. Un grand

---

ne se faisait pas payer ; « Gardez votre argent, vous en avez besoin dans ces jours difficiles. » Il était chrétien et la symbolique de l'événement lui inspirait la plus grande compassion.

repas est organisé dans un restaurant à Vallin distant de quelques kilomètres. Pour une fois toutes mes sœurs sont là, même Julien est venu avec Minou. Beaucoup de personnes amies s'assoient également autour de la table. Nous devons être une bonne trentaine. Le menu manuscrit par maman et conservé par Julien mérite d'être cité[18]. Je n'en connaîtrais par la suite aucun de cette importance. L'atmosphère correspond à la chaleur de la journée favorisée d'un grand soleil. Je porte le premier costume de ma vie, gris souris, plus une chemise blanche avec une cravate grise. Maman avait poussé le soin du détail jusqu'aux chaussures grises elles aussi. L'ambiance est celle d'un banquet de campagne qui se prolonge jusqu'au soir, rires, cris, chants. L'embellie de convivialité sera de courte durée. Myriam continue sa liaison avec Willy et signifie son désir de mariage. Que Willy soit protestant passe encore, mais Allemand devient difficile à digérer pour papa. J'ai entendu maman évoquer ses pleurs dans le retrait de sa chambre. Pour lui, Myriam belle, riche de sa profession, intelligente surtout, avait loisir de trouver un autre prétendant, français si j'ose l'écrire. Papa reçoit le temps présent en sorte de trahison. La peine qu'il en éprouve contribuera à son décès me dira souvent maman. Non qu'il n'aime plus sa fille ; au contraire il l'aime tellement qu'il ne comprend pas qu'elle ne puisse discerner sa décision comme une erreur sans retour.

Il y voit également la confirmation de ses craintes quant au devenir de Flora, Fabienne, Julien, ceux-là déjà mariés. Ils lui paraissent tous trop jeunes, trop tendres, en manque de maturité dans des choix amoureux de l'instant. Leurs couples seront-ils capables de résister aux épreuves à venir ? Les premiers bébés sont apparus, Madeleine et Helliot, fils de Flora, Marisa, fille de Fabienne. Les nœuds se bouclent dans le factuel, sans espoir de retour en arrière. Pour lui, c'est une dramaturgie qui aurait pu être évitée et dont les éléments sont déjà-là dans un futur programmé. Comment ne pas entendre ses réticences,

[18] Consommé – Hors-d'œuvre variés – Terrine de volailles truffée – Colin mayonnaise – Filet mignon – sauce madère – Haricots verts – Coquelet rôti – Salade – Fromages variés – Bombe glacée – Gâteaux – Fruits – Café – Liqueurs – Vins : Pierre Jean 1949 – Bel Air saint Emilllion 1936 – Château Picon-Champagne.

son inquiétude préventive, lui qui s'était marié à l'âge de trente-cinq ans, à la sortie des tranchées d'une guerre atroce de quatre années ? Je ne juge ni le passé ni les acteurs, mais « vu » de son expérience à lui et donc de son angle de vision, je le dis en sérénité, il ne se trompait pas sur l'aspect humain des choses. En parallèle, quel puissant amour leur portait-il... « Ce sont des enfants ».

Le corps de papa est allongé sur le lit métallique pliant installé dans le salon. Un détail me frappe : un drap recouvre le grand miroir en trumeau en face de la porte d'entrée. Les volets fermés, les lampes à pétrole allumées sur la cheminée, la lampe « Pigeon » sur la table de nuit produisent une atmosphère irréelle que conforte le chuchotement des paroles. Aurait-on peur qu'il se réveille ?! Maman a fait prendre des photos par monsieur Cuvillier, successeur de Latry. Le drap épouse la rigidité du corps, les deux pieds en pointe, la bosse du thorax, les bras cachés sous le drap replié, enfin le visage. Je suis debout à côté du lit, dans le saisissement de l'incompréhensible de tout humain ; le questionnement sans réponse du pourquoi du départ de la vie. Ses cheveux noirs/grisonnants, son nez cassé, sa moustache, son menton, sa bouche, tout pourtant me parle. Mes yeux se remplissent de larmes chaudes que j'aimerais le voir prendre. L'abstraction du mot m'échappe, « Mort ! Mon papa est donc mort...! ». Un précipice s'ouvre dans mon esprit, dans la conscience d'une présence inéluctablement partie. Je le respectais, je l'appréciais, je l'aimais plus que tout. Mon affection de douze ans se poursuit aujourd'hui. La prière que j'ai faite dans mon cœur à ce moment-là est la même que je ferais cette nuit de 2009. L'idée qu'il m'avait apprise ; selon laquelle notre vie tirait son origine d'avant notre naissance, que la mort n'était qu'un phénomène visible de la transformation du corps terrestre et que notre être continuait sa vie après ; me paraissait plus « vraie » que jamais.

La messe de ses obsèques remplit l'église de Vassiac. Pour une fois nous étions au premier rang à gauche. Je recherchais dans mon missel Dom Lefevre à tranches dorées que m'avait offert Myriam pour ma communion solennelle, la liturgie pour un « Docteur ». Je ne comprenais pas les explications de Myriam. Je saurais plus tard que papa était seulement docteur en médecine, mais non « docteur de l'Église ». Quoique… m'arrive-t-il de penser !

Quand vous passerez le portail d'accès du cimetière de Vassiac, contre le porche d'entrée de l'église, ne prenez pas l'allée du milieu, mais empruntez celle de droite. Un peu avant le monument aux morts, vous verrez sur votre droite une petite tombe avec sur le socle de la croix, une plaque en granit noir poli portant le nom de « Docteur Delorant ». C'est lui. Si vous êtes croyant n'hésitez pas à prier avec son esprit, je suis sûr qu'il soigne les âmes. Si vous ne croyez pas, n'hésitez pas à remercier de son passage terrestre, il soignait chacun dans l'amour de sa différence. Si vous passez sans le voir, continuez votre marche, les pieds par terre et la tête dans les étoiles.

Étonnamment, plusieurs années après me revenait en mémoire le dîner du dimanche cinq décembre 1954, c'est à dire le dernier passé en compagnie de papa. Nous sommes à table dans la salle à manger, maman, grand-mère Charpentier, Camillia et moi. Soudain un bruit très fort en même temps qu'un choc violent se fait entendre. Dans la surprise nous nous regardons tous avec inquiétude. Papa se lève et court à son bureau sous les cris de maman, « Louis, attention ce sont peut-être des voleurs ! » Nous le suivons. Nous voyons sur le parquet le gros moulage de bronze de la pendule posée sur la cheminée. Était-il tombé tout seul ? « Mais non, répond papa, c'est le chat qui a dû le pousser en sautant sur la cheminée ». Peut-être, mais ce bronze est si lourd, d'une assise si stable… Maman dans son émotivité exacerbée dégageait parfois une forme de sixième sens, une prémonition d'événements à venir qui m'interrogeait. Ce soir-là elle vit juste : « Louis, ce n'est pas cela. C'est un signe et un signe de malheur. Il va arriver quelque chose ». Dans la perturbation du décès de papa le lendemain, cet événement fut oublié… mais non perdu.

Chapitre XII
Le collège

Je repars au collège de Libourne avec le sentiment confus, mais très réel que quelque chose de ma vie vient de changer. C'est un ressenti paradoxal de finitude dans la disparition de mon père et de continuité de ma propre existence. Dans mon esprit de garçon de douze ans, je n'évacuais pas la blessure de la coupure affective qui se produisait, mais je l'intégrais dans le cours naturel de ma vie. Une sorte de « C'est normal » ; une douleur acceptée comme composante absolue à l'élaboration de ma construction humaine ; une sorte de « Il faut que cela soit ». Je l'exprime avec mes mots actuels. Ils reflètent cependant exactement ma réaction d'enfant. Avec le recul j'y trouve une maturité de situation qui m'a accompagné par la suite. J'avais des sensations à fleur de peau face aux épreuves de la vie. Je pleurais facilement. Mais j'observais en moi-même qu'après avoir pleuré, crié, chanté, couru, je me vidais d'un trop-plein contraignant. Je mettais au point une stratégie personnelle de surmonter les épreuves par le haut. Demain le soleil réapparaîtrait. Après l'orage le ciel bleu se montrerait. Demain je serai plus fort. Je me demande si Boris Cyrulnik ne parlerait pas ici de résilience… produit du contenu des pages précédentes ?

Cependant la psychologie de mon état de conscience se heurte au quotidien. Et le quotidien ne s'arrange pas. L'épaisseur des résultats scolaires s'amincissait régulièrement. J'ai totalement décroché en Anglais avec ce professeur qui persiste à enseigner dans un « sabir » que je n'arrive pas à décrypter. Le latin échappe à mon intelligence, dans le sentiment de perdre un outil précieux que je ne pourrais plus rattraper. Même la musique n'entre pas dans mes catégories de rétention, moi qui aime tant entendre le son du piano dont joue « si bien » maman. Je ne suis qu'à mi-parcours de la sixième : ça va mal et ça fait mal.

La cour de récréation devient le lieu de l'évasion. Je découvre des jeux de balles que je ne connaissais pas : la « rabattue » et la pelote basque. Le premier se pratique avec une balle en mousse que l'on frappe du plat de la main vers le sol pour qu'elle rebondisse sur le mur au-dessus d'un trait horizontal que l'on a tracé auparavant. Quant au second que tout le monde connaît aujourd'hui, nous empruntons soit des balles de tennis soit de grosses balles en mousse ferme qui reviennent plus vite et plus fort. Je ne me débrouille pas trop mal dans les deux jeux, avec une prédilection pour le deuxième. Dans la cour du « milieu », contre le mur du réfectoire dont les fenêtres sont protégées par des grillages à petites mailles, se déroulent de grandes parties de pelote entre les élèves de quatrième et troisième. On procède par l'élimination au premier « coup » raté. Gagne celui qui reste seul en dernier. Bien que je sois plus jeune, les plus « grands » de deux/trois ans me laissent entrer dans le jeu. Il m'arrive même parfois de terminer gagnant.

Je compense comme cela, grâce à ma formation naturelle de petit campagnard habitué aux exercices physiques. Je participe aussi aux parties de foot, jouées avec de petits ballons de caoutchouc gonflés. En courant sans retenue, en suant de tout mon corps, je me libère de l'oppression obsédante de la scolarité en tant que telle. De plus, j'apprécie dans ces activités la confrontation qu'elles impliquent, à la fois personnelle et collective. C'est simple, j'aime jouer en groupe… peut-être aussi parce que j'y vois un moyen de « briller » que je ne trouve pas en classe ! Je prends en même temps conscience de mon corps, de l'apparence et de la force physique qui sans prédominer gardent néanmoins une importance qui compte dans mes rapports humains.

L'occasion d'un déjeuner dans le réfectoire avec les pensionnaires et les demi-pensionnaires me révèle une chose inconnue jusqu'alors. Depuis quelque temps la qualité des repas a baissé. J'entends les « grands » de première et philo se plaindre. Le réfectoire accueille tous les enfants de la septième à la terminale, environ deux cents répartis par table de huit et par rangées de classes. Cela fait beaucoup de monde. Les enseignants mangent ici dans un angle, derrière une cloison de bois qui ne monte pas jusqu'au plafond. Subitement, des tables des terminales se propagent des heurts bruyants de couverts qui frappent sur les tables. Comme une allumette s'enflamme, le réfectoire entier se met à tambouriner sur les tables aux cris de : « Maraton, on a faim ! ». Monsieur Maraton est l'économe du collège. On le désigne donc responsable. Les surveillants cherchent à rétablir le calme. Les cris redoublent. C'est le chahut. Les cris s'amplifient et perdurent. Les visages des enseignants sont livides, impuissants. C'est l'émeute. Tout à coup Maraton surgit du couloir de la cuisine et là, l'incroyable se produit : le silence absolu. Il s'adresse à l'ensemble du réfectoire : « J'arrive et vous vous taisez. Vous n'êtes pas plus courageux que ces Français qui vociféraient et qui s'enfuyaient à l'ombre d'un casque allemand...! »[19]. Il y eut une réunion des « grands » dans son bureau, la nourriture s'améliora, les choses s'arrangèrent. Pour moi, c'est une leçon que je n'oublierai jamais, comme le paradigme de la force du mouvement collectif. Je voyais pour la première fois se réaliser l'impensable de ma réflexion d'enfant : l'autorité au sens fort du mot, mise à mal par une contestation de foule et surtout anonyme.

Premier discernement fondamental de l'individualité et de la collectivité. J'y ai distingué tout de suite la fragilité des conventions, la volatilité des engagements. Face à un mouvement collectif, tout

[19] *Ces paroles faisaient mouche en 1954, année encore proche de la fin de la guerre où certains comportements de « résistants » étaient idéalisés.*

devenait possible. En équilibre j'y ai observé également que la volonté d'un seul pouvait surnager dans l'énergie de la détermination, mais non sans risque. Combien de fois dans la vie j'ai retrouvé par la suite la métaphore de ce petit événement ? Il y a des faits qui sont plus éduquant que les écrits les plus épais… et sur le sujet ils ont été nombreux dans les librairies. La praxis, me diront-ils quand je serai adulte...

À propos du réfectoire, ce que l'on y servait était bon, malgré l'épisode précédent. J'y trouvais des frites fines, chose rare à la maison où ma mère les coupait plutôt épaisses. Les omelettes étaient moelleuses. De temps en temps, on nous en donnait à l'oignon frit et, mieux encore, quelques fois flambées au rhum : un délice. Les tables rectangulaires de huit (quatre de chaque côté) formaient à la vie en collectivité, apprenaient au respect de l'autre : si les deux ou trois premiers en prenaient trop, ceux du bout de table en avaient moins. C'est pourquoi nous avions institué un tour de table hebdomadaire où l'on changeait de place. Au petit-déjeuner, je découvrais le café au lait qui me changeait du lait des vaches de la Gautone. Le dimanche soir, maman remplissait une boîte en plastique ronde d'une plaque de beurre de 250 g que je mangeais dans la semaine… Il prenait un petit goût de rance à partir du jeudi. C'était encore meilleur sur les tartines que je trempais dans mon bol, avec le café au lait qui coulait entre mes doigts. Je ne comptais pas les tranches du pain. J'allais en chercher au « rab », à la cuisine. Certains me donnaient leur part de beurre qu'ils ne mangeaient pas. Dois-je dire que mon bon appétit me faisait souvent qualifier de « morfal » ?!

Mon goût pour la lecture s'accroît au fil des jours. Je vais souvent à la bibliothèque. J'aime les livres. Les récits mythologiques me plaisent. Je ne peux retenir tous les noms de ces nombreuses généalogies, mais les aventures de ces dieux avec les humains nourrissent mon imagination. La diversité de la création, l'« autre », l'« ailleurs » prennent corps. Une forme de rêve (ou d'échappatoire ?)

s'installe : en lisant, je « suis » dans le déroulement de l'action du livre. Sentiment curieux d'un changement d'état d'être. Alors, vivre avec les dieux, quelle chance, quel dépaysement ! Il y a deux heures d'études le soir pour préparer les devoirs et apprendre les leçons du lendemain. Je le fais au plus vite dans l'envie de lire la suite du livre commencé. Je le pose sur mes genoux pendant que mon livre de leçons reste bien ouvert sur la table. Je parais sage et attentif pour le surveillant qui nous garde du haut de sa table sur l'estrade. Lui-même, élève de terminale, travaille à ses cours.

Le retour à la maison le week-end suivant la mort de papa revêt un caractère particulier : je franchis la grille comme si j'arrivais dans un territoire connu et à la fois étranger. Je suis chez moi et pourtant le paysage a changé. Je passe sous la voûte des ifs, ils sentent si bon. Les jambes raides, je monte les trois marches qui accèdent à la terrasse de sable. Le cœur crispé, je gravis le perron jusqu'à la porte d'entrée. Je tire la poignée du fil de fer de commande de la cloche que j'entends tinter à l'intérieur. L'action de tirer sur cette cloche et le son qui en sort portent toute la charge emblématique de la maison : c'est l'appel de la vie, la réponse de la voix, le bruit sourd des pas qui avancent dans l'entrée, la porte qui s'ouvre, l'embrassade des parents, la chaleur de la pièce, l'odeur subtile de la fumée des poêles. Maman me prend dans ses bras. Elle pleure. Grand-mère Charpentier apparaît, en appui sur ses deux canes, un fichu de laine tricoté par elle sur ses épaules, ses longs cheveux blancs noués en chignon.

Mes notes de scolarité de classe de cinquième baissaient dramatiquement. Je devenais un élève dissipé, perturbateur au réfectoire, bavard dans les rangs, agité au dortoir. J'étais évidemment repéré par le « surgé », le Surveillant général. Maman fut convoquée par le Principal. Il lui annonçait que la faiblesse de mes notes ne permettait pas le maintien d'une « bourse » de soutien financier qu'elle avait réussi à obtenir à la suite du décès de papa. Mon comportement mettait même en cause mon maintien au collège. Ces années 1955/1956 furent difficiles à traverser. Je me sentais dans un creux de vague, attendant ce qui allait me tomber sur la tête. L'image symbolique la plus forte qui me reste à cet égard est celle de la semaine où j'étais venu volontairement en chaussons au collège. Très vite, la semelle en caoutchouc s'était détachée de la couverture en feutre. Plus de cinquante ans après, je ressens la semelle qui bat sur la plante des pieds et les chaussettes mouillées par la pluie. Sans parler des regards interrogateurs de commisération des profs et des surveillants. On ne peut savoir l'angoisse qui m'étreignait de me retrouver pieds nus. J'étais au fond du trou. Heureusement, maman qui s'activait pour m'aider venait de trouver un autre établissement qui voulait bien m'accueillir. J'irai en pension à La Rochelle, à l'École Fénelon tenue par des religieux ; rentrée le premier octobre 1956.

Je devais y redoubler la cinquième. J'y resterai jusqu'en troisième. Des prêtres assuraient l'enseignement, pas plus mal qu'ailleurs, me semble-t-il. En revanche, je les trouvais plus proches des élèves plus considérés en tant que personne. Ma seconde cinquième se refaisait évidemment plus facilement que la première et les résultats me parurent encourageants.

En classe de quatrième, nous avions un professeur d'histoire/géographie issu d'une des plus anciennes familles nobiliaires de La Rochelle. Les élèves avaient perçu sa difficulté à enseigner sans le support du livre d'histoire qu'il nous dictait en forme de cours. De plus nous avions observé son teint rubicond après le déjeuner. Assurément il buvait, aussi nous le surnommions « juju ». C'était un brave homme, mais faible dans son autorité. Nous en profitions. Fréquemment, surtout l'après-midi où il avait tendance à somnoler, des « juju » fusaient dans l'anonymat de susurrements. Cela avait le don de l'exciter qu'il extériorisait dans des interpellations générales, « Qui a parlé ? ». Évidemment personne ne se dénonçait si ce n'est des réponses de tout un chacun, « Ce n'est pas moi ! ». Le ton montait. Le chahut bruyant s'installait. J'y prenais ma bonne part.

Plusieurs fois il nous a dit, « Vous ne vous rendez pas compte du mal que vous me faites ». L'année suivante nous apprenions qu'il était licencié. Sans formation au professorat, sans diplôme, son avenir professionnel s'arrêtait à la porte de Fénelon.

Combien de fois ai-je pu regretter cette cruauté inconsciente (?) de l'adolescence. Dans la protection du collectif, il nous était facile de démonter une personne fragile. Pour mieux comprendre, franchissons la limite du temps prévu dans ce petit livre. Vingt ans plus tard, je travaille à Paris tout près du magasin BHV. Il y a là un self-service, « Le Sansonnet », où je déjeune souvent. J'ai remarqué un homme assez âgé, visiblement socialement inadapté, mais avec une tenue de corps qui révèle une certaine prestance passée. Il marche avec une belle canne au pommeau en argent qui dénote sur ses vêtements défraîchis et ses chaussons déchirés. Il porte une bague avec des armoiries. Il prend le plat le moins cher et toujours une grande carafe de vin rouge. Son visage lippu et dégradé se violace en fin de repas. Plusieurs jours je le regarde sans penser… et puis un flash éclaire ma mémoire en une surprise phénoménale : « Juju ! ». C'était bien lui. J'ai éprouvé la honte de moi.

À Fénelon, le dortoir s'étendait sur tout le dernier étage. Il devait contenir une bonne soixantaine de lits. Je me souviens d'une année où mon lit se trouvait contre le mur d'un cinéma public qui appartenait à l'école, « Le Rio ». J'entendais en sourdine la musique des films en m'endormant. J'ai encore en tête la chanson de « Le pays d'où je viens » de Gilbert Bécaud (1956), et celle sifflée du « Pont de la rivière Kwaï » (1957). Les échos de l'extérieur entraient en éclaireurs dans mon pensionnat-prison. En effet, mon adolescence ne s'y développait pas comme je l'aurais voulue. Mes résultats scolaires n'étaient pas fameux. Un bégaiement s'accroissait et ne facilitait pas mon expression orale. J'apprenais vraiment mes leçons et le blocage de l'interrogation était tel que, debout dans la classe devant tout le monde, je ne pouvais pas parler. Pour moi qui appréciais la poésie, c'était devenu un supplice de devoir réciter les textes que je savais pourtant par cœur. Le blocage était tel que parfois aucun son ne sortait de ma bouche. Aucun professeur ne se rendit compte de mon handicap (encore moins des causes) et mes notes de leçons devenaient catastrophiques. On me reprochait de ne pas les apprendre. Ce handicap d'élocution imprégnera toute ma vie. Que de formations à l'expression orale je devrais suivre plus tard pour réparer les blessures de cette époque… mais j'anticipe. L'écrit était meilleur, mais le climat de mon intériorité n'était pas propice… Je culpabilisais au plus profond de moi sans le laisser paraître : papa mort, maman maintenant sans ressources qui en plus de son diabète se découvrait un cancer du sein, mes études en échecs. C'était dur. Très dur. J'étais bavard dans les rangs, en classe, au réfectoire et ailleurs. Comment croire que ma parole était mutique alors que l'on me voyait parler partout… où il ne le fallait pas ? Un jour, dans l'espace des casiers à chaussures au pied de l'escalier qui conduisait au dortoir, je m'insurgeais envers un Père qui m'interdisait de cirer mes chaussures pendant la récréation :

« C'est écrit dans le règlement », dit-il. Spontanément je répondais, « Celui qui l'a écrit est un con ». Convoqué chez le Directeur (le Père Leblanc qui l'avait rédigé !), celui-ci me donnait en punition d'apprendre par cœur le règlement intérieur de l'école Fénelon. Pour que cela ne prenne pas du temps sur celui de l'« étude », il précisait : « Tu l'apprendras pendant les récréations en tournant autour du Massif central de la "cour d'honneur", et tu viendras le réciter dans mon bureau chaque jour à 13 h 15 ». Il me fallut à peu près un mois de circum ambulation autour des rosiers, sous les regards de tous les élèves jouant dans les cours de récréation. Par la suite ce Directeur devenait « Supérieur » de l'école. Je me faisais donc « remarquer » comme l'on disait à l'époque pour signaler un élève repéré. Et je l'étais. Comme pensionnaire venant d'une campagne lointaine, distante de 140 km, je ne revenais chez moi que pour les vacances d'une durée importante : Toussaint, Noël, Pâque et les grandes vacances. Les bons Pères considérèrent alors que me punir de « retenue » le jeudi ou de « colle » le dimanche pendant que les autres pensionnaires sortaient en rangs prendre l'air du bord de mer, n'avait aucun effet puisque de toute façon je restais à l'école. Ils innovèrent en tenant une comptabilité de mes punitions afin de cumuler les heures et de les appliquer en déduction des jours où je devais revenir chez moi. Je restais un, deux, jusqu'à trois jours à l'école alors que tous les autres élèves étaient partis chez eux. Je devais aller à « l'étude » où l'on m'imposait des punitions écrites. Un Père venait me garder, autant puni que moi. Les temps libres, je déambulais seul, dans les cours de récréation.

Tout cela n'améliorait pas mes résultats. Quelques éléments essentiels me sauvaient : – le fond de vie de ma petite enfance qui vivait en moi en moteur actif – une capacité de lecture en demande où je côtoyais l'expérience de la vie courante et les différentes formes de pensées qui l'exprimaient – la libido qui s'était installée et qui m'habitait en plein.

La conscience de la sexualité se manifesta vers douze ans en montant à la corde lisse en cours de gym au collège de Libourne. À deux tractions du sommet, les jambes bien serrées sur la corde, la première éjaculation me surprenait. La corde lisse chatouillait mes mains et j'eus peur de la lâcher. Je redescendais comme je le pouvais, un peu groggy. Comme tous les petits garçons, je voulais renouveler le plaisir. Très vite, la masturbation venait d'elle-même au lit, en prémices du sommeil apaisé. J'avais déjà eu des manifestations de sexualité inconscientes pendant la période de latence. Une des plus anciennes remonte vers l'âge de quatre/cinq ans quand dans le couloir de la maison, voyant ma mère arriver je me précipitais à son cou et les jambes autour de sa taille je me collais contre elle en me laissant glisser. Je ressentais la douceur de sa robe de soie jaune et marron qui m'envahissait d'une chaleur singulière, sans que je comprenne ce que cela était. Un peu plus tard vers sept/huit ans je me souviens d'une bande dessinée où l'on voyait un cow-boy attaché sur une chaise avec des cordes qui enserraient ses bottes et ses mains dans le dos. J'éprouvais du plaisir visuel à regarder cette image. Parfois, je complétais par le plaisir olfactif, j'allais me cacher dans un gros massif de buis en emportant l'illustré, un imperméable en caoutchouc que je posais sur ma tête et une corde. Dans les odeurs mélangées du buis et du caoutchouc, je cherchais à ligaturer mes mains dans le dos tout en regardant l'image. L'exercice était difficile, mais j'obtenais une forme de jouissance qui me faisait du bien. Évidemment, la réminiscence de ces expériences de latence m'est venue quand j'étais adulte. J'ai compris à ce moment-là qu'elles accompagnaient l'arrière-plan de ma sexualité. Vers quatorze ans la libido prit une tournure particulièrement active, orientée vers le corps féminin. Les érections sont si fréquentes à cet âge. Chaque regard posé sur un corps de femme provoquait en moi une bouffée de libido. Tout visuel devient plaisir, tout plaisir, fantasme, tout fantasme, acte virtuel. C'est alors que mon regard se posait sur le corps de ma sœur Camillia, de quatre ans mon aînée. Je le trouvais séduisant. Il ne s'est jamais rien passé entre nous. Elle savait seulement que son esthétique m'attirait. À travers ces jeunes expériences s'est forgée en moi une attitude particulière face à la sexualité. Tout d'abord je l'ai acceptée comme l'émanation normale de mes émotions. C'était un moyen d'équilibre qui permettait le dépassement des épreuves… mais qui en parallèle provoquait la frustration de l'objet non obtenu d'un désir. J'ai sans doute sublimé ce manque comme étant la marque évidente que tout n'était pas dû, que tout n'était pas ma propriété. Rapidement la distinction s'est imposée entre ce qui est uniquement sexuel et ce qui est amour. Je n'ai vu aucun antagonisme entre les deux, simplement deux formes « naturelles » et complémentaires d'expressions différentes d'être. Aussi, depuis ces premiers bouillonnements du corps, je n'admettais pas sur le plan moral et plus encore religieux, l'interprétation de la sexualité comme un mal, comme un péché. La confusion de ces plans m'irritait au plus haut point. J'y voyais un dévoiement trompeur de la beauté de la vie. Le mal est dans l'œil de celui qui le contemple et non dans ce qu'il voit. Pour l'instant, je suis un adolescent et les complexités du comportement humain se discerneront un peu avec l'avancée en âge.

Chapitre XIII
La grand-mère Charpentier

Février 1956, j'avance dans la salle d'attente vide de ses patients, je pousse la porte vitrée qui ouvre dans le grand couloir, l'odeur de pomme m'envahit. Je la respire avec un bonheur sans nom. Avec le recul du temps, je me suis aperçu combien j'étais du monde des odeurs. Je me demande même si elles ne sont pas les éléments constructifs de ma personnalité, la demeure de mon être. J'en parle d'autant plus aisément que j'ai perdu les sens du goût et de l'odorat à soixante-six ans. Je me rends plus compte encore qu'une odeur singulière est associée à chaque endroit que j'évoque, à chaque objet, à chaque circonstance, à chaque personne. Cette odeur mémorielle donne vie à ce qui ne serait sans cela que neutre, qu'extérieur sans contact. En entrant en moi, l'exhalaison prenait possession de mon corps créant une communion de partage. « Je suis » les pommes qui sèchent dans le couloir, la pivoine rose, l'arbre, la fumée du bois et des feuilles qui brûlent, la salade de tomates, la personne qui m'embrasse, les cailloux qui roulent sous les vagues, le papier glacé de la page du livre que l'on se colle contre le nez, la lumière de la lune, les nuages du jour, la neige de l'hiver, la chaleur des blés… « Je suis » de la fragrance de l'univers. Elle s'imprègne en moi spontanément dans un bloc olfactif formidable d'où rien ne s'oublie. Chaque odeur est la signature d'un ressenti de ma conscience. Mieux qu'une histoire, plus rapide qu'un mot, une odeur recrée en moi la scène cachée, mais toujours présente. Tout de l'histoire de ce livre n'est que parfum avant parole. Chaque arôme ressuscite un état d'être.

Depuis trois ou quatre ans, j'avais rejoint grand-mère Charpentier dans « la chambre Empire », à l'est, au-dessus du grand pré. Nous la nommions ainsi parce qu'elle était meublée en style Premier Empire, armoire, lit, table de nuit et commode. Grand-mère l'occupait depuis qu'elle ne pouvait plus monter et descendre les marches du perron qui la reliaient à son appartement de la rue du garage. Elle dormait sur un lit pliant métallique qui avait été installé à cause de ses jambes raides ; il fallait l'allonger sur le matelas qui devait donc être à un niveau relativement bas. On plaçait trois chaises le long du côté accessible : une qui recevait la lampe Pigeon allumée en veilleuse toute la nuit ; on posait le « bassin » pour les besoins nocturnes sur la deuxième et des linges de propreté sur la troisième. Il y avait aussi une boîte de conserve sans couvercle dans laquelle, au réveil, je versais le contenu du bassin que j'allais jeter dehors dans le massif de roseaux. En prenant la boîte, mes doigts trempaient parfois dans l'urine chaude de grand-mère. Cela ne me gênait pas ; j'étais utile. Elle disait, « Ce n'est pas à un enfant de ton âge de faire cela ». Je l'embrassais pour la remercier. Cette disposition nocturne de chaises provoquait un jour un drame inattendu. Pour une raison que j'ignore, le ton était monté entre maman et grand-mère Charpentier, quand j'entendais soudain un cri strident de grand-mère. J'accourais au plus vite. Maman avait jeté le contenu de pipi de la boîte sur le corps de sa maman encore allongée dans le lit. Ce n'était que lamentations de part et d'autre, dans les larmes du regret de maman et les déclarations de grand-mère, « Je veux mourir ».

Le soir c'était plus calme. Grand-mère une fois couchée ne pouvait pas se relever toute seule. Pour ma part, j'avais droit au lit aux façades avant et arrière en hauts panneaux de bois qui bloquaient le matelas assez élevé, recouvert d'un gros édredon grenat plein de duvet. Parfois, la pointe d'une plume traversait l'enveloppe, je m'amusais à la retirer sans me faire voir, car il fallait plutôt la pousser vers l'intérieur. L'hiver, un petit poêle Mirus vert chauffait la chambre. J'allais aussi chercher une bouillotte remplie d'eau chaude que je glissais entre les draps. C'était un plaisir extrême de se coucher dans le sillon tiédi des draps en ressentant le poids de l'édredon sur le corps, les pieds froids qui se brûlaient à la bouillotte pendant que le Mirus ronronnait. J'éteignais la lumière à la demande de grand »- mère. Une atmosphère étrange et douillette s'installait dans le clair-obscur de la chambre, entre le rond de lumière de la flamme de la lampe Pigeon qui tremblotait en ombre au plafond et le rougeoiement des bûches qui se projetait au sol à travers le mica du poêle. Nous échangions alors nos expériences de la journée. Grand-mère me demandait ce que j'avais fait, mais j'attendais surtout le récit des épisodes de la vie de son enfance. Je glissais avec elle et ses amis en barque sur la Loire à Fourchambaud dans la Nièvre, je m'évadais dans les prés avec sa sœur jumelle et son beau-frère Louis Legrand l'artiste peintre dont j'appris par la suite qu'elle était amoureuse en secret, je voyais les cabriolets tirés par des chevaux avec de belles dames dans leurs atours qui venaient aux fêtes du casino de Pougues les eaux… elle avait vingt ans… en 1892… quand dans un demi-sommeil j'entendais un « Tu dors ? » « Oui »… Je m'endormais souvent comme cela, resserré sur moi-même, le nez dans l'épaisseur du drap retourné autour du couvre-pied., dans l'odeur de la fumée sortant de temps en temps du Mirus. Elle se mélangeait à celle dégagée par la flamme de la lampe à pétrole. Se couler dans la douceur et le silence…

Une autre image reste attachée à la chambre de cette époque : la table de nuit contre mon lit. J'y rangeais mes chaussures à crampons de football. Les seules que j'aie possédées de toute ma vie. Maman n'ayant pas de quoi m'en acheter, elles m'avaient été prêtées neuves par le curé Turillard. Il animait une équipe de « minimes » constituée des enfants de la commune. Je possède d'ailleurs une photo du groupe avec nos maillots des « vert et noir » de l'ASM. [20] Nous nous déplacions à l'extérieur le dimanche sur les terrains d'Orignolles, voir plus loin, jusqu'à Mirambeau ! J'aimais beaucoup jouer au foot, avec une prédilection pour le numéro 11 ailier droit. C'était un poste à

[20] Association Sportive Montguyonnaise.

amplitude de déplacement le long du terrain, où l'on pouvait se démarquer. Alors, ces chaussures à crampons fixes en cuir marquaient pour moi l'accession au statut de sportif digne d'intérêt. Je les nettoyais consciencieusement, et les lacets. Je passais de la graisse spéciale sur le dessus pour les assouplir et les conserver en bon état. Quand j'ouvrais la porte de la table de nuit, dans une odeur de cirage, je les admirais. C'était une pointure de 38… et mon pied grandissait. Je « retournais » mes doigts de pieds qui se bloquaient au bout des chaussures. Ce n'était pas facile de courir dans ces conditions, mes pieds me faisaient mal, mais je ne disais rien, sachant que je ne pourrais pas en avoir d'autres gratuitement. Enfin, je devais me rendre à l'évidence : je ne pouvais plus les mettre. Mais je les gardais précieusement dans la table de nuit. Un jour, le curé Turillard qui venait de quitter l'ASM me les réclamait à la maison… Ces matchs « officiels » de foot alimentaient aussi nos entretiens nocturnes avec grand-mère. S'y intéressait-elle vraiment ? Elle avait l'intelligence de me laisser le croire. Il me semble bien que le dimanche soir c'était moi qui, dans le silence de la chambre, lui demandais : « Tu dors, grand-mère ? ».

Des matins d'hiver quand j'ouvrais les volets j'avais parfois la chance d'un ciel clair. Le soleil rouge dépassait juste la crête de la colline de Pineau. Le pré recouvert de gelée blanche prenait tout l'espace. La lumière rasante du soleil enflammait de multiples couleurs les cristaux de givre sur l'herbe. L'air pur du frimas remplissait soudain mes poumons. Pour le plaisir je prenais deux ou trois respirations avant de refermer la fenêtre dans l'exhalaison d'un nuage de buée. Je poursuivais, dessinant des petits nuages de condensation en soufflant, la bouche collée sur la vitre glacée. Vers dix ans je profitais de ces matins pour poser des pièges à oiseaux sous les pommiers. J'allais au fond du pré. L'herbe craquait en marchant. J'ouvrais le piège, j'enfilais un morceau de mie de pain dans la tige, je bloquais le piège, je le dissimulais sous quelques vieilles feuilles… et il se refermait parfois brutalement sur mes doigts engourdis par le froid ! Il faisait bon rentrer dans la maison chaude, ouatée de l'odeur subtile du bois qui brûlait dans les poêles.

Jusqu'à ce jour de février 1956, revenant du collège de Libourne où j'étais resté enfermé deux semaines par la tempête de neige. Je passais sous les ifs du jardin. Les volets du salon étaient clos. Je compris instinctivement qu'un drame s'était produit. Mon cœur s'emplit de chagrin pendant que, les jambes crispées, je montais les marches du perron de la terrasse, dans l'attente certaine d'une mauvaise annonce. La porte s'ouvrait. « Ta grand-mère est morte », disait maman en pleurs. Je portais mes affaires dans la chambre. Je la trouvais subitement très grande. Elle contenait du silence. Le feu du Mirus ne dégageait pas la même odeur que d'habitude. Je ressentais au fond de moi le sentiment de la solitude. Là encore, dans l'instant, se confortait d'une façon indélébile l'idée que « tout change », que vivre est le présent de l'immédiateté, le cadeau inestimable de la respiration… qui se renouvelle dans la permanence. Ce point d'appui de ma capacité de réflexion soutient mon existence. Il y a des circonstances où les enfants réagissent d'une façon plus mature que de nombreux adultes. Mais cela n'est pas au programme de la scolarité…

Ma sœur Camillia me racontait les derniers moments de grand-mère. C'était vers minuit et la bronchite qui l'avait atteinte l'empêchait de respirer. Maman téléphonait au curé Turillard qui logeait à Vassiac distant de deux kilomètres. Il tenait à venir à la maison à pied, car il y avait un mètre d'épaisseur de neige sur la route, « On voyait la trace de la neige jusqu'à sa taille », ajoutait maman. Il administrait l'Extrême-Onction. Il faut savoir la forme donnée à ce rite de fin de vie le 23 février 1956, à l'époque d'avant le concile de Vatican II : le prêtre avec sa soutane noire et son surplis en tissu blanc lisait la prière des morts en latin auquel on ne comprenait rien, mais où les notions de l'enfer ressortaient. Il faisait des signes de croix sur le front et les mains du mourant. Un cierge et une ou deux bougies éclairaient la chambre. Les enfants, en l'occurrence maman et

Camillia, récitaient des prières et répondaient à celles du prêtre. On essayait de faire prier le mourant. Tout cela dans les sanglots des participants. Bref, c'était sinistre. On imagine sans peine l'angoisse du rituel qui s'additionnait à l'angoisse naturelle du mourant…

Le dimanche matin avant la messe, j'allais au cimetière de Vassiac faire une prière au-dessus de la tombe où se trouvaient désormais papa et grand-mère. Je continuais donc la relation entre le monde de la terre et celui de l'invisible. Quand je demandais au Dieu de mes treize ans d'accueillir mes parents au Paradis j'avais la conscience claire qu'au-delà des mots, mon « fait d'être là » participait au mouvement universel de la vie dans la Création.

Chapitre XIV
Les vacances adolescentes

À l'été 1956, je découvrais le camping. L'École Fénelon avait organisé un camp d'une quinzaine de jours dans un bois de pins de l'île d'Oléron, à La Menounière. Nous étions quelques vingt garçons répartis dans de grandes tentes où l'on pouvait se tenir debout. L'animateur était un jeune séminariste dynamique, Maurice Trio, qui serait d'ailleurs ordonné prêtre peu de temps après. Il s'était débrouillé pour obtenir l'essentiel de l'équipement du camp dans les surplus de l'armée américaine (qui avait une grande base à Croix-Chapeau près de La Rochelle), y compris pour la nourriture. Nous nous sommes gavés pendant deux semaines de grosses boîtes de conserves « made in USA », de beurre, de confitures, de corned-beef, de lait en poudre, de chocolat... Ici, dans l'odeur de résine des aiguilles de pin, j'ai mangé les meilleures tranches de « pain perdu ». Une nuit de clair de lune, nous sommes allés à la chasse au « Daru », animal très dangereux... et j'ai vraiment marché au propre comme au figuré. J'ai beaucoup aimé dormir sous les arbres, me laver avec un tuyau d'eau, courir dans les dunes... Un mot sur Maurice Trio qui représentait le nouveau type de séminariste, ayant de l'allant, faisant du sport. Il avait « fait » les E.O.R[21]. et son service militaire en Algérie dont il avait gardé un certain goût pour les armes : pendant notre camp il exhibait parfois un pistolet 22 L. R. Walter Manurhin pour nous impressionner, « contre les gangsters » disait-il... mais chargé avec des petits plombs

[21] École des Officiers de Réserve.

de foire ! Cependant, sur le plan théologique, il était très formaliste… Je me demande comment il a réagi à mai 1968 ? Il était secondé par un autre prêtre dont la ressemblance caricaturale à l'acteur Fernandel nous le faisait surnommer « Don Cam » en référence au film « Don Camillo » qui venait de faire rire toute la France.

Bien avant l'adolescence, à Montguyon, la fête nationale du quatorze juillet marquait symboliquement le début des « grandes vacances ». Cette nuit-là avait lieu la retraite aux flambeaux. La population se réunissait au crépuscule sur la place de la mairie. Des adjoints au maire distribuaient des portes-lampions en bois assemblés en croix. On y fixait deux ou quatre lampions de papier tricolores avec une petite bougie qui brûlait à l'intérieur. Et l'on partait en forme de procession derrière la fanfare locale qui interprétait des marches militaires. Nous allions d'un côté jusqu'à l'école communale et de l'autre jusqu'au pont du Mouzon, frontière d'avec Saint-Martin d'Ary. Certaines années, on se contentait d'un « tour de bourg ». C'était plus court, mais les lampions se balançaient quand même en haut des perches, en cadence avec nos pas.

Les vacances de printemps et d'été de mes treize/dix-sept ans arrivaient dans l'impatience de leur attente. J'y guettais les premières chaleurs pour organiser mon rituel préféré. D'abord au réveil, ouvrir les volets, voir le soleil relativement haut dans le ciel bleu, respirer l'odeur du dehors et y discerner les effluves du chaud. C'était le moment. Je prenais alors le gros édredon rouge de mon lit et en pyjama je le descendais dans le pré. Je le posais sur l'herbe en choisissant l'endroit au soleil tout en repérant l'ombre du cerisier qui devait venir le recouvrir un peu plus tard quand le soleil serait monté. Je mettais à côté le livre que j'avais choisi. J'allais à la cuisine faire des tartines de beurre bien dosées en surépaisseur que j'apportais sur une assiette. Je revenais chercher un bol de café au lait que je tenais de mes deux mains autour. Dans le couloir je voyais le liquide qui dansait au mouvement de mes jambes et il me restait encore à descendre les marches du perron ! Le petit-déjeuner dans les herbes qui dépassaient de l'assiette, le livre ouvert à la bonne page, je pouvais enfin m'allonger, le ventre sur l'édredon. Quelle sensation ! S'enfoncer dans le moelleux du duvet d'oie cet édredon arrondi qui a déjà retenu la chaleur du soleil, tandis que la petite fraîcheur de l'herbe remonte dans les narines. Reprendre où je l'avais laissée, avant de m'endormir la veille, l'histoire racontée par le livre. Tourner les pages dans l'aplat de son poids sur les tiges d'herbes, y chasser d'une pichenette l'araignée des champs qui vient s'y promener ou la fine sauterelle qui atterrit sur le blanc de la marge. Sentir sur le dos la chaleur du soleil qui progresse. Avoir la tête reposant sur les paumes des mains, éprouver l'engourdissement du cou, la douleur des coudes appuyés. Se retourner et s'asseoir dans le bienfaisant d'une nouvelle irrigation du sang dans le corps. Tremper à ce moment sa tartine dans le bol tiédi… Si je retiens en supplément quelques passages d'hirondelles, le crissement des grillons, l'ombre du cerisier qui vient atténuer le chaud qui s'installe, on me dira : « Il rêve ! ». Eh non, c'était un matin d'été dans le pré de ma maison dans les années 1955/1958…

J'aimais lire des histoires de mon âge. Je me souviens notamment de la collection « Signes de Pistes » où les aventures du « Bracelet de vermeil » et « Le mystère du lac Laffray » me tenaient en haleine jusqu'à midi. Je n'appréciais pourtant pas l'organisation scoute, mais ce genre de littérature m'entraînait vers d'autres horizons où la vie devenait intéressante. Parfois l'après-midi il m'arrivait de prendre un livre, de plier une couverture de lit sous mon bras et de partir dans un endroit secret. J'allais dans un petit bois de pins plantés sur la colline au-dessus du château de la Pierrière. Il y avait là les restes d'un moulin à vent auxquels j'accédais en passant incognito par les jardins arrière côté route du Bournais. Je m'allongeais au pied d'un arbre. Je n'ouvrais pas le livre tout de suite. Je prenais le temps d'écouter d'abord le bruit du vent dans les feuilles. Quelle merveille ! Seul, au confort sur la couverture, dans le silence apparent : la musique du vent m'envahissait, m'engourdissait. Je somnolais sans rêver, dans le balancement apaisant des branches d'arbres. Se construisait dans ces moments le cocon intégrateur des forces de la nature. Je ne suis pas sûr qu'il s'agissait d'un développement égocentrique. Je crois à l'inverse que c'est peut-être là que c'est le mieux mis en place l'« être » que je suis. La sensation d'une harmonie universelle vécue d'une façon instinctuelle ; le sentiment paradoxal de la continuité du temps et à la fois la conscience formidablement éclairante du bonheur de l'instant présent dans la précarité.

Sans avoir la moindre connaissance des mathématiques modernes, vérifier dans la praxis que cinq minutes peuvent valoir une vie et qu'une vie vaut plus que mille ans. S'inscrire dans un grand-tout « évoluteur », puis-je dire maintenant que j'ai lu Teilhard de Chardin. Je n'avais aucun savoir philosophique, je ne possédais aucune structuration intellectuelle, mais je ressentais. Plus qu'ailleurs je « vivais » ce que plus tard j'appris s'appeler la phénoménologie de l'instant. Cette capacité de saisir l'irremplaçabilité du « moment » a entraîné l'exercice irréfléchi d'une modification de mon être intérieur. La plasticité du temps et la métamorphose de l'être prenaient une consistance vitale quand par exemple, les jours d'après la pluie, je courais dans les sentiers des ronciers à côté de la Vieille-Tour. Je descendais la colline le long des sapins en laissant mon poids m'entraîner librement jusqu'en bas, dans ce que nous nommions la « vieille carrière ». Le corps s'imbibait de l'humidité ambiante au gré de la respiration. J'éprouvais la joie de sauter au-dessus des branches de ronces, en coureur de haies dont le corps échappe à la pesanteur. L'eau, le cœur, le sang, les odeurs de mûres, la pierre et les arbres s'unifiaient dans la circulation d'un élan vital. Un tout organisé et vivifiant. Cette conscience du cadeau du présent dans l'impermanence m'accompagne. J'acquis consciemment, au fur et à mesure, la possibilité d'une progression intérieure qui pouvait ne pas avoir de limite. J'y ai admis le paradoxal de la concomitance du bonheur et du malheur ; ma vision personnelle et singulière de l'homme.

Je revenais en vacances à la maison en prenant le train omnibus à la gare de La Rochelle ; la ligne Nantes-Bordeaux, pour descendre à la gare de Montendre. Je portais à bout de bras une grosse valise marron clair[22] dans laquelle j'avais rangé mon linge propre et sale. J'avais de la peine à la fermer et je m'asseyais sur le couvercle pour en tasser le contenu et bloquer les serrures. À l'autre bras pendait mon cartable scolaire, objet mélangé de mes espoirs et de mes déceptions. Compte tenu de l'heure de sortie du collège, je ne montais que dans le train du début d'après-midi. Je « perdais » une journée de vacances, mais dans mon for intérieur j'étais si heureux de « rentrer chez moi ». Le trajet durait à peu près deux heures avec des arrêts à Rochefort, Saintes, Pons, Jonzac. C'était long et court à la fois. J'éprouvais un sentiment d'adulte dans cette forme de solitude indépendante. Je choisissais un compartiment sans passager et je commençais la lecture du livre que je venais d'acheter à la librairie de la gare. Ceci mérite d'être raconté. En 1956 maman me donnait un billet de mille anciens francs[23] comme argent de poche pour mon trimestre. Cela représentait environ deux entrées au cinéma et l'acquisition d'un Livre de Poche à trois cents francs. Je gardais ces derniers francs comme un trésor pour avoir la joie, le jour de mon retour, de trouver librement un livre qui deviendrait ma propriété et que je pourrais lire pendant les vacances. J'ai en mémoire le titre du premier que j'acquis : « Babbitt » de Sinclair Lewis. J'arrivais dans la soirée à Montendre. L'odeur des pins m'enivrait dès la descente. Je devais attendre une heure le passage du car. Je vivais d'avance en moi-même le fil de cette route dont les contours m'étaient si familiers. Je la nommais la voie des quatre « M », comme méandres : Mirambeau, Montendre, Montlieu, Montguyon. Je connaissais tous les aperçus de sa sinuosité à flanc de collines, ses vues plongeantes vers le creux des vallons, la traversée de ses bois de pins, la courbe douce et séduisante de ses prés en pentes, le surgissement de ses étangs, et d'Orignolles apercevoir, plus loin que les créneaux de la Tour de Montguyon, la masse bleutée de la forêt de Boscamnant. À la

[22] Qui avait déjà servi à ma sœur Myriam.
[23] Équivalent à environ 10 euros de 2009 (?).

sortie de chaque virage, le rythme de mon cœur s'accélérait à la vue, pourtant attendue, d'un nouveau panorama qui me rapprochait du lieu de ma naissance. C'était comme un bon livre que l'on vient de terminer et que l'on rouvre à la première page pour le plaisir de le recommencer.

Pendant l'attente l'hiver il faisait nuit et avec un peu de chance, si le ciel était clair, je restais immobile dans la fraîcheur à envoyer des volutes de souffle en buée vers les branches noires des arbres qui me faisaient des gestes d'appel. L'été il faisait jour. Avant que le car arrive, j'avançais juste après le passage à niveau sur la route vers Montlieu. Je faisais du stop. J'ai chaque fois trouvé quelqu'un pour m'emmener jusqu'à destination. Parfois en plusieurs étapes, mais j'arrivais. Un jour, on me laissait à l'école de Saint-Martin d'Ary. Je descendais donc à pied vers le bourg, je croisais ce jour-là le papa de Maurice Leroy (mon futur ex-beau-frère) qui travaillait dans son champ, sur la gauche. Il me serrait la main avec cordialité. Cette arrivée sur Montguyon au soleil couchant était somptueuse. De la descente bordée par de hauts platanes, on voyait les toits en tuiles rouges dans le bas du Mouzon, avec au-dessus la Vieille Tour rosie par le soleil déclinant qui dominait sur la colline d'en face. À gauche on distinguait la route qui remontait jusqu'aux Maine et à Pierre-Folle. Mon cœur battait vraiment fort. J'aimais mon pays natal.

La grosse valise marron clair marquait le fugace du présent. Heureux de la remplir de linge sale quand je quittais le collège, malheureux de la garnir des vêtements propres que maman avait préparés quand je repartais. L'odeur elle-même était différente, elle symbolisait au plus haut point les limites de l'instant vécu. J'éprouvais donc un chagrin prégnant à y ranger les habits que maman m'apportait. Elle me demandait parfois ce que je ressentais dans ces moments de proximité du départ. Je répondais le plus possible de façon neutre en cachant l'émotion qui montait en boule dans ma gorge. Cette valise contenait une double inquiétude, celle de ne pas revoir maman vivante compte tenu de sa maladie et celle de me confronter à l'échec scolaire contre lequel elle faisait tant de sacrifices. La dernière nuit avant le retour au collège j'avais de la peine à m'endormir. Le couvercle ouvert de la valise, bien visible au pied du lit. Si j'avais pu, j'y aurais aussi rangé le parfum des pommes qui séchaient à côté sur le meuble du couloir.

Les centres d'intérêt se trouvaient aussi alimentés par l'actualité sociale extérieure. Pour n'en prendre que deux, l'annonce de la tenue d'un concile réformateur de l'Église catholique (futur Vatican II) me remplissait d'espoir. J'en suivais avec vigueur les débats préparatoires. Je m'inscrivais dans la ligne du changement. Par exemple je ne supportais pas la messe en latin où personne ne comprenait les mots prononcés ni le port de la soutane noire à petits boutons qui représentait un passé sclérosé. Le retournement de la position du prêtre vers les fidèles pendant les offices devait me combler d'aise. J'étais de l'aile progressiste. Ne disais-je pas aux prêtres de Fénelon : « Je serai heureux quand je verrai l'évêque de La Rochelle aller acheter ses chaussons rouges à Prisunic ! » ? On ne s'étonnera donc pas que je sois « remarqué »… Pourtant, en classe de troisième, le Père qui assurait le cours de religion avait décidé que mettre des notes sur un tel sujet n'avait pas de sens. À la fin de l'année, il faisait voter les élèves pour désigner celui qui avait le plus participé aux débats du cours. Je fus élu premier de la classe. J'eus des échos du trouble que cela produisit lors du conseil de classe chez tous ces bons Pères… un rebelle premier en classe de religion, cela faisait désordre ! Ce résultat issu d'un accord collectif me procurait un grand contentement. Il venait compenser bien des déboires. Un petit fait avait aussi contribué à ma valorisation personnelle quand un Père âgé entendant mon nom dans la cour de récréation m'avait interpellé : « Louis Delorant, êtes-vous le fils du docteur Louis Delorant ? », « Oui », « J'ai bien connu votre papa en 1940 alors qu'il était mobilisé à l'hôpital de Poitiers pour soigner les blessés… Il priait beaucoup. Votre papa était un saint ».

J'avais remercié. Certes ce n'était pas moi, mais je descendais de lui. Quel réconfort intérieur !

Le deuxième fait d'actualité extérieure qui interrogeait mon intelligence fut les événements du 13 mai 1958. C'était la guerre d'Algérie et les généraux prenaient le pouvoir à Alger. Massu, Salan, Challe, Jouhaud, Zeller, Bigeard, ces noms feraient la une de la presse jusqu'à l'indépendance de l'Algérie en 1962. En mai 1958 j'avais quinze ans et je m'enflammais comme beaucoup de jeunes devant ces parachutistes au béret rouge que la propagande militaire nous montrait bronzés, crapahutant au soleil dans le djebel, conquérants d'une nouvelle France… Les bruits les plus fous couraient en rumeur, dix-sept bérets rouges étaient prévus pour soulever les casernes de Rochefort, une trentaine devait suffire à conquérir La Rochelle, tant l'aura de ces soldats était grande...! Il faut tout de même préciser que les officiers d'Algérie, pour la plupart issus des camps de prisonniers Viet-Minh en Indochine y avaient appris les ressorts de l'action psychologique des masses… qu'ils déployaient maintenant au mieux de leurs convictions. Une grande partie des lycéens (pas tous, bien sûr) ne rêvait que de « Préparation militaire » et de « P. M. Supérieure » pour ceux des classes terminales… Dix ans plus tard, ce serait mai 1968… le cours des choses aurait changé ; drôle de retournement de situation ! Pour le moment je suivais avec passion la fin de la Quatrième République, la disparition du « régime des partis », la venue au pouvoir de De Gaulle imposée par les généraux d'Alger. Autrement dit, ma culture de l'histoire nationale et politique s'enrichissait d'événements que nous pensions être exceptionnels. Bienvenu dérivatif à mes états d'âme intimes. Quelques années plus tard, je lirai avec intérêt des livres entre autres, de Jean Lartéguy, au sujet des guerres d'Indochine et d'Algérie.

Je lisais énormément. Mes lectures évoluaient effectivement au fil des années. J'entrais avec bonheur dans l'univers des écrivains du 19° siècle dont la vision poétique m'ouvrait à des horizons nouveaux. Je puisais dans leurs métaphores de quoi nourrir les aliments d'un discernement, une transcendance du vivant entraînant la réflexion vers un au-delà de l'apparence. J'aimais également beaucoup Verlaine dont les vers « Il pleure dans mon cœur comme il pleut sur la ville… » correspondaient bien à la sentimentalité de mon âge… Même si « La vallée du silence » de James Oliver Curwood devait rester longtemps mon livre de chevet, la curiosité des connaissances me conduisait bien au-delà., dans la diversité. Aux écrits de la Marquise de Sévigné avaient succédé ceux de Jack London, puis la collection « Le masque », puis arrivera celle de « Le fleuve noir », puis les classiques dont Victor Hugo pour lequel j'avais un faible. En fait, je lisais tout ce qui me tombait sous la main, comme les ouvrages de Pearl Buck par exemple avec lesquels j'acquis une connaissance de la Chine qui surprenait les interlocuteurs, ou bien un « Quo Vadis ? » qui me plongeait dans l'antiquité romaine, ou bien encore « J'ai choisi la liberté » de Kravchenko qui influença durablement ma conscience politique. Je ne saurais ne pas nommer « La puissance et la gloire » de Graham Green qui produisit un gros effet dans le développement de mes idées. Je comprenais que cet éclectisme était un bon moyen de compenser mes insuffisances scolaires et aussi de m'enrichir de l'expérience des autres. Et c'était vrai. Tous ces auteurs m'apportaient des horizons nouveaux. Ils m'habituèrent à la confrontation de différents points de vue. La pluralité des qualités humaines me séduisait. Je ne suis pas jaloux de celles des autres. La singularité est si belle. J'y trouvais les éléments de construction de mon libre arbitre, avec le sens de la critique. Ce dernier me sera souvent reproché.

Vers treize ans et pour longtemps, un nouveau passe-temps de vacances était apparu : la pêche. Maman allait régulièrement faire tailler ou reprendre des vêtements chez une couturière que nous appelions Raymonde et qui habitait à « La Distillerie ». Un jour, celle-ci me dit, « Si tu veux pêcher dans l'étang, je te donne la permission. Ici, c'est privé, on n'a pas besoin de carte, tu viens quand tu veux ». Je me levais le matin vers cinq heures, avant le soleil. Je partais à bicyclette avec trois éléments de canne à pêche en bambou jaune, deux lignes avec des hameçons de 14 et de 16 que j'avais achetées chez le quincaillier Pommier, une boîte pleine d'asticots récupérés à l'abattoir de chez Giraud (ou des vers de terre bien rouges que j'allais chercher dans le tas de fumier de Charles Lenormand à Vassiac), un vieux bidon à lait pendu au guidon et un petit siège pliant en toile. Je sortais du village à « La Pointe ». Je passais devant la maison rose. J'empruntais le petit chemin sur la droite qui descendait des baraques en bois de l'ancien camp de prisonniers des Allemands jusqu'à la Distillerie. Là, caché par une haie et des roseaux assez hauts, l'étang m'attendait. J'adorais l'instant, quand je posais la bicyclette sur la plaque en béton de la pelle de blocage de l'eau située à l'ouest. Le silence régnait, à part quelques cris de canards ou de grenouilles. Rapidement j'assemblais la canne, j'attachais avec un élastique la ligne sur le scion, j'enfilais les asticots le long de l'hameçon. Je levais la canne en faisant attention aux branches d'arbres au-dessus et après un petit balancement d'élan, j'envoyais le bouchon le plus loin possible. Je m'asseyais alors. Le bonheur… le ciel était rose à l'est avant que le soleil n'apparaisse, une très légère poche de brume pouvait reposer sur l'eau, des petits bruits sortaient des roseaux, je tirais un peu sur le bouchon seulement pour le voir bouger, j'étais impatient de la première touche… On m'avait dit que les poissons mordaient plus à potron-minet… Et subitement le bouchon se mettait à tanguer, s'il filait d'un coup vers le fond c'était une tanche, si au contraire il sinuait à la surface, s'arrêtait puis repartait c'était plutôt un gardon. Je ferrais rapidement et la joie montait avec la ligne qui sortait de l'eau quand je voyais une tanche qui se débattait en provoquant des ondes de tremblement dans la canne. Il fallait faire vite pour que la ligne ne se casse pas, décrocher le poisson de l'hameçon et le mettre dans le bidon rempli d'eau. Je le regardais nager en rond dans le bidon. Que j'étais heureux dans ces moments de communion avec la nature ! Mes pensées quittaient l'esprit. Un vide d'« être-là » m'envahissait. Une sorte de vacuité flottante entre l'eau de l'étang et le ciel. Mon corps ne comptait plus. Le double de mon être sortait de moi et s'exprimait dans d'autre langage, dans d'autre vision, dans d'autres états où la conscience disparaît dans les harmonies de mondes fluides. Parfois, une vipère gris-marron passait en bordure, nageant à la surface. Je rapportais fièrement les poissons à maman qui les mettait à frire dans la poêle après que je les eusse vidés et nettoyés. Ils étaient « plein d'arêtes » comme elle disait ; mais je les trouvais bons. C'était ma pêche.

Je continuais de fréquenter les copains de la petite enfance. Nos comportements avaient naturellement évolués. Les jeux dans le Parc n'étaient plus les mêmes. Cependant vers seize ou dix-sept ans je succombais comme tout le monde à la mode du Hula Hoop qui venait de faire irruption. Chacun exhibait son cerceau de plastique que l'on faisait tourner sur les hanches au rythme de la musique. Désormais les filles entraient dans notre univers. Nous en parlions fréquemment. Les attitudes de chacun s'affirmaient aussi de plus en plus, créant les premiers vrais clivages : ceux du caractère mental. Des affinités se nouaient. Par exemple, j'appréciais la compagnie de Jacky Clément. Nous nous retrouvions après dîner, au crépuscule. Je le sollicitais pour faire « un tour de bourg » qui consistait à discuter tout en se promenant de la place de la mairie où il habitait, en remontant la rue de la gendarmerie, en redescendant par la côte devant chez moi, et en rejoignant sa maison par le champ de foire. Nous commencions « au jour » et le tour se terminait « à la nuit naissante ». Je le trouvais pondéré et il devait avoir une bonne qualité d'écoute !

Notre groupe d'origine diminuait. Les frères Guillaume étaient partis, d'autres ne venaient plus. Je me souviens de notre « petit reste », un jour où nous nous étions retrouvés devant le panneau en bois de l'affiche du cinéma. Ce panneau se trouvait à côté du magasin de monsieur Jousselin, juste en face du sabotier Adam (chez lequel on accédait par un perron), et avant la maison de madame Leroy la mère de mon beau-frère Maurice. C'était donc pratiquement à l'angle de la rue de la gendarmerie. L'endroit en hauteur était stratégique en permettant de voir à gauche la rue qui montait depuis la charcuterie Charles et la même rue qui descendait à droite jusqu'à la maison Aubry. On pouvait observer la vie du village que nous commentions abondamment, avec une pointe critique de « méchanceté ». Il y avait là, me semble-t-il, Yannick Dupuis, Jacky Clément, Jean-Pierre Lemoine, Michel Mallet et moi. Nous étions dans nos seize/dix-sept ans. L'événement qui a touché ma mémoire cette fin de matinée provient de mon beau-frère Maurice qui se trouvait ici exceptionnellement. Il était venu nous parler quand le maire monsieur Lévêque qui passait devant nous dans sa « 2CV » décapotée klaxonna bruyamment à l'encontre d'un véhicule à l'arrêt dans le croisement de la rue de la gendarmerie. Maurice voulant sans doute montrer ses capacités hurla à destination du maire : « Espèce de paysan, tu ne peux pas attendre ! » Celui-ci descendit de voiture immédiatement et se dirigea vers nous. « Qui est-ce ? » dit Maurice. « C'est le maire… » « Oh, merde… » répondit-il en s'approchant de lui. Il n'eut pas le temps d'en dire plus. Monsieur Lévêque lui envoyait à la mâchoire un des plus beaux crochets du droit que j'ai vu ; sous les yeux des clients de la boucherie Leblanc et d'un gendarme, attiré par le bruit. Monsieur Lévêque remontait dans sa voiture pendant que la mère de Maurice courait derrière pour s'excuser… Ce sont les saynètes du quotidien qui nous restent parfois le mieux. Grâce à celle-ci, notre petit groupe vit en moi dans la maturation qu'elle était entre l'enfance qui n'était plus et l'adulte qui arrivait.

Une sortie lointaine exceptionnelle eut lieu en 1958 à l'occasion du centenaire des apparitions de Lourdes. De grands pèlerinages étaient prévus le quinze août. J'y allais avec un groupe de jeunes. Nous campions dans la montagne. J'ai en souvenir une altercation avec Gérard Dufour, un garçon de mon âge. Nous avions échangé quelques coups de poing dans l'énervement du moment. J'ai regretté. À part cela, j'étais impressionné par les foules, j'y appris (un peu) la vie de Bernadette, et tout au moins dans le ressenti de mes presque seize ans ma vie spirituelle n'en fut pas perturbée.

Ce fut l'époque où je commençais aussi à rendre des services à maman. Plusieurs tâches m'incombèrent rapidement. Celle que j'appréciais le moins fut sans conteste le rinçage des draps. Il y avait une machine à laver à tambour dans la cuisine, mais elle ne rinçait pas.

Il fallait sortir le linge de l'eau chaude, le mettre dans une grande bassine en fer et la porter dehors sous la pompe. Celle-ci se trouvait contre le petit mur perpendiculaire à la cuisine recouvert très haut par les branches du grand tilleul. Je pompais l'eau qui tombait dans la bassine. Il fallait rincer et essorer plusieurs fois avant que l'eau ne devienne claire. Les draps mouillés pesaient des kilos. Maman ne pouvait le faire. Je m'en rendais bien compte. C'était doublement douloureux pour moi : je culpabilisais de voir maman se casser les reins et ses mains qui rougissaient dans l'eau froide, et en même temps j'entendais le bruit sourd du ballon qui rebondissait sur le terrain de football où jouaient mes camarades…

D'autres fois je devais nettoyer le carrelage du sol du grand couloir et de l'entrée. Avec une grande bassine d'eau et une « since » épaisse, je savonnais les carreaux puis je les rinçais. D'autres fois encore je devais participer avec ma sœur Camillia au nettoyage de la vaisselle après les repas. L'eau chaude n'était pas instantanée à la maison. On mélangeait l'eau bouillante d'une casserole sur la gazinière, avec l'eau froide dans une bassine. Je trempais avec retenue mes mains dans cette eau qui devenait vite sale. Puis il fallait rincer, puis essuyer, puis ranger dans le buffet. Le temps paraissait long. Je désherbais aussi les allées du jardin. C'étaient des travaux de l'extérieur. Le torse nu je raclais le sol avec vigueur. L'odeur de terre montait pendant que je rassemblais avec le râteau l'herbe arrachée. J'aimais prendre les outils du jardinage dans mes mains, soupeser leur poids, sentir le manche en bois chatouiller la peau, entendre le raclement sur la terre ou l'éclat sonore du caillou rencontré. C'était un plaisir de porter à l'horizontale en équilibre instable dans la main, la bêche, le râteau, la pelle. À la fin du travail je rapportais l'ensemble regroupé sur une ou deux épaules, les manches rebondissaient sur les clavicules en faisant un peu mal.

Les activités touchant au bois m'attiraient. Je coupais à la scie des branches mortes dans les arbres, à la peur de maman qui me voyait grimper la scie à la main. Quand elles étaient tombées au sol, je les tronçonnais en bûches, puis je le fendais à la hache pour les réduire en plus petit. J'aimais voir la sciure se déposer en tas par terre. Une bonne odeur se dégageait et je pouvais en reconnaître celle de l'if, du tilleul, du cerisier ou du pommier. J'adorais faire du feu. Pendant les mois d'été maman faisait des confitures, mon rôle consistait à préparer le foyer du dehors pour la cuisson. Je plaçais un large trépied métallique dans le pré, éloigné des arbres. Je posais dessus une bassine dans laquelle maman avait disposé les pots en verre avec de l'eau autour.

Dessous, je commençais par brûler des bambous qui s'enflammaient rapidement sur des journaux bouchonnés, puis je rajoutais des branchages, enfin quand tout flambait bien et que les braises étaient suffisantes, je terminais par des petites bûches, celles que j'avais fendues préalablement. Je restais debout dans la fumée pour mieux la respirer et ressentir la chaleur. J'étouffais un peu, je m'écartais alors vers le sens contraire du vent. La fraîcheur gagnait mon corps, je respirais mieux et je reprenais ma place dans la fumée. Il devait falloir environ deux heures de cuisson au cours desquelles je restais sans peine au service. La prudence m'avait été enseignée. Avant tout démarrage de feu, j'apportais une grande bassine pleine d'eau avec trois ou quatre larges couvercles métalliques pour étouffer les flammes si nécessaire. Les confitures de maman étaient excellentes avec les fruits du jardin que j'allais cueillir à sa demande ; cerises, prunes, figues, poires, framboises… Elle rangeait les pots dans une armoire du grand couloir. Ils n'avaient pas besoin d'étiquette, je reconnaissais le contenu à l'œil simple… et de toute façon ils étaient mangés avant l'été suivant. Maman qui, au demeurant, était bonne cuisinière, faisait également des tartes délicieuses.

Elle les saupoudrait de sucre qui caramélisait légèrement sur la peau des fruits et le « retour » de pâte en bordure. J'avais une préférence pour celles aux prunes dont le jus imprégnait la pâte et gélifiait dessus en refroidissant. Les copains en ont souvent mangé et ils les trouvaient bonnes ! J'avais cependant le privilège de les goûter lorsqu'elles étaient encore tièdes. Là, il fallait arrêter ma gourmandise, j'aurais mangé la tarte entièrement. Dans la haie de bambous-roseaux sous le tilleul, j'avais dégagé un espace invisible de l'extérieur. Quand la tarte de maman était prête, je venais la manger dans cette « grotte » de bambous, assis sur un tabouret repose-pieds, et un autre qui servait de petite table. J'emportais de vrais couverts, assiette, verre. Tout en mangeant, je participais au bruissement des feuilles, aux cris des oiseaux dans le tilleul, aux déplacements des insectes sur le sol… Une forme d'osmose avec la nature se créait là, dans l'écoute et le regard. J'aimais ce recueillement dans la solitude… voulu, non imposé.

À l'automne et au début de l'hiver, sans que l'on ait besoin de me le demander, je ratissais consciencieusement le dessous des hauts tilleuls du jardin de l'entrée, près de la grille sur la côte. Quand le tas était monté, j'y allumais le feu. J'attendais le crépuscule pour avoir le plaisir de regarder le rougeoiement des feuilles dans la nuit naissante. Que c'était beau ! Les flammes s'élevaient claires, mais rapidement, je devais alimenter souvent par les tas de feuilles que j'avais préparés à côté. À chaque brassée supplémentaire, le feu gonflait en intensité et en lumière qui éclairait la voûte des arbres. J'étais dans la grotte originelle. L'odeur de la fumée des feuilles embaumait l'atmosphère. J'emploie ce verbe volontairement. Les feuilles mortes de tilleuls en train de brûler répandent une odeur si bonne qu'elle se distingue entre toutes les autres. J'en profitais le plus longtemps possible. J'en imprégnais mes habits en prévision du moment où il faudrait partir. J'avais même trouvé une vieille pipe de mon père que je bourrais avec des feuilles mortes très sèches dont il ne restait que la fine structure. Cela râpait bien un peu la gorge, mais pourquoi pas ?

J'aimais, je devrais dire j'adorais produire un effort physique dans la nature. Je fortifiais mon corps lors de ces exercices. Je me musclais. Je confortais ma confiance en moi dans la réception des énergies positives dont je percevais le cadeau dans le côtoiement de la nature. Je saisissais l'émergence d'états de conscience qui échappaient à d'autres. Je le dis à ma manière d'aujourd'hui, mais tel était mon ressenti intuitif. J'acquérais une forme singulière de maturité adulte.

Je travaillais aussi mes matières scolaires. J'étais courageux. Je manifestais une obstination qui surprenait maman. J'avais arrangé ma chambre depuis la mort de grand-mère. Maman m'avait donné la table de travail du bureau de papa. Elle était installée au centre de la pièce.

J'avais ciré le parquet et les meubles. La pièce sentait bon la cire d'abeilles. L'été, je me levais parfois de très bonne heure, vers six heures. J'ouvrais les deux fenêtres et les volets. La vue portait au-dessus du grand pré, jusqu'à la colline de Pineau au loin et le terrain de football en contrebas. Je restais là un moment dans le silence du soleil levant qui passait dans le ciel derrière les branches du cerisier. Je laissais entrer l'air du petit matin. Il sentait bon. J'allais m'asseoir à la table face aux deux fenêtres. J'ouvrais les livres de classe que j'avais apportés, bien rangés en piles sur les côtés. Je révisais l'anglais dans un vieux livre qui donnait la prononciation phonétique en français… Je m'essayais en mathématiques aux équations algébriques, à la géométrie… Je tentais mon discernement en chimie dont le contenu du cours m'intéressait au plus haut point… Je passais deux heures à vouloir comprendre, à vouloir apprendre. Au bout du compte je ne voyais pas les progrès et pourtant j'avais le sentiment ancré en moi que ces efforts seraient un jour payants. Maman continuait de payer des leçons supplémentaires pour que j'améliore mes résultats… sans beaucoup d'espoir. Tout était fait pour que je réussisse. Les conditions de vie et de travail dans cette grande chambre étaient idéales. Quelle dichotomie entre cet environnement qui me convenait en ouvrant mes capacités et cette faiblesse de résultats scolaires que j'aurais souhaité tellement meilleurs ! D'autant que maman en faisait état à l'entour assez facilement ; une certaine manière pour elle d'exorciser son angoisse ? Cependant, mon état d'âme s'imprégnait de celui de ma chambre.

… Les deux fenêtres ouvertes le soir après dîner, quand la lumière du jour s'apaise et que monte le silence, les coudes appuyés sur la table, écouter les merles du tilleul dans les senteurs de l'été…

Chaque été des sœurs Clarisses venaient en couple à la maison. Elles passaient sous les grands ifs de l'entrée du jardin, ce qui me laissait le temps de les observer. Leur silhouette caractéristique allongée, en volutes de leur longue robe et de l'arrondi du voile de la tête descendant plus bas que les épaules, leur donnait un aspect hors du temps et d'à-côté de la vie bruyante. Il en émanait une sorte d'aura indéfinissable qui dans mon esprit s'associait à une vie recueillie en spiritualité. Bien que je ne le montrais pas, j'éprouvais au fond de moi un réel sentiment d'au-delà du visible. Elles incarnaient une intériorité de sacralité. Ma mère les accueillait avec déférence et amitié. Elle tenait absolument à ce que je sois présent « pour qu'elles me voient et me touchent au moins la main ». J'y voyais une forme de rituel idolâtre qui m'agaçait . Cependant, j'étais là. Après avoir dit bonjour et échangé quelques mots, je m'écartais, tout en restant assez proche, afin que je les salue à leur départ. J'étais donc à proximité… J'entendais l'essentiel et notamment la demande de ma mère, réitérée chaque année : « … Et cet enfant, que va-t-il devenir ? Sa scolarité est déficiente. Il n'écoute pas ce qu'on lui dit… » Aujourd'hui résonne dans ma mémoire auditive la réponse des Sœurs qui me regardaient en coups d'œil : « … Ne vous inquiétez pas. Faites-lui confiance. Son ange gardien le protège… » « Vous en êtes sûr ? », interrogeait ma mère subitement en doute devant les Sœurs ! "... Mais oui… ». Ce oui, non oublié, m'a plus soutenu que bien des discours. Cinquante ans plus tard, en une sorte de retour à l'envoyeur, je portais à la mère supérieure des Clarisses de Nieul sur mer, un petit livre de spiritualité que j'ai écrit sous un pseudonyme. [24] C'était mon cadeau de remerciement de l'hier.

Dans ces années 1955/60, à part la presse écrite, le grand média était la radio. Un poste trônait dans tous les séjours, dans toutes les cuisines. C'est sans doute l'époque où ces appareils prenaient leurs plus belles formes et offraient une bonne qualité d'écoute. Maman

[24] « L'enfance de l'âge » de Louis Delorant – Éditions du Jubilé.

avait installé le nôtre dans l'ancien bureau de papa transformé en petite salle à manger. Pendant le déjeuner, nous écoutions vers 12 h 45, une émission à l'audience nationale : « Le jeu des mille francs » sur RTF, avec Henri Kubnick. Tout en mangeant autour de la table ronde, maman, ma sœur Camillia et moi cherchions à répondre aux questions de l'animateur. Nous comparions nos réponses entre deux bouchées de salade de tomates, une mastication de beefsteack, des feuilles de laitue et un fruit du jardin. À la fin du repas, mon dernier acte gustatif consistait à tremper le croûton de pain dans la sauce de la salade de tomates qui restait au fond du saladier. J'aimais ces moments de convivialité. Vers 16 h, seul, ou avec un copain, je venais m'asseoir sur la chaise parallèle au poste. C'était l'arrivée du Tour de France cycliste. Pendant une demi-heure je tendais l'oreille aux commentaires des journalistes qui nous faisaient vibrer en direct aux « sprints » du peloton ou aux triomphes des vainqueurs solitaires. Je pédalais avec Roger Hassenforder dans le plat et avec Charly Gaul dans la montagne… J'écrivais les résultats sur les grilles imprimées des journaux. Je sortais en parler avec les copains. Je suivais aussi les informations générales et la politique me passionnait. J'eus un coup de cœur pour les éditoriaux « engagés » de Jean Nocher et de Geneviève Tabouis dont j'imitais assez bien le timbre de voix éraillée avec sa célèbre entame quotidienne, « Attendez-vous à savoir… ». J'avais quelques dons de comique. Après dîner, je cherchais à capter les « postes émetteurs » étrangers, Radio Andorre, Radio Luxembourg, et plus loin encore. Quel mystère d'entendre sur les ondes courtes « … Ici radio Hilleversum… » ; « … Vous écoutez radio Prague… » ; « … Radio Europe Libre vous parle de Munich… » ; et dans des crachotements pouvoir aller jusqu'à « … Vous venez d'entendre nos émissions en langue française. Radio Pékin vous transmet maintenant un concert… ». J'approchais mon oreille du tissu derrière lequel se trouvait le haut-parleur. J'écoutais, fasciné, ces voix venues d'ailleurs… qui me semblaient si proches. Les ampoules chauffaient l'intérieur du poste, il s'en dégageait une odeur de poussière grillée qui ne me dérangeait pas.

Je pratiquais aussi avec appétit le sport à l'extérieur. Je courrais souvent tout seul autour du terrain de football pour améliorer mon souffle et l'endurance. Je pouvais faire jusqu'à huit ou dix fois le tour à petites foulées. Les tractions, suspendu à une branche d'arbre ou allongé au sol, ne me rebutaient pas… dans l'odeur d'herbe fraîche qui chatouillait les narines. Je faisais de la bicyclette également, une bleue héritée de Julien. Au fond, tout m'était sujet à éprouver et fortifier mon physique, le jet des pierres de plus en plus lourdes, le lancement du javelot avec des bambous que je coupais pointus pour qu'ils se fichent dans le sol en retombant, les acrobaties ou l'équilibre sur le tube en fer ceinturant le terrain de football. J'aimais beaucoup jouer de l'impromptu des circonstances qui devenaient innovantes. Un terrain de tennis se construisait derrière celui du foot, au pied de la haie des grands peupliers. Je ne brillais pas du tout à ce jeu, d'autant que ma raquette en bois datait d'avant-guerre. Certains camarades en possédaient déjà des métalliques. Je ne pouvais pas lutter et cela me gênait. Un peu frustré, un peu jaloux, je gardais mes sentiments.

J'avais trouvé dans le grenier une tente canadienne blanche avec un tapis de sol vert. Je la montais dans le pré au milieu de l'allée des pommiers. Je m'y recueillais dans le mélange d'odeurs de l'intérieur et de l'herbe coupée. J'adorais m'y réfugier lorsqu'il pleuvait, dans une sorte « retraite » participative des éléments extérieurs. La pluie pouvait tambouriner sur le tissu, les feuilles pouvaient se coller en transparence du blanc de la toile ; restait une sensation d'osmose avec les « expressions » de la nature. Mon être laissait sortir la fraternité d'une seconde naissance quand à genoux, ouvrant la fermeture éclair de la tente, je posais dehors mon visage sur l'herbe mouillée.

Maman avait acheté un vélomoteur « Terrot » à Camillia. Je crois que je m'en servais plus qu'elle. Je sélectionnais les sorties en tenant compte de mes capacités financières pour l'essence. Le jour où la belle C. qui avait mon âge me demandait de l'emmener à Côttières pour se baigner dans la rivière le Palais où elle avait rendez-vous avec d'autres amis, je n'hésitais pas une seconde. Je prenais la mobylette et elle montait sur le porte-bagages. J'étais secrètement amoureux et sentir ses bras autour de ma taille le long de la route m'était délicieusement agréable. Je ne roulais pas vite ! On se baignait à droite du carrefour de Côttière en venant de Montguyon, dans une sorte de retenue d'eau du Palais entre deux écluses.

Les vacances d'été se terminaient fin septembre par la « frairie » de Saint-Martin d'Ary à l'occasion de la fête de St Côme et Damien, prolongée par celle de Montguyon le week-end suivant. À Saint-Martin d'Ary, les forains s'installaient dans un champ en léger surplomb du virage qualifié de « Billettes », en bas de la côte des écoles, juste avant Montguyon. On y trouvait les mêmes attractions d'une année sur l'autre : les stands de tir à la carabine, les confiseries, le bal sous tivoli... mais les autos « tamponnantes » avaient ma faveur. La musique m'y attirait, le bruit du roulement des voitures sur les plaques de fer scandait l'audition pendant que grésillaient les éclairs électriques des perches qui frottaient sur le grillage au-dessus. On courait sur le trottoir périmétrique en bois pour être le plus près possible l'auto que l'on avait repérée comme étant la plus maniable. Au coup de klaxon qui signifiait l'arrêt des voitures, on se précipitait vers celle que l'on convoitait en glissant sur le plancher métallique. Un des intérêts du jeu résidait pour beaucoup dans la possibilité qui s'offrait alors, de faire monter une fille dans la voiture étroite... Je contournais de cette façon une timidité qui pourtant ne s'affichait pas à l'extérieur. Tout cela provoquait chez moi des poussées d'adrénaline que je ne refusais pas. Cependant, c'était l'attraction la plus chère. Comme j'étais sans argent, je m'y prenais au moins un mois à l'avance pour en mettre de côté. Mais c'était insuffisant. Je dois avouer que j'en trouvais dans le portefeuille de maman où je me servais par petites doses afin que cela ne se remarque pas... ou peu ! J'éprouvais à la fois un vrai sentiment de culpabilité et un autre de « libération » en cela que je me situais en quelque sorte presque à égalité de possibilité financière avec ceux de mon âge.

Le bal sous tivoli prenait chaque année une importance plus grande. Quand j'étais petit enfant, j'aimais glisser sur le parquet de bois, en ramassant des poignées de confettis que l'on se jetait à la figure au son de l'accordéon. À partir de quinze/seize ans, ma vision du bal avait évolué. C'était le moment où l'on pouvait nouer plus facilement des amitiés avec les filles. Chaque morceau de musique, chaque danse étaient l'occasion de rapprochement physique et de frôlements épidermiques qui provoquaient des ondes profondes dans mon corps… jusqu'à parfois des enlacements langoureux lorsque la lumière baissait pendant les slows. Il faisait chaud sous la tente et la fraîcheur de la nuit, quand on sortait, n'en était que plus agréable… on se prenait la main et avec un peu de chance on s'embrassait sur la bouche dans l'ombre des baraques foraines. On se donnait rendez-vous au dimanche prochain.

À Montguyon la frairie se tenait place du Champ-de-Foire selon une disposition qui ne changeait guère au fil des ans ; sous les hauts platanes de chaque côté de la rue, en partant du côté gauche : les « auto-tamponnantes » contre l'arrière de la pharmacie Cousin ; ou un grand manège « Carrousel » avec notamment de beaux chevaux qui s'élevaient et redescendaient le long d'une barre dorée torsadée, dans un décor de miroirs et de peintures style « 18e siècle » – puis – un stand assez long avec des jeux de hasard où la roue tournait en cliquetant sur la languette d'arrêt ; tous les numéros gagnaient un lot – puis – sur le haut de la place, un toboggan de « montagnes russes » qui me paraissait très élevé vers mes huit/dix ans et dont me revient la ritournelle qui s'échappait du haut-parleur « … Étoile des neiges, mon cœur amoureux… » que je répétais à tue-tête en revenant chez-moi – puis – un stand de confiserie devant la maison Baron – puis devant la maison Manjard, un autre stand de confiserie où le propriétaire faisait couler son nougat au miel sur une large plaque de marbre, ça sentait bon ! – puis, en retour par le côté droit près du garage des pompiers, un anneau de vitesse avec des bosses, que nous appelions « les chenillettes », avec une queue de Mickey à saisir, qui se balançait largement – puis – un manège pour petits enfants avec lui aussi une queue de Mickey – puis – des stands de tir devant le garage Martinez. À ce sujet, j'appris assez jeune à tirer à la carabine, vers dix/douze ans. Je m'y révélais pas trop maladroit. Je cassais facilement les tuyaux de pipes en plâtre blanc dans lesquels étaient emmanchées des fleurs artificielles que je rapportais fièrement à la maison. Grand-mère les installait dans « notre » chambre… Le bal, quant à lui, avait lieu dans une grande salle prévue à cet effet chez le « cafetier limonadier » Marquis. J'y trouvais la continuation de celui de Saint-Martin d'Ary et aussi la recherche de nouvelles connaissances.

On tirait un feu d'artifice dont je conserve de belles impressions. Les supports de fusées étaient installés à flanc de colline de Pineau. (...Ces assemblages de poteaux en bois en forme de croix me faisaient penser le jour, à des gibets ou bien encore à la scène de la Crucifixion…). La nuit, la foule se rassemblait sur le terrain de foot. Nous attendions jusqu'à environ vingt-trois heures. La vue était belle, peut-être plus encore que le feu d'artifice prévu. La lune éclairait le paysage, le haut de la colline se découpait en foncé sur le ciel bleu clair, à gauche en bas c'était le sombre des grands peupliers, tandis qu'à droite la Vieille Tour dominait de son haut avec une face en clair de lune et l'autre d'un noir inquiétant de question non formulée. Il faisait un peu frais. Les gens parlaient entre eux. Des effluves d'odeur de cigarettes brunes « Gauloises » flottaient dans l'air. Comme des tournesols nocturnes, nous étions orientés, les yeux levés vers la lune, en attente, dans une sorte de célébration cosmique.

Les jours de frairie, je revenais la nuit chez moi dans un état d'esprit particulier, mélange à la fois de nostalgie et de confiance. Du bas de la côte, je voyais les volets fermés de la maison. J'avais des pensées compassionnelles pour maman qui dormait dans cette grande demeure. J'entendais les flonflons de la musique qui s'estompaient. Je poussais la porte de la grille pour entrer sous les grands ifs. Souvent je m'y arrêtais dans le noir à écouter les bruits. Il m'arrivait de faire le tour complet du jardin de devant la maison et du pré de l'arrière, en m'inventant une « ronde » de sécurité. J'étais alors le gardien lunaire d'un microcosme étrange où je me fondais dans l'ombre des arbres. Une nuit, j'ai même grimpé dans un if. Assis sur la branche j'accueillais les esprits. Ils venaient m'habiter.

Ces fêtes foraines attiraient beaucoup de monde, quoique globalement de 1952 à 1960, il me semble bien avoir constaté la diminution de fréquentation populaire. Un monde changeait.

Enfin, de ces périodes de vacances un ultime petit épisode vraisemblablement en 1959. C'est après dîner. Il fait nuit, vers 23 h. Nous sommes sur le trottoir devant « Le café de la poste », Yannick Dupuis, Jean-Pierre Lemoine, Jacky Clément et moi. Nous regardons le ciel étoilé en suivant des yeux le passage d'un gros satellite artificiel américain. Il avance, comme un vaisseau silencieux qui tracerait au loin sa route en ligne droite dans l'océan. Il suscite notre discussion : les progrès de la technique qui nous paraissent fantastiques ; la lutte entre la société de type communiste et celle de type libéral dont nous sommes les témoins immergés ; l'avenir qui s'avère plein de dangers surtout avec la bombe atomique mais de promesses également. Chacun de nous s'affirme dans sa différence avec un langage d'adulte. Sans nous en rendre compte, nous formons le dernier quarteron des « copains » de notre tranche d'âge. Chacun de nous se construit dans sa maturité propre, dans sa voie singulière, celle qui, inexorablement comme l'univers en expansion, éloigne les mondes les uns des autres. Je ne crois pas que nous nous soyons retrouvés encore réunis par la suite.

Chapitre XV
Les ruptures

Les années 1958/1960 voient l'approfondissement du fossé entre maman, mes sœurs et mon frère. Flora a suivi son mari Maurice au Sénégal puis ils se sont installés à Marseille avec leurs deux enfants Madeleine et Helliot. Autant dire qu'ils ne viennent plus à la maison. Julien, à la compagnie maritime Delmas-Vieljeux, navigue comme chef mécanicien à bord de cargos sur la côte d'Afrique. Il habite Bordeaux où il reste pendant ses congés avec Minou et leur fils Ludovic. Fabienne vit désormais à La Rochelle où Boris commence sa vie professionnelle. Elle s'occupe de ses deux enfants, Marisa et Octave. Elle préfère aller passer les jours disponibles à Plassac près de Blaye en Gironde, chez ses beaux-parents Lamy dont l'accueil lui est favorable.

Myriam accompagne Willy au gré de sa carrière naissante de diplomate allemand. Ils vont à l'étranger, ils voyagent beaucoup. Paradoxalement, c'est elle qui vient le plus, pas très souvent, mais elle vient. Ils aimaient faire du tourisme en France. Généralement ils partaient de Bonn et descendaient vers le « sud ». Maman attendait donc Myriam et Willy à la grille du jardin… « Ils sont en retard, pourvu que tout aille bien… » À leur arrivée c'étaient les grandes embrassades. Maman pleurait de joie. Elle les prenait avec fougue dans ses bras. C'était démonstratif et c'était sincère. La dernière fois que je les aie vus, en 1960, ils conduisaient une superbe « Coccinelle » Volkswagen bleue, décapotable. Cette voiture avait beaucoup de chic quand la capote noire ouverte était abaissée en formant un « carré » sur l'arrondi du moteur arrière. Maman était aux anges quand Myriam l'emmenait faire ses courses dans le centre du village, succès garanti. Myriam en profitait pour revoir ses amis de la région, notamment Ginette, l'épouse du notaire Jean Prevost, avec laquelle elle avait fait ses études à Bordeaux et qu'elle appréciait particulièrement. Un jour, Willy nous conduisit à Montendre. Pendant que maman et « Yo » allaient à leurs affaires, nous les attendions à la piscine. C'était un jour de visite en Europe du Président américain Eiseinhower. Willy m'avait offert une bière. Nous parlions politique. J'étais intéressé et il en était étonné, j'avais un peu plus de dix-sept ans… Mais le côté « sur-émotionnel » de maman provoquait des drames. Encore une fois et pourquoi ? Je ne sais. Toujours est-il que ce séjour qui était si beau se terminait dans les cris d'hystérie de maman qui voulait mettre Willy « à la porte de chez elle ». Devant le refus de Myriam, elle téléphonait au maire, notre voisin du haut de la côte, monsieur Lévêque, « chargé de la police municipale » pour qu'il vienne « expulser ce gendre » qui ne le voulait pas. Je le revois gêné, montant les marches du perron et cherchant à apaiser maman. En redescendant, sous les ifs, il me prenait par l'épaule : « Ta maman est bien malade… ». Ce geste amical s'est imprégné en moi. Willy et Myriam rangeaient leurs bagages dans la voiture stationnée dans la rue du garage sous le noisetier. Je les embrassais en pleurant. Ils ne sont jamais revenus à la maison. Je garde un bon souvenir de Willy qui se préoccupait de ma scolarité. Il avait cherché à m'aider d'abord en latin, puis en mathématiques, puis en Anglais. Il me manifestait une considération affectueuse. Il en allait de même de Myriam pour laquelle j'éprouvais en retour une grande admiration, du respect et beaucoup d'amour. Anticipons le temps : Myriam est morte d'un cancer à Bonn en janvier 1979, Willy en décembre 1982, leur fille Sabine née en 1961 décédait le jour de Noël 1999. Tous les trois sont réunis au cimetière de Bonn en Allemagne. Je suis allé à chacun des enterrements. Depuis, je vais parfois sur les bords du Rhin.

Ma sœur Camillia vivait à la maison. D'une santé fragile, elle avait dû quitter le pensionnat de Bordeaux pour revenir à Montguyon. Depuis la mort de papa, elle se consacrait aux soins de maman et à la tenue de ses affaires. Ce n'était pas facile. En effet, le diabète de maman avait pris des proportions considérables. Elle se faisait elle-même jusqu'à trois ou quatre piqûres d'insuline par jour. La toxicité du produit détruisait en partie les muscles et la multiplicité des piqûres provoquait dans l'épaisseur de la chair des « boules » douloureuses. À force de chercher un endroit où la piqûre ferait moins mal, l'ensemble de son corps était affecté, les cuisses, le gras du ventre, les bras, les fesses. Camillia qui avait appris, la piquait dans les zones difficiles à s'autoatteindre. Maman se plaignait d'un sein. Après de nombreux examens, il fallait se rendre à l'évidence, c'était un cancer. Le sein devait être enlevé. Le diabète compliquait énormément l'opération. Celle-ci eut lieu à l'hôpital Saint-André de Bordeaux où le chirurgien, le professeur Portman devait réduire à zéro le taux de glycémie avant de procéder à l'ablation totale du sein, et assurer ensuite une cicatrisation qui se déroule « normalement ». Tout cela n'était pas évident. Officiellement maman risquait sa vie dans cette opération chirurgicale. Elle s'était donc préparée calmement en rédigeant son testament, en appelant Dieu à l'aide de ses enfants, en me faisant de nombreuses recommandations. Camillia supportait seule le poids concret des déplacements incessants en voiture de Montguyon à l'hôpital de Bordeaux pour les innombrables examens, radiographies, contrôles de toute nature. En réalité sa place de « fille qui restait à la maison » s'était transformée en rôle d'infirmière. C'est elle qui préparait les départs, remplissait la valise, organisait le transport. Combien de fois l'ai-je vue disposer des oreillers dans la voiture 403 Peugeot grise, y installer maman le plus confortablement possible dans un état de faiblesse qui ne lui permettait pas de se tenir au siège... Les urgences ne doivent pas être oubliées non plus quand il fallait partir à l'improviste au petit matin ou le soir avant la nuit. Je dois dire que la présence disponible du curé Henri Turillard a été d'un réel soutien moral, à être-là quand on lui demandait. À ce sujet quelques ragots avaient cours dans Montguyon où certaines mauvaises langues trouvaient suspectes les venues à la maison de ce brave homme. Si tout le monde avait été à l'image de son service, les choses auraient sûrement été meilleures.

Maman était vraiment malade. Après la mort de papa suivie de près de celle de sa propre maman, elle assumait la charge de la continuité : les grands enfants qui partaient, les deux plus jeunes qui restaient à éduquer, l'argent à trouver pour les nourrir. Chaque sujet évoqué alourdissait en elle le poids d'un passé déjà sérieusement surchargé au départ. Pourtant il fallait faire face et elle le faisait, à sa manière bien sûr. Ce n'était cependant qu'une femme seule au milieu des difficultés. Il n'y avait pas de « retraite » financière de médecin en 1954. Heureusement mon père avait maintenu un petit patrimoine immobilier hérité de la parenté Delorant et Lancien. Une des premières idées de maman a été de louer la maison de grand-père à des soldats américains. Il y avait un grand camp dans la forêt de Bussac à quelques kilomètres. De nombreux soldats cherchaient à se loger dans la région avec leur famille qui les avait rejoints en France. Au prix de quelques aménagements sanitaires de douches et de cuisine, nous accueillions rue de la Gendarmerie, une famille avec un garçon de mon âge et une petite fille de huit ou neuf ans. C'étaient des gens sympathiques, ouverts. Néanmoins nous avons remarqué très vite un comportement bizarre à l'intérieur de la maison. Le garçon n'était pas le fils de la mère. J'allais lui dire bonjour pour perfectionner mon anglais. En l'absence du père, il se laissait aller à des caresses sur elle sans aucune équivoque possible… bien qu'elle soit enceinte. Elle était consentante et me souriait. J'étais troublé.

Maman avait également procédé à l'équipement de l'ancien logement de grand-mère au rez-de-chaussée de notre maison, rue du garage. Un couple, homme et femme sans enfant, était venu l'occuper. Ils fumaient des cigarettes blondes. Elles dégageaient une odeur que j'affectionnais. J'allais souvent lire dans ce que nous appelions « la chambre à trois lits » située juste au-dessus. En laissant la fenêtre ouverte, la fumée entrait et parfumait la pièce. L'odeur éveillait ma libido d'autant que la femme qui s'appelait Gladys avait des cheveux superbes, longs et roux qui m'éblouissaient. J'avais quatorze ans.

La location de ces appartements amenait un peu d'argent à maman, mais c'était insuffisant. Payer l'École Fénelon, les impôts, l'entretien des maisons, s'habiller, se nourrir, les frais d'hospitalisation, la voiture indispensable, les assurances… À cause de tout cela, je voyais maman se comporter en personne pauvre. Elle quémandait à l'École l'abaissement des frais de scolarité. Elle prenait au marché les légumes les moins chers. Ma part de viande deux fois par semaine n'excédait pas cent grammes. Je revois, madame Leblanc, la femme du boucher disant gentiment « C'est tout ce que tu manges ...? » et elle me coupait une bonne part de viande, sans la peser. Pour les médicaments, elle a fait durer le plus longtemps possible la fourniture d'échantillons gratuits au nom de papa. D'ailleurs l'ensemble de la communauté médicale s'est particulièrement bien comportée à son égard. Le professeur Portman l'opérait gratuitement à l'hôpital, la pharmacienne madame Cousin la fournissait en médicaments, le docteur Henri Terrier qui avait « acheté » la clientèle de papa ne nous faisait payer aucune visite. Cependant, j'avais mal au cœur de voir maman dans le besoin. Elle faisait de gros efforts pour m'habiller correctement. Quand elle allait à Bordeaux, elle trouvait toujours quelque chose d'original. Je mettais l'été des chemisettes « américaines » à rayures de couleurs qu'enviaient mes camarades. L'hiver j'ai été un des premiers à porter un duffle-coat avec la capuche et les boutons en bois naturel en1955. J'ai su un peu plus tard l'astuce qu'elle utilisait : elle se fournissait aux stocks de surplus américains où les prix étaient beaucoup moins chers. Grâce à elle et à moindre coût, j'avais deux ans d'avance sur la mode ! Vers dix-sept ans, ma sœur Myriam avait remarqué que je pouvais porter les vestes de Willy sans retouches aux épaules. Des costumes très peu usagés, « Comme neufs » selon la formule qu'elle employait. Maman avait trouvé une vieille couturière à Saint-Martin d'Ary. J'ai malheureusement oublié son nom. Elle s'habillait en noir et habitait près de chez l'ancien forgeron. Elle raccourcissait la longueur des manches, reprenait le tour de taille des pantalons (celui de Willy était beaucoup trop grand !), réglait le bas des jambières, « Tu les veux avec revers ou sans ? » demandait-elle. « Sans », je répondais pour être « dans le vent ». Quelque temps après, je portais un costume sur mesure… Dehors, on me faisait des compliments sur la coupe et la matière. Je ne disais rien. J'ai gardé ces costumes jusqu'à l'âge de vingt ans.

Pour le symbole, j'ai conservé de cette époque un sweat que maman avait acheté « chez Jousselin ». Monsieur Jousselin tenait un magasin de vêtements situé sur la droite de la grand-rue entre la Place de la Mairie et la gendarmerie, en face du marchand de sabots. Il fallait monter quelques marches pour y entrer. Maman l'avait fait le jour où elle avait remarqué dans sa vitrine ce sweat en éponge de couleur verte et en solde. Il était très beau. Cinquante-deux ans plus tard, il est encore plié dans mon armoire.

Maman devait compléter les revenus des loyers. Elle a vendu en premier la maison de son grand-père située de l'autre côté de la rue de la gendarmerie presque en face de celle de son père. Ensuite ce fût au tour de la ferme « La Bernaiserie », provenant de mon grand-père Delorant, une quarantaine d'hectares à Allas Bocage près de Mirambeau. Le vendeur était le sénateur élu local. Troublé par la situation, il me demandait plusieurs fois si je n'étais pas intéressé par le travail de l'agriculture. Je répondis négativement. Au fond de moi, je ne me voyais pas perdu dans la campagne lointaine. Quoique, bien soutenu par des tuteurs éduquants et compréhensifs j'aurais peut-être fait un bon fermier. Maman voyait donc fondre entre ses mains le patrimoine dont elle venait d'hériter. Je ressentais son angoisse devant le futur et le « stress » du présent qui alimentaient le terreau de sa maladie. J'en acceptais ma part de responsabilité, si proche de la culpabilité. Cependant face aux aléas j'observais obscurément un état de confiance au fond de moi, une sorte de force primale qui m'étonnait.

J'existais dans la situation ambiguë d'une personne qui habitait une « maison de riches » comme cela se disait… et qui vivait sous le voile, une forme de pauvreté. Je n'avais pratiquement pas d'argent sur moi et le peu que je possédais devait être compté avec soin. J'appris à discerner mes priorités et le concret de la vie quotidienne m'enseignait à hiérarchiser les valeurs. La conscience du « possible » se développait et j'appliquais sans le savoir cette maxime que je découvrirais très longtemps après : « Mon ami, fais ton habit avec l'étoffe que tu as ».[25] Cette approche m'est restée le long de ma vie. Elle m'a procuré bien des désagréments à l'adolescence et quelques incompréhensions ultérieures. Mon échelle d'appréciation n'était pas celle des autres, surtout par rapport aux « petits » travaux que je faisais à la maison pour aider maman dont j'entendais parler par ailleurs en termes dévalorisants. Pour moi il n'y avait pas de travaux « humbles », notamment manuels. J'admirais tellement l'habileté des mains de ceux qui les utilisaient professionnellement. Je respectais sans arrière-pensée les personnes qui vivaient de « ménages », de travaux physiques journaliers. Ceux qui « faisaient » les tâches que les autres méprisaient prenaient une valeur particulière dans mon paysage mental. Le verbe « J'existais » que j'emploie au début de ce paragraphe mérite prolongement. Il veut dire que le fait de ma réalité apparente saisie de l'extérieur par ceux qui me côtoyaient ne correspondait pas à mon essence constitutive. J'écris dans l'actualisation de maintenant, mais représentative de ce que je ressentais précisément à cet âge-là. Mon intelligence des choses se forgeait à la double compréhension de ce qui est vu et de ce qui est caché. Traverser l'apparence vers l'intérieur. Je cherchais à m'habiter, dis-je aujourd'hui.

Pendant ma scolarité de troisième à La Rochelle je sortais enfin du collège de temps en temps le dimanche pour mon grand bonheur. Ma sœur Fabienne et son mari Boris Lamy logeaient depuis peu dans la maison des grands-parents Delorant au 39 rue Jeanne d'Albret. Maman l'avait louée à un couple de militaires en retraite, le général Durand et sa femme, qui occupait le rez-de-chaussée. Elle possédait un grand

[25] In « Jésuites » tome 1 – Jean Lacouture – ed. Seuil.

grenier de large volume sous les toits. Boris, alors étudiant en école d'architecture à Bordeaux, avait trouvé un emploi « saisonnier » chez monsieur Bailly, l'architecte de la « maison au chat » bien connue des Rochelais près de la tour des Quatre Sergents. Maman donnait le grenier et l'étage à Fabienne et Boris pour qu'ils puissent y habiter, « On pouvait le transformer… » déclarait Boris. Il le fit d'une manière où son talent s'exprima de belle et originale façon : des panneaux isolants peints en rouge « pompéien » et noir placés entre les poutres suivant l'inclinaison des versants du toit, un revêtement de sol en coco tressé, et surtout le nec plus ultra, il peignait un paysage marin avec de grands voiliers sur le mur pignon blanc qui formait un triangle. L'effet était extra. J'aimais beaucoup aller chez eux. Fabienne se révélait bonne cuisinière. Boris avait toujours le bon mot pour rire. Après le déjeuner j'allais flâner sur le Vieux-Port, dans une solitude indépendante et choisie que je savourais. À marée basse, les chalutiers se posaient délicatement sur une vase blond foncé, entourés de quelques mouettes blanches où les traces de doigts s'imprimaient en creux quand elles s'envolaient. Leurs cris aigus s'associaient aux appels rauques des pêcheurs. Il montait du port un mélange d'odeurs de peinture fraîche que passaient les marins et de gas-oil échappé des moteurs. C'était vivant. Moby Dick et Jack London n'étaient pas loin. Ensuite, je descendais la rue du Minage par le côté droit, mon préféré, sous ses petites arcades en enfilade, basses de plafond. Les piliers de pierres penchés me faisaient penser à la jambe de bois de John Silver, le flibustier de « l'île au trésor ». Je revenais le soir au pensionnat à l'heure du dîner. La porte de l'entrée se refermait comme celle d'une prison. J'avais cependant conscience qu'un autre univers arrivait.

À la fin de la classe de troisième, j'échouais au BEPC. L'école Fénelon ne voulait plus de moi : je n'étais pas doué pour les études. Maman était consternée. Si je puis dire… moi aussi… La providence prit le nom de Fabienne et Boris.

Chapitre XVI
Le tournant

Fabienne et Boris proposèrent à maman de m'accueillir dans la maison de la rue Jeanne d'Albret et de me faire poursuivre des études. Boris faisait souche à La Rochelle. L'architecte, le « père Bailly » comme nous l'appelions affectueusement, venait de céder son cabinet à monsieur Roger Dubois qui devenait par voie de conséquence « architecte du département ». Le travail ne manquait pas et s'annonçait prometteur. Boris venait de réussir son diplôme d'architecte DPLG. Le bureau allait devenir rapidement l'agence Dubois-Lamy, architectes associés. Il me proposait de suivre par correspondance les cours d'employé d'architecte établis par l'École de la rue du Cherche-Midi à Paris. Il fallait pour cela travailler en alternance dans une agence. Je dis oui. J'effectuais donc ma « rentrée » scolaire d'octobre 1959... dans les bureaux de la rue Réaumur. Je m'y plu tout de suite. L'ambiance était conviviale. On me désignait une place, avec une table à dessin. On me confiait les outils nécessaires à l'exécution de dessin d'architecture. Je commençai par « tirer des barres ».[26] La journée se partageait entre travail de dessin d'architecture le matin et devoirs écrits l'après-midi. Le soir à la maison j'apprenais mes leçons. Le programme était pratique, orienté pleinement vers les différentes fonctions d'un cabinet d'architecte, entre dessin, droit de la construction, histoire de l'art, étude des métrés, droit civil. Cette diversité me convenait. Je devenais

[26] Apprendre à tracer les traits de dessin d'architecture.

immédiatement réceptif aux matières enseignées dont je pouvais voir la concordance et les applications dans les activités de l'agence. Chaque branche de l'organisation du travail formait pédagogie complémentaire. Je retenais tout ce que je voyais et entendais, avec une prédilection pour ce qui concernait le législatif. Cette formation polyvalente et concrète préparait au choix ultérieur professionnel. Mon objectif devenait « chef d'agence d'architecte ». Boris se montrait attentif et assurait un suivi « à la culotte » qui ne me dérangeait pas. J'envoyais mes devoirs écrits chaque semaine à Paris. Le retour était attendu, avec un brin d'inquiétude tout de même. Boris m'aidait dans mes faiblesses et relevait mes distractions. Il m'a appris à travailler. Notamment, dans le sérieux à accomplir sa tâche et à ne pas compter son temps quant à l'obtention d'un résultat. Il avait un grand principe, celui que le travail passait avant toute autre activité. On pouvait sortir, s'amuser, faire ce que l'on voulait à condition que le travail que l'on devait faire soit terminé. Cette façon de voir a depuis lors continué de guider mes choix : l'activité travail en priorité absolue, le reste après. Il repartait travailler après dîner presque chaque jour et il m'emmenait souvent. Nous arrivions à l'agence vers vingt heures trente. Je repartais à vingt-trois heures. Au retour je traversais les « Parcs » et passais dans le noir de l'ombre des arbres sur le petit pont au-dessus de la rivière près de l'enclos des paons. Parfois ils criaient, avec un grand écho dans la nuit. Ce rythme de vie, de travail, d'étude et de famille correspondait à mes attentes non exprimées. Je me sentais à l'aise. Je crois que je progressais et l'à-venir devenait possible.

L'ambiance décontractée, mais sérieuse de l'agence m'incitait à m'appliquer. Presque tous les employés fumaient. La salle de dessins où se trouvait une demi-douzaine de personnes était vite noyée dans un nuage de fumée de cigarettes Gauloises. Je commençais à prendre le pli en demandant une cigarette aux uns et aux autres. Boris râlait, car il ne fumait pas. Parlant d'odeur, monsieur Dubois quand il arrivait le matin laissait derrière lui un parfum d'eau de Cologne Roger-Gallet qui sentait bon… mais qui ne résistait pas à celui tabac gris. Tout le monde en souriait, lui en premier. Au début, les locaux étaient chauffés par des poêles à charbon. Comme petit nouveau j'étais désigné « grand feutier » ; j'allais chercher le charbon que je remontais de la cave dans deux seaux métalliques noirs. Cette tâche non gratifiante était destinée, me disait-on, à m'apprendre la valeur des activités simples, mais indispensables. Cela ne me gênait pas.

Boris me donnait de l'argent une fois par mois pour mes sorties du dimanche. J'étais content d'avoir à gérer des francs et donc d'en mettre un peu de côté en prévision. J'allais au cinéma à la séance de l'après-midi. J'achetais des livres de poche et des romans policiers. Le héros de l'époque s'appelait « Francis Coplan », issu de l'imagination de Paul Kenny. Tout cela était en lien avec la « guerre froide » entre le monde libre et les pays membres du pacte de Varsovie. Le quotidien de la presse se remplissait d'histoires d'espionnage, plus ou moins manipulées… au moins rocambolesques. Un autre sujet prenait une place de plus en plus importante, celui de la guerre d'Algérie qui concernait directement chaque génération de jeunes Français de vingt ans depuis 1954. Le général de Gaulle avait été élu chef de l'État. Il lançait aux différentes populations d'Algérie son génial « Je vous ai compris ...! » Chacun comprenait ce qu'il voulait entendre. Période d'incertitude. Ma conscience politique s'affirmait. Je devenais partisan de l'indépendance. C'était un choix engagé qui marquait dans le grand débat national. J'y apportais ma petite pierre. Boris n'y était pas étranger. Les discussions à table ne manquaient pas d'animation.

Fabienne élevait ses deux petits enfants du mieux qu'elle pouvait. L'argent était compté à la maison. Elle était bonne couturière et je la voyais souvent penchée sur la machine à coudre pour habiller Marisa et Octave. Si Boris commençait à gagner beaucoup d'argent, il investissait d'abord dans son outil de travail en embauchant des collaborateurs et en subvenant aux besoins croissants de son agence. J'appris par maman que ma présence dans leur famille avait fait l'objet d'un accord financier. Elle ne demandait pas de paiement de loyer en contrepartie. Cette question assombrit mon nouvel univers. Chaque étape de la vie était une marche à monter. Rien n'était gratuit. Dois-je dire que la gratuité de l'absolu me manquait ? Parfois à l'agence on me traitait de rêveur, ce qui avait le don de m'agacer profondément. J'avais le sentiment intérieur d'avoir déjà traversé des épreuves qui me conféraient un début de maturité dont les détracteurs n'avaient pas l'expérience. Dans le courant des aléas du quotidien, je restais réaliste sans perdre pour autant une certaine vision du monde qui dépassait la contingence. La tension entre ces deux pôles était difficile à gérer dans l'expression. La communauté des contraires ! Je continuais d'aller à Montguyon au rythme des vacances scolaires. Je mesurais plus encore chaque fois le fossé qui s'approfondissait entre Fabienne et maman. Il portait sur la vision de la vie dans un conflit de générations qui accentuait les différences. Maman disait relever en Fabienne un manque d'affection. C'est vrai qu'elle ne venait pas, ignorant sciemment son état de malade. En écho Fabienne reprochait à maman ses jugements impulsifs et trop critiques sur son couple… C'était ainsi. Je faisais avec. Pourtant, les pas réciproques l'une vers l'autre demeuraient possibles. Mais les postures de chacune constituaient une cuirasse qui cachait une réalité des sentiments plus proches que ne le laissait supposer l'apparence. Bien des regrets se laisseront apparaître chez Fabienne… beaucoup d'années plus tard.

Ma nouvelle vie à La Rochelle s'ouvrait chaque jour d'avantage, soit dans la pénétration du milieu du travail, soit dans les événements qui se présentaient. Par exemple, le bateau de mon frère Julien accostait de temps en temps à La Pallice. Les cargos de la compagnie maritime Delmas-Vieljeux qui remontaient de la côte d'Afrique, déchargeaient d'énormes billes de bois à La Pallice et prolongeaient leur trajet jusqu'à Rotterdam. En 1959 Julien venait d'être promu « chef mécanicien ». Il était très fier de nous montrer sa nouvelle cabine particulière. Elle était suffisamment grande pour accueillir sa femme Minou qui l'accompagnait en Europe dans ce qu'ils appelaient « la tournée du Nord ». Nous visitions avec curiosité ces bateaux dans l'odeur aigre de l'humidité des bois et celle d'huile chaude des machines. La hiérarchie professionnelle s'exacerbait dans ce microcosme de la société. Les hamacs des « graisseurs » des machines n'étaient pas éloignés de la nappe blanche du carré des officiers…

Progressivement j'acquérais mon indépendance. J'allais prendre un petit déjeuner chez « Guignard », un établissement de la rue du Port qui servait essentiellement du café torréfié sur place. L'odeur de café grillé se répandait dans les rues adjacentes jusqu'à la place de la Caille. On y servait des tranches de « ficelles » de pain beurrées avec un grand café au lait. C'était bon. Ensuite les pas me conduisirent jusqu'aux cafés du port, « La Marine » et « Le Dupéré » pour boire une bière pression. C'était plus « adulte » ! J'y croisais d'autres jeunes que je finissais par reconnaître. Un jour, je liais conversation avec une fille sympathique. Au bout de quelques rencontres, je la suivais avec un groupe de filles chez elle dans un appartement sur le port. Nous échangions facilement et elle me dit, « Tu sais, je suis juive et je vais chaque été passer mes vacances en Israël pour travailler dans un kibboutz. Si tu veux, tu peux venir avec moi, je te paierai le voyage… » On parlait beaucoup à l'époque de cette forme de développement collectivisé. C'était dans l'air « socialisé » du temps ! Vraiment intéressé j'étais prêt pour l'aventure… qui s'arrêta avec l'interdiction de maman, tant que je serais mineur. La majorité était à vingt et un ans. L'affaire n'allait pas plus loin, mais j'éprouvais le réalisable, dans l'attrait des voyages.

Le soir avant dîner, j'écoutais des disques dont, entre autres, deux en « boucle », Bill Halley « rock around the clock » dont le rythme m'entraînerait pendant de longues années ; et Robert Lamoureux racontant une histoire comique de canard toujours vivant trois jours après les efforts pour le tuer. J'avais un certain don d'imitateur. Je faisais rire la famille en parodiant Lamoureux et l'architecte Bailly qui chuintait en parlant. Je retenais assez bien les blagues humoristiques dont je m'aperçus qu'elles facilitaient les contacts. J'en usais.

Le besoin de sport me poussait par je ne sais quel hasard à aller dans une salle de culturisme de la rue Gambetta. Je fortifiais mes muscles. Ils avaient besoin de tonicité. À cet âge les progrès sont rapides. J'étais surpris de mesurer avec un mètre à ruban l'augmentation de mon tour de pectoraux, des biceps et des cuisses. Je pris plus encore confiance dans les capacités de mon corps. Je jouais au « cirque » avec mon neveu Octave. Il avait cinq ans. Je m'allongeais sur le dos dans le jardin. Il montait sur mes mains, « Les jambes bien raides » à ma demande. Je me relevais debout les bras tendus et lui aussi debout qui dominait au-dessus des murs des jardins. Il en redemandait. C'était un petit garçon joyeux à l'œil très vif. Sa maman rouspétait. Marisa, la sœur d'Octave, portait fièrement ses sept ans. Ses résultats scolaires plaidaient pour elle. Elle manifestait de la sympathie, avec un plus pour ses grands-parents Lamy qu'elle appelait « Apère » et « Amère ». Elle les adorait.

Dans l'année de mes dix-huit ans, j'étais convoqué au Conseil de Révision à Montguyon. Il s'agissait de la détermination de la capacité physique à effectuer le service militaire. Je me revois dans une salle de la mairie en compagnie d'une cinquantaine de garçons du canton. Je ne connaissais pas la plupart. Après « visite » détaillée par le médecin, nous nous présentions tout nus devant une table d'assesseurs. On nous déclarait aptes. À la sortie, les futurs conscrits « de la campagne » voulurent effectuer un tour de bourg pour aller se faire offrir un verre de vin dans les cafés, par tradition, paraît-il. Je conserve l'impression d'une démarche totalement déconnectée de la réalité du monde des jeunes. Cependant je me rappelle l'accueil chaleureux du café, chez Barbier au carrefour des Billettes dont le fils de la maison faisait partie du groupe. Cependant, l'importance du moment ne nous échappait pas. La guerre d'Algérie battait son plein et nous nous savions destinés à y partir. Les élèves proches de l'université raisonnaient déjà en termes de sursis pour retarder l'échéance. Le djebel me faisait déjà moins rêver, malgré les discours propagandistes des généraux Challe ou Massu.

Du côté des études et du travail, je m'installais sans grande difficulté dans ce nouveau monde de l'activité professionnelle et sociétale. J'en apprenais les codes de conduites normatifs, tout en gardant mon indépendance d'esprit et mon goût du discernement. Je me coulais dans le mouvement, mais près des marges ! Boris m'inculquait la valeur travail qui ne me quitterait pas. Grâce à lui je progressais normalement dans le « milieu » du Bâtiment qui devenait l'axe de ma vie de société. Il m'emmenait parfois travailler le dimanche, ce qui ne choquait pas mes convictions religieuses. J'apprenais la notion de l'effort et la distinction concrète des priorités. « Gagne d'abord ta vie, disait-il, ensuite tu pourras aller à l'église de ton libre arbitre ». J'étais d'accord.

Au mois de septembre 1960, ma sœur Flora, Flô, arrivait enceinte à La Rochelle, après le départ de son mari Maurice qui naviguait sur les mers d'Extrême-Orient. À une escale il avait pris le temps de lui laisser les prémices d'un troisième enfant. Le 10 novembre Nathalie débarquait sur la terre. L'accouchement, difficile, nécessitait quelques jours d'hospitalisation de la maman et du bébé. Une infection utérine se déclarait, qui fut soignée, que l'on croyait guérie. Flô retournait à Marseille. Peu après, elle téléphonait pour demander de l'aide. L'infection avait repris et elle se trouvait seule avec trois enfants : Nathalie dont il fallait s'occuper d'urgence, mais aussi Madeleine, huit ans et Helliot, six ans. Au terme d'un vrai débat de famille avec Boris et Fabienne, notamment par rapport à mes études, on me demandait si je voulais aller à Marseille. J'avais juste dix-huit ans. Je n'avais pas encore fait un si long voyage seul. Quand j'arrivais à la gare Saint Charles, je me sentis indépendant et autonome d'une façon extraordinaire. Flô habitait une petite maison dans le quartier de Bonne-Veine, pas trop loin de la mer. Elle avait de la fièvre. Elle restait au lit. Je la remplaçais : faire les biberons, les donner à Nathalie, la nettoyer, laver ses couches, la mettre dans son berceau –, faire à manger pour les enfants-aller aux achats extérieurs… L'état de Flô empirait. Une nuit, prise d'une grosse fièvre vers une heure du matin, elle m'envoyait chez une de ses meilleures amies pour lui demander de venir. Je partais en Solex dans un quartier lointain. Je cherchais la rue sans la trouver. Finalement j'y arrivais et sonnais à la porte. Les volets s'ouvrent à l'étage et un visage de femme, « Qu'est-ce que vous voulez ?! » « Je viens de la part de madame Flora Leroy, votre amie. Elle est très malade et seule chez elle. Voulez-vous venir à son aide ? » « Non, je ne peux pas ». Le volet se referme bruyamment. Mieux que tous les discours de morale, je viens d'apprendre dans le concret que les amis du jour quand il fait beau ne sont plus ceux de la nuit. La leçon restera. J'annonçais la nouvelle à Flora. Sa fièvre montait encore. Je décidais d'aller frapper à la porte de proches voisins que j'avais déjà salués en passant devant chez eux. « Ils ne me connaissent pas… disait Flô ; ils ne viendront pas… ». À trois heures du matin, ils vinrent, mari et femme. Ils téléphonaient. Une ambulance emmenait Flô et Nathalie à l'hôpital. La suite de la leçon me resterait : les amis sont souvent ceux que l'on croise sans s'arrêter. Ils m'invitèrent à déjeuner les jours suivants. La femme voulait nettoyer les couches de Nathalie et elle accueillait Helliot et Christine quand je m'absentais. Chaque jour j'accompagnais les enfants à l'école et je retournais les rechercher. J'avais naturellement informé les instituteurs. L'après-midi je partais en Solex à l'hôpital. En longeant le bord de mer, de nouvelles odeurs venaient à ma rencontre, dans une atmosphère plus douce et plus chaude que celle de l'Atlantique. Je m'en imprégnais avec bonheur. Flô était enfin soignée correctement. Nathalie continuait de ne pas bien se porter. Je repartais à La Rochelle après une douzaine de jours marseillais. Je rapportais ce qui restait de la grosse somme d'argent que Boris et Fabienne m'avaient confiée au départ. Il n'y avait aucun écart de dépense entre la nourriture, les couches, les premiers frais d'hôpitaux. Dans le train j'avais un sentiment de fierté comme peut-être je n'en aurais plus. Pas d'orgueil, mais celui du devoir accompli ; le cheval qui porte son cavalier sur le chemin. Le neuf février 1961, Nathalie mourrait. Maurice, revenu, emportait son cercueil dans le coffre de sa voiture à Montguyon. Elle est enterrée anonymement dans le cimetière, je ne sais pas où.

Cet épisode d'immersion dans la vie des responsabilités me marquait profondément. Il affermit ma conscience du possible dans l'extériorité, dans l'« ailleurs ». Plus que jamais j'avais envie de sortir, de voyager. Cette expérience établissait une résilience face aux épreuves, un « rebond » en réserve du futur. Curieusement, les conséquences portaient également sur la forme de ma foi. Le Dieu de mon enfance descendait de son Olympe pour s'humaniser dans l'exercice de la vie. À l'église de La Genette, j'avais entendu un appel du curé qui cherchait des personnes pour faire le catéchisme. Il me fit confiance. Durant l'année précédant mon départ au service militaire, j'allais dans le quartier de Port-Neuf accompagner une trentaine d'enfants de huit/dix ans. Je leur distribuais une feuille de papier sur laquelle j'avais dessiné une pierre, un arbre, un chat et un humain avec un mot de légende sous chacun qui se terminait par, « L'homme pense ». Les parents étaient surpris de voir un jeune de mon âge dans cet exercice. Je sais maintenant que j'expérimentais une citation de Thérèse d'Ávila à l'une de ses jeunes sœurs : « Vous trouverez Dieu à la cuisine, au milieu des marmites… ». Je me sentais adulte.

Au terme des deux ans de travail scolaire associés à l'activité concrète de l'agence, j'allais à Paris passer mon examen de fin d'étude à l'École de la rue du Cherche-Midi. Nous étions deux jeunes de l'agence à avoir suivi ce parcours, moi-même et Valentin, un garçon sympathique et particulièrement brillant. Pendant notre séjour parisien, je logeais d'ailleurs chez une de ses vieilles parentes, rue des Dames dans le 17°. C'est la première fois que je « montais » à la capitale. L'ambiance de la rue, dans son anonymat et sa diversité, me plut immédiatement. J'y relevais un abandon des contraintes de proximité telles qu'elles pouvaient exister dans une petite ville comme La Rochelle. L'échelle de mesure des conditions de la liberté individuelle prit la forme de l'importance de la population, entre Montguyon, La Rochelle, Bordeaux, Paris. Je mangeais dans un des premiers fast-foods de Paris, le Wimpy, pas trop loin de Pigalle. C'était la vraie découverte des hamburgers et le lieu des rencontres inattendues quand mon regard saisit au vol le baiser appuyé sur la bouche de deux femmes. Évidemment, Montguyon s'éloignait ! Le dernier soir j'assistais au spectacle des ballets du Mexique à l'affiche au Palais de Chaillot. Je reprenais le train vers La Rochelle, plein d'espoir dans l'attente du résultat de l'examen, mais aussi plein des « lumières de la ville » promesses d'avenir. Quand le courrier annonçait que j'avais réussi l'examen, je fus heureux. Une sorte de libération. Nous étions en juillet 1961.

Je retournais à Montguyon deux ou trois semaines de ce qui n'était plus des vacances, mais des congés. Maman vieillissait dans sa maladie et les soucis. Heureusement Camillia l'aidait comme elle le pouvait. Toutes deux faisaient des exploits d'économies en dépensant le moins possible tout en conservant une bonne présentation. Je travaillais donc à arranger le jardin et à nettoyer l'intérieur de la maison. Un flot de vibrations m'envahissait dès que je franchissais la grille du jardin sur la côte. J'étais un buvard d'odeurs qui éveillaient en moi toutes les connexions sensitives. Une manière pour la Vie d'éprouver en moi la vie dont j'étais porteur. J'entrais sous les grands ifs comme dans la caverne primordiale avec la maison au bout comme la sortie à la lumière. Malgré la récurrence, à chaque passage j'étais surpris de la violence de l'émotion qui me pénétrait. Plus de cinquante ans après, je me demande si elle ne serait pas encore aussi vivante. Je retrouvais quelques copains. Nos rapports changeaient. Les filles devenaient de jeunes femmes et les garçons jouaient les hommes. Le réel des différentes expériences éloignait nos mondes les uns des autres. Ce qui se comprenait avant sans grandes explications appelait maintenant des argumentations savantes. Au fond, chacun partait vers son destin, tendu vers ce devenir qui devenait présent. Je l'admettais sans difficulté, comme moi-même je devais me transformer aux yeux des autres. Je ressentais cependant une sorte de regret qu'une part de vie se néglige si vite.

À l' »Agence » je commençais ma vie professionnelle au bureau de dessin d'architecture. Je recevais ma première feuille de paie. Je persévérais sérieusement dans les habitudes de travail que je connaissais déjà. Au titre de beau-frère du patron, on ne m'épargnait guère, parfois avec justesse d'autres fois avec ingratitude. Je faisais le dos rond. Je savais que je devais progresser et apprendre. Je parcourais toutes les revues professionnelles, comme l' « Architecture d'aujourd'hui », qui ouvraient des horizons sur le monde. Boris donnait à son agence un air d'études permanentes où chacun pouvait développer ses capacités. J'entendais tout. Je m'intéressais à tout. En m'appliquant sur le calque de la planche à dessin ; je réfléchissais à la meilleure façon de construire mon projet professionnel.

Un jour une lettre du Service des Armées me convoquait à la caserne de Limoges pour « les trois jours ». Je passais les tests de présélection destinés à orienter le parcours militaire. Je savais d'avance qu'une des questions les plus déterminantes porterait sur la destination géographique. « Avez-vous une préférence ? » me demandait l'examinateur. « Où peut-on aller le plus loin ? » Il rit franchement : « En Polynésie, mais pour avoir une chance, il faut s'engager ». Je ne le voulais pas. Je choisis dans l'ordre d'abord Madagascar, puis la zone de l'ex-AOF (Afrique occidentale française), et en dernier l'Allemagne où se trouvaient encore des troupes d'occupation. J'évitais de nommer l'Algérie. Il me restait à attendre, en prévoyant une incorporation dans le courant de 1962.

En dehors des heures de travail, je me promenais dans les rues de La Rochelle. Un parcours retenait la faveur des jeunes et des plus âgés. On descendait et on remontait la rue du Palais sous les arcades, entre la Grosse Horloge et la place d'Armes. Située au centre économique de la ville, il y avait en permanence du monde qui allait dans les magasins la jalonnant de chaque côté, notamment « Les Dames de France » à droite en remontant et « Prisunic » à gauche sur la place Fromentin. La foule se densifiait aux heures de sortie et de reprise du travail. Notamment entre douze et quatorze heures où le va-et-vient des vendeuses, des secrétaires, des employées, attirait la venue des garçons. Naturellement il se produisait un pic de fréquentation le samedi après-midi. C'était un bon moyen de se créer des relations. On s'examinait en descendant, les filles en groupes minaudaient, on remontait en s'interpellant, on se parlait, on s'invitait prendre un café. On allait place d'Armes à « La Paix » ou aux « Colonnes », ou sur le port à « La Marine ». On se donnait rendez-vous au Casino où un orchestre faisait danser le dimanche après-midi. C'était le temps des flirts, un peu romantiques, un peu rapides, souvent sympathiques. Je me souviens de la fille longiligne d'un boulanger de l'avenue Edmond Grasset qui m'écrivait poste restante lors de mes dernières vacances à Montguyon et aussi d'une petite blonde aux yeux bleus qui habitait La Genette à laquelle je donnais mon premier cadeau : un disque 45 tours, « Petite fleur » de Sydney Bechett. J'allais également au bal de fin d'année de l'École Normale des Filles. C'était sous la surveillance des professeurs et des parents, mais les contacts pouvaient se nouer. Pour ces sorties, je m'habillais d'un blazer bleu, d'une chemise blanche et d'une cravate bleue à pois blancs, des pantalons noirs. Aux pieds, je suivais la mode des mocassins noirs. J'étais donc présentable, on me demandait si je venais de l'École Normale des Garçons. « Bien sûr… ».

Le dimanche précédant la Toussaint de 1961, je rejoignais au Casino un petit groupe de filles de mon âge. Je remarquais l'une d'entre elles qui avait de longs cheveux noirs, de beaux yeux marron dorés et de jolies lèvres. Je ne l'avais encore jamais vue. Je l'invitais à danser. Ses cheveux sentaient bon un parfum de pommes. Elle paraissait douce. Je relevais le choix de ses habits et la qualité de sa présentation. Nous convenions de nous retrouver l'après-midi de la Toussaint, dans trois jours. Je crois que je l'aimais déjà. Elle s'appelait Annie. Les dimanches suivants on se revoyait. J'étais heureux d'avoir rencontré une fille de mon âge avec laquelle je pouvais parler en connivence et en confiance. Elle avait l'écoute facile. Je lui trouvais un caractère généreux et affectueux. J'en parlais évidemment à Fabienne et à Boris. Comme tous les adultes, ils réagirent sur le mode du « Ne te précipite pas, tu as tout ton temps… » C'était vrai, le temps prenait le large : je recevais l'avis d'incorporation sous les drapeaux précisant que j'étais appelé « classe 62, 1/C » dans les Troupes de Marine au titre « AOM ». Je devais me présenter au camp de Fréjus le 2 mai 1962. Le délai me paraissait subitement trop court, mais l'affectation dans ce corps d'armée me remplissait aussi d'espoir : c'était une quasi-certitude de partir outre-mer.

J'allais à Montguyon dire au revoir à maman. Je la trouvais vieillie, frêle dans sa maladie et fragile face à la société. Je me suis dit que je ne la reverrai peut-être pas. Mon affection pour elle faisait ressortir l'impression de vie qui passe, qui avance, qui vient vers nous en dehors de toute intervention. La conscience de l'inéluctable. Je lui parlais d'Annie. Son inquiétude s'accrut à cette nouvelle. Compte tenu de son expérience de ses autres enfants, je la comprenais très bien. Au départ, on s'embrassait dans l'émotion naturelle. J'ai certainement pleuré dans le train qui me ramenait à La Rochelle. Je retrouvais Annie qui participait depuis quelques semaines aux petites péripéties de ma vie. Nous allions tous les dimanches au cinéma. Je la rejoignais place d'Armes à son changement de bus. Elle venait d'Aytré où elle habitait. Au quotidien, elle travaillait à la compagnie Delmas-Vieljeux, aux bureaux de La Pallice. Cela créait un lien supplémentaire, mon frère Julien naviguait sur les bateaux de cette entreprise. Annie prenait donc la ligne de bus Aytré-La Pallice qui empruntait la rue Réaumur. Je me postais à la fenêtre du bureau de dessin et je lui faisais des signes de la main quand son bus passait. J'aimais la voir dans ce bus fugitif, un peu, beaucoup…

Le 2 mai 1962, je partais à Fréjus. Annie m'accompagnait à la gare. Nous avions pris un taxi. Il faisait beau. Assis sur la banquette arrière, on se tenait par la main. La radio diffusait une chanson de Gilbert Bécaud, le tube de l'année, « Et maintenant que vais-je faire ? ». Ce n'est pas du « mélo », c'est vrai. Depuis, j'ai eu le temps de constater la concordance fréquente de chansons inattendues avec certaines circonstances de mon vécu. Sur le quai de la gare, elle me donnait les dix-sept francs qui lui restaient dans son porte-monnaie. Je suis aujourd'hui encore étonné de la précision détaillée de ces souvenirs, sans doute liée à l'intensité du moment. Je montais dans le train.

Chapitre XVII
L'Afrique

Le camp Gallieni de Fréjus était situé un peu à l'écart de la ville, au milieu d'une forêt de pins. Je m'y trouvais tout de suite à l'aise, comme dans un lieu de vacances. Tous les matins nous partions de bonne heure en petites foulées courir dans les collines boisées, accompagnés de l'odeur d'aiguilles de pins. Le climat doux et plein de senteurs de la Côte d'Azur nous mettait en forme. À la pose de mi-parcours, les « vautours » nous attendaient : trois ou quatre fourgons aménagés en boutique de vente de boissons fraîches faisaient semblant d'être en concurrence. Mais qu'il était bon de manger sous les arbres un sandwich moelleux jambon/beurre accompagné d'une canette de Kronenbourg ! Dans la journée nous apprenions à tirer au fusil. Nous étions équipés de MAS 36 dont, comme le nom l'indique, le modèle datait de 1936. Le recul de la crosse meurtrissait mon épaule. Il m'arrivait de rater la cible. Le sergent croyait que c'était volontaire. L'ambiance générale était décontractée surtout chez les appelés qui avaient suivi avec soulagement la signature des accords d'Évian mettant fin à la guerre d'Algérie en mars de cette année. Il n'en allait pas de même chez les jeunes engagés qui avaient misé sur la solde améliorée des militaires professionnels d'Algérie. L'encadrement de carrière, officiers et sous-officiers montraient également une grande réticence à ce qu'ils considéraient comme « leur » guerre. L'OAS[27] continuait un combat douteux à Alger et en France. C'est dans ce

[27] Organisation de l'Armée Secrète.

contexte que dès les premiers jours nous avions été convoqués à un exercice écrit pour, paraît-il, contrôler nos capacités intellectuelles en vue des études du futur peloton de sous-off. Le sujet ne montrait aucune ambiguïté : « Que pensez-vous des accords d'Évian ? ». Pour être honnête, je m'aperçus avec étonnement que cet événement qui me passionnait tellement intéressait peu de monde. Rares étaient ceux qui pouvaient en dire seulement les grandes lignes. Je n'étais pas dupe de la question. Je répondais donc précisément sur le contenu du texte, mais avec circonspection sur mon avis personnel. J'étais malgré tout parmi les quelques-uns convoqués individuellement dans le bureau du capitaine qui s'enquit de savoir si je n'étais pas élève journaliste ou syndicaliste… ce qui n'était vraiment pas bien vu dans l'armée. « Ni l'un ni l'autre », lui dis-je. J'eus l'impression qu'il doutait… Les deux premiers mois de « classe » se déroulaient dans l'atmosphère de cette région du sud si légère à respirer. Il y eut une ou deux permissions de douze heures qui autorisaient notre sortie localement. Nous faisions l'aller-retour Fréjus/Saint-Raphaël où je pouvais revoir la Méditerranée que j'avais déjà contemplée à Marseille. Le soir, à mes moments perdus, je me dirigeais en limite de clôture. Il s'y trouvait une petite pagode bouddhique, peinte de couleur brique, qui justifiait l'appellation courante du « camp Indochinois ». Elle avait été construite pendant la Première Guerre mondiale par des soldats de ce que l'on appelait à l'époque « l'Indochine », venus défendre la France. L'endroit me plaisait par son calme et la proximité invisible de ceux d'Asie. J'y ai prié mon Dieu et Bouddha.

Début juillet 1962 j'étais affecté à l'EBITDM[28] de Nîmes au camp des Garrigues avec désignation pour continuer mon service outre-mer. Situé en pleine nature, ce camp couvrait une très vaste superficie. C'était nécessaire à l'évolution des blindés. Je suivais donc le peloton de « Tireur sous Tourelle » dans un char M24. Ces blindés américains d'environ 18 t. dataient de 1944, équipés d'un canon de 75 m/m. L'entraînement au tir se déroulait dans des tourelles fixées sur des

[28] Escadron blindé d'instruction des troupes de Marine.

socles en béton. Les miliaires appelaient l'emplacement « le tir réduit ». Effectivement c'était vraiment réduit : ils avaient installé une carabine de foire dans le fût du canon de la tourelle ! Nous n'avons pas tiré un seul obus. J'obtenais un diplôme de spécialité « TST » en n'ayant entendu que le « pfuitt pfuitt » du petit plomb qui s'échappait du canon de 75 et résonnait sur la plaque métallique de la cible en carton placée à moins de dix mètres. Comme à la foire de mon village ! Mon opinion sur l'armée commençait à évoluer sérieusement ! Cependant, nous avons tiré à balles réelles une fois ou deux avec les mitrailleuses de 7,5 et 12,7 mm... quand même ! Je suivais le peloton avec intérêt pour devenir gradé. À l'issue je terminais premier ; « Si tu ne fais pas de conneries, tu seras nommé Caporal et tu pourras terminer ton service comme sergent… » dit le Capitaine ...! La perspective ne me motivait pas plus que cela, le « Oui chef » n'entrait pas dans mes catégories, surtout dans la continuité. Autrement, ce camp offrait des possibilités de plein air dignes des plus belles grandes vacances. On pouvait s'isoler facilement pendant les temps libres, au milieu des collines et parmi une végétation d'arbres et de buissons qui sentaient bon dans la chaleur de l'été. J'en profitais pour écrire à Annie et l'informer de ma première permission de sortie de 24 heures. Il fallait huit à dix heures de train pour aller à La Rochelle. Je ne restais que quelques heures avec elle. Les fois suivantes je prenais une petite marge de temps supplémentaire… qui me valut quelques jours de « salle de police ». Je récidivais à chaque permission ce qui me conduisait à une semaine d'arrêt et au final à huit jours de prison. J'étais désormais repéré. Mes lectures de la presse n'arrangeaient pas mon cas. Il existait dans l'armée une liste de journaux et revues à l'entrée interdite dans les locaux militaires.

Avec une certaine provocation, je lisais ostensiblement « Témoignage Chrétien » dont l'engagement pour l'indépendance de l'Algérie était bien connu. Le capitaine me convoquait pour me demander de « mettre un bémol », et ne pas compromettre mon départ outre-mer. Il me déclarait être chrétien et non hostile à l'indépendance. Je le remerciais et suivais son conseil. La vie dans le camp apportait aussi son lot de drames. Par exemple quand dans la salle de garde un sergent engagé voulut montrer à un appelé ce qu'il ne fallait pas faire avec sa mitraillette. Il avait lui-même oublié la présence d'une balle dans le canon, qu'il lui tirait dans le cœur. Le sujet se renouvelait. Deux morts en un mois c'était beaucoup, d'autant que les auteurs de ces homicides n'étaient pas sanctionnés. « Les risques du métier », répondait la hiérarchie. Ce qui m'agaçait plus encore c'était le décorum officiel qui suivait avec garde d'honneur et tout le détail. Je trouvais que l'on en faisait beaucoup « après » et bien peu « avant » en prévention. Comme j'étais en salle de police, j'avais droit en punition à la garde de nuit autour du cercueil. En revanche j'aimais les gardes de nuit le long de la clôture dans la campagne. Deux heures à passer loin de toute construction, en haut d'une guérite sous un clair de lune si lumineux que je voyais les collines éclairées jusqu'au loin. Entendre les cigales dans le profond de la nuit, regarder les étoiles dans le ciel bleu luminescent comme rarement j'en avais vu et le petit vent chaud du sud qui sifflait par les interstices de la guérite. L'osmose avec la création. À la mi-août j'apprenais que je partirais en Côte-d'Ivoire par bateau début septembre. J'exultais. Ma dernière permission à La Rochelle auprès d'Annie se déroulait dans les conditions précédentes. Je m'octroyais une journée supplémentaire, après m'être renseigné auprès d'un jeune gradé engagé qui m'avait assuré, « Tu ne risques rien, on ne garde pas quelqu'un ici en prison lorsqu'il est affecté outre-mer ». Dans le train du retour vers Nîmes, en gare de Toulouse je croisais à l'arrêt un train rempli de militaires de mon contingent qui se dirigeaient vers Bordeaux. Ils avaient quitté le camp plus tôt que le prévoyaient les informations que l'on m'avait données. Je suais d'inquiétude. Pourvu que je puisse partir ?

L'accueil à l'EBITDM fut très froid. Je pouvais arguer d'une maladie grave de ma mère, personne ne le croyait. Je couchais en prison, râlant contre moi-même. Le lendemain matin le capitaine me faisait venir dans son bureau. Il commençait à me connaître. Au fond cela valait peut-être mieux. Il faisait une proposition : « Tu peux rejoindre les autres à Bordeaux, le bateau ne part que dans une journée. Je te donne le choix, soit un mois de prison que tu feras à l'arrivée en Afrique, soit la "boule à zéro" qui te fera remarquer pendant quelque temps ». J'optais pour la deuxième solution. Je suis sûr qu'il apprécia. Il ne fallut que trois minutes au coiffeur pour raser ma tête. Deux soldats engagés m'encadraient dans le GMC qui descendait à tombeau ouvert vers Nîmes. Nous étions assis sur les bancs de bois à l'arrière ouvert, sans bâche. Il fallait se cramponner aux ridelles dans les virages resserrés de la route sinueuse. Les pneus crissaient sur le goudron. Nous dominions le vide accentué par les ravins des collines. C'était réellement impressionnant. Aucun de nous n'était fier. Le chauffeur ; un ancien para du 2° BEP avait été muté en punition dans notre corps à la suite de sa participation à la rébellion des généraux. Il méprisait ouvertement les appelés. Il était protégé tacitement par les officiers de carrière. Il jouait les électrons libres, refusant de porter notre béret noir et arborait en provocation le béret rouge avec l'insigne de son bataillon de parachutistes. Désigné chauffeur du GMC entre le camp et la gare de Nîmes, il prenait un malin plaisir à nous faire peur dans cette fameuse descente. À la gare je me faisais prendre en photos dans un photomaton. Les deux gardes armés m'accompagnèrent jusqu'au wagon, sous le regard étonné des voyageurs. Je montais seul dans le train, muni des recommandations les plus précises pour que je rejoigne l'escorte qui m'attendait à la gare d'arrivée de Bordeaux. Ce n'était pas la peine. J'avais hâte de monter dans le bateau.

Le « Général Leclerc » amarré au quai de Bordeaux appartenait à la compagnie des Chargeurs Réunis. C'était un bananier d'origine, construit juste après la Seconde Guerre mondiale. Maintenant, il faisait le cargo mixte transport de troupes et de marchandises sur la côte d'Afrique. Marchant sur le pont en regardant la belle façade des bâtiments de la Bourse et le pont de Pierre, je reconnaissais ces lieux où j'étais venu enfant et un peu plus tard voir mon frère Julien sur son premier bateau. Ce mélange de temps passé et présent me troublait. En tout cas, j'étais confiant dans la vie. Le quatre septembre 1962, notre navire remontait la Gironde pour entrer dans l'Atlantique. Il s'arrêtait d'abord à Vigo, en Espagne. Je voyais quatre ou cinq femmes accéder à la passerelle puis descendre dans le pont inférieur où nous dormions. Elles entraient dans des cabines d'habitude fermées. La nouvelle courut le pont instantanément : des prostituées étaient à bord. Grand fut mon étonnement quand des files d'attente, d'une cinquantaine de garçons chacune, se constituaient pendant que les premiers « clients » sortaient avec de gros rires en se reboutonnant. C'est qu'il fallait faire vite dans cette escale limitée à une demi-journée. L'espace de sommeil des simples soldats s'organisait dans le pont inférieur dont le volume occupait une bonne partie du bateau. Les hublots de tribord et de bâbord permettaient un faible éclairage naturel et surtout la ventilation. Ventilation nécessaire pour renouveler l'air vicié par environ deux cents soldats. Nous dormions pour la plupart dans des couchettes, d'autres dans des hamacs et même certains préféraient encore s'allonger dans des couvertures sur le plancher. La nourriture n'était pas bonne. Les cuisines collectives avaient été aménagées dans une zone du « château » donnant directement sur le pont. Heureusement… presque tous avions le mal de mer.

Tous les jours il y avait corvée de nettoyage à grande eau pour évacuer les restes de vomi. Une escale imprévue se présentait quand il fallut débarquer un sergent en crise d'appendicite. On s'arrêtait auprès de Madère, une chaloupe à moteur venait le chercher. J'admirais la montagne de l'île… une goutte verte dans la mer. Ensuite, Las Palmas en Grande Canarie nous accueillait. J'en retenais surtout le ciel bleu pur. On continuait vers Dakar sans pouvoir descendre à terre ; puis Conakry. Là, je voyais sur les quais un grand stock de sièges WC en céramique et de tracteurs avec cabine dont le tuyau d'échappement remontait près du siège du conducteur pour le réchauffer… premiers effets de l'aide soviétique qui envoyait en Afrique de vieux tracteurs conçus pour le froid de Sibérie ! Ensuite on faisait escale à Monrovia, sans pouvoir descendre. En revanche, ici des familles africaines montaient à bord en affluence. Elles s'installaient sur le pont avant où une toile de tente suspendue au mât de charge recouvrait presque toute la surface. Les femmes cuisinaient dans des chaudrons directement sur le pont. Les hommes faisaient la sieste à l'ombre de la tente. Les enfants couraient entre les personnes. La nuit, tout le monde dormait à l'air, sous une lune superbe et de plus en plus grosse. Je les regardais en rêvassant. La chaleur s'accentuait de jour en jour et l'air du dehors calmait un peu le mal de mer qui m'avait saisi dès le départ. La halte de Sassandra était de loin la plus originale. Le bateau restait en avant de la « barre[29] ». Une foultitude de pirogues nous entourait avec de nombreux jeunes garçons et filles qui vendaient des bananes, des poches de bonbons et des pagnes. Accoudés au bastingage, on laissait filer des paniers à l'extrémité de cordes que les vendeurs attrapaient. Ils déposaient la fourniture à l'intérieur, on remontait le panier pour y mettre l'argent. Tout cela dans les cris des piroguiers qui discutaient les prix et les réponses des acheteurs. Ce marché « maritime » s'opérait sous la surveillance des gradés qui s'assuraient que les soldats renvoient bien l'argent du prix convenu. Certains jetaient des pièces dans l'eau à l'appel de jeunes africains qui plongeaient pour les attraper. Les uns et les autres riaient. L'ambiance était chaleureuse. Dans le même temps, des passagers débarquaient dans des sortes de grands bacs de bois suspendus dans le vide à un mât de charge qui les déposait habilement dans un canot en balance sur les vagues. Nous arrivions à Abidjan au terme de douze jours de mer.

Le camp Galliéni s'étalait dans le quartier d'Adjamé. C'était l'état-major de la Zone Outre-Mer n° 4. Affecté au 4° BCS[30], j'exerçais mes talents de dessinateur au 3° Bureau Informations, en mettant au point des tableaux sur papier calque qui devaient être particulièrement bien présentés. Nous étions deux soldats dans un bureau pour effectuer cette tâche. Il n'y avait pas de fenêtres vitrées, seulement des volets en persiennes. Un ventilateur au plafond brassait l'air chaud et humide. C'étaient des bâtiments à rez-de-chaussée en briques enduites peintes en blanc. Le plancher se prolongeait à l'extérieur permettant la liaison

[29] Terme maritime désignant le déferlement violent de vagues près de la côte.
[30] Bataillon de Commandement et Service.

avec les autres bureaux en périmétrie. La toiture en tôle ondulée débordait au-dessus, protégeant le passage pendant la saison des pluies. Le contenu des tableaux étant classé « secret », nous étions directement sous les ordres d'un commandant. Il était en fin de carrière, sympathique et intelligent. Ma « boule à zéro » l'avait interrogé. À l'écoute de mes explications, il me conseillait de porter en permanence mon béret. « Si on te demande de l'enlever, tu dis que tu as mal au cuir chevelu et que c'est moi qui te donne l'ordre de le garder ». Je sus ensuite par l'expérience que ce commandant était respecté par ses pairs. Voyant mon intérêt porté à l'actualité, il me confiait la charge du classement de la documentation. J'étais sidéré par la masse et la qualité des renseignements portés à sa connaissance. Le « Bureau d'informations » méritait sa qualification. Le service général de Paris envoyait régulièrement une compilation prodigieuse d'articles de presse et d'études militaires ayant trait aux forces armées mondiales. Les rapports du Pacte de Varsovie, ceux de l'OTAN, ceux du ministère de la Défense de Paris, rien n'y échappait ni la politique envers la guerre d'Algérie, ni la stratégie de la France en Afrique, ni les réactions de La Pravda, du Washington Post, du Drapeau rouge de Pékin. Les rapports sur les services secrets nombreux et très actifs, mais aussi les déclarations des opposants étaient largement détaillés. J'apprenais à « lire » vraiment la presse, où les journalistes ne sont pas souvent conformes à l'image publique qu'ils veulent donner… En réalité peu d'officiers supérieurs ouvraient ces documents. La plupart d'entre eux, anciens d'Indochine, aigris par notre départ programmé d'Algérie, n'aspiraient qu'à prendre leur retraite. De Gaulle ne partageait pas les enseignements qu'ils avaient tirés de leur passage en « Indo » et pour beaucoup de leur captivité dans les camps Viet-Minh, vis-à-vis de la guerre psychologique et de ce qu'ils considéraient comme un renoncement face au « camp de l'Est ». Mon commandant commentait, sagement, « Les temps changent ». Je me plongeais donc avec délectation dans la lecture de l'actualité militaire naturellement politique. Une chose cependant ne manquait pas de me surprendre chez tous ces gradés, le manque d'appétence pour l'Histoire des

Africains. Leur ignorance, ou les préjugés vis-à-vis de populations parmi lesquelles nous vivions me surprenaient, bien qu'ils puissent bénéficier d'une collecte d'informations de haut niveau. Il y avait largement de quoi rédiger une thèse sur ces sujets. De nombreuses études interrogeaient sur le devenir de l'Afrique « indépendante » constituée autour d'états dont le tracé des frontières résultait de la colonisation, sans tenir compte de la nature des peuples et ethnies qui les composaient. Ce sujet devint mon grand questionnement sur place. En généralité la réponse des blancs était « On s'en fout », celle des noirs « On verra bien », les plus optimistes « Faisons confiance à la sagesse des Africains ». J'étais un optimiste. Je profitais donc de cette position inespérée pour m'instruire et engranger des connaissances utiles et qui me passionnaient.

Les chambrées contenaient environ seize soldats répartis de chaque côté dans des lits à étage. J'héritais d'un lit du dessus dans un angle de la pièce contre le mur d'entrée. Près de la porte, je pensais avoir une chance de sortir plus rapidement en cas de pépin. Un placard haut séparait deux blocs de lits. Je punaisais une photo d'Annie à hauteur de ma tête. Je prenais mes repas dans la chambrée. Surprenant, non ? En effet, les simples soldats pouvaient utiliser les services d'un « boy » civil, lui-même « affecté » à des chambrées bien précises. Le nôtre s'appelait Mossi. C'était un jeune noir, guère plus âgé que nous, originaire de Haute-Volta[31]. J'apprenais en conséquence que le plus grand nombre de travailleurs de Côte d'Ivoire venait de pays étrangers limitrophes. J'éprouvais de l'admiration pour ces adolescents qui laissaient leur famille au pays, grimpaient en semi-clandestins dans les trains pour arriver ici au bord de l'océan… et y trouver la nourriture à laquelle ils n'avaient pas droit sur la terre de leur naissance. Pour eux, la notion de frontière n'existait pas. Ces configurations de limites géographiques d'États, dessinés par les blancs avec quelques Africains

[31] Actuellement le Burkina Faso.

privilégiés, ne les concernaient pas. Une abstraction mentale… qui pourtant se révélera très vite meurtrière.

La Côte-d'Ivoire avec ses forêts, loin des sécheresses, avec le centre économique important d'Abidjan et une présence nombreuse d'Européens, faisait figure d'Eldorado pour les peuples voisins et de plus loin encore. Notre ami Mossi, payé individuellement par les soldats, avait pour charge de nettoyer le sol de la chambrée et les alentours immédiats. Quelques-uns dont je faisais partie lui donnaient un supplément pour qu'il aille aux cuisines avec nos gamelles qu'il rapportait remplies. Tout cela se passait avec l'accord tacite de la hiérarchie militaire, dans la lignée des troupes de marine, que les anciens nommaient « Les marsouins » ! Le camp Galliéni était ouvert à tout vent. Pratiquement pas de garde, pas d'exercices, on nous recommandait de sortir en civil. Nous étions jalousés par ceux de nos camarades qui avaient été dirigés sur le camp de Port Boué. Eux, à l'écart de la ville, partageaient leur temps à l'entraînement, au tir, aux marches en forêt. Ils nous méprisaient, nous de l'État-Major. Un bruit presque officiel avait cours : l'armée Ivoirienne, encore à l'état embryonnaire, défilait en armes le jour de la fête nationale, mais les munitions étaient sous la garde des militaires français de Port Boué… à la demande expresse du Président Houphouët-Boigny. Il limitait les risques, sans doute à raison.

Une disposition particulière avait cours à notre avantage : nous pouvions aller travailler dans des entreprises civiles à la fin de notre journée militaire, les bureaux fermant à dix-sept heures. Les métiers les plus recherchés tournaient autour de mécaniciens dans les garages, de boulangers-pâtissiers, de comptables… Je me renseignais sur les architectes. Je trouvais immédiatement un emploi au bureau de dessin de l'agence « Semichon et Loire ». Tous les soirs je me rendais au quartier de Cocody où monsieur Semichon avait installé ses bureaux, dans une annexe de sa maison. Celle-ci était superbe, grande, blanche, sur les hauteurs de la colline. De la piscine, la vue descendait en panorama sur la lagune. Je « grattais »[32] des plans jusqu'à vingt et une heures. J'étais payé à l'heure. Je redescendais vers Adjamé en taxi 10/10 ou 30/30, dont je reparlerai plus loin. Maman avait ouvert un compte de Caisse d'Épargne. Chaque mois je lui envoyais un mandat, dont le montant initial en francs CFA doublait en conversion en francs métropolitains. Le facteur ne manquait pas de remarquer : « D'habitude ce sont les parents qui donnent de l'argent à leur soldat, chez vous c'est le contraire… ». Chez Semichon je participais entre autres à l'élaboration de nouveaux villages africains. La prévision en premier de « la case à palabres » montrait où se situait l'importance sociologique, dans le but de conserver l'aspect communautaire de la vie de brousse. Pendant l'établissement du programme, les architectes allaient rencontrer les chefs de village. Ils tenaient compte du droit coutumier auquel il était parfois difficile d'échapper si l'on restait la nuit à dormir. Le « chef » présentait des femmes en cadeau de bienvenue. L'aura de l'invité dépendait du nombre de ses ébats féminins. Du moins, ce sont les commentaires que je ne fais que rapporter…

Mon expérience originale au cœur du pays se produisit quand le vaguemestre du camp tomba malade. Je le remplaçais dans un déplacement ferroviaire à Bouaké, environ 300 km. Un grand sac de courrier sur l'épaule, je montais seul dans le train en gare d'Abidjan. Comme simple soldat j'étais en « classe populaire ». C'était un train comme il y en a tant en Afrique : pas de vitres, les banquettes en bois, débordant de population, s'arrêtant dans toutes les gares où nous attendaient les petits vendeurs d'oranges sur un plateau ou les femmes proposant des bananes cuites. L'entrée dans la forêt tout proche des voies, forêt dans laquelle je m'enfonçais en rêve des mille et une nuits. Je me retrouvais dans un compartiment avec quatre noirs femmes et hommes et un blanc… quoique. Mes yeux ne se détachaient pas du blanc assis en face de moi. Plus je le regardais, plus je m'interrogeais :

[32] Terme technique pour dire, dessiner sur la planche à dessin.

un blanc… dans un large boubou… aux cheveux crépus blancs...? Je n'osais pas trop le dévisager. Je compris en voyant le rouge de ses yeux. Le monsieur était noir albinos. Eux aussi me détaillaient avec curiosité. Ils voyaient mon embarras. Ils riaient. Je crois qu'ils se moquaient un peu… un jeune blanc en uniforme… tout seul dans le train… d'ordinaire les blancs étaient en première classe… Je sortais un paquet de cigarettes « Gauloises- Caporal ». J'en offrais aux hommes qui acceptèrent. Je le tendais aux femmes qui firent non de la tête, dans un éclat de rire général. Je savais que les Africaines ne fumaient pas, surtout en public, mais je fis comme si je l'ignorais. La glace était rompue. J'eus droit aux oranges et aux cacahuètes de circonstance que portait dans sa poche tout Africain en voyage. Puis-je le dire ? J'étais heureux.

Adjamé était un quartier populaire d'Abidjan. Pour moi, c'était son attrait. Il s'étendait largement, quadrillé par quelques avenues droites éclairées de lampadaires encadrant des zones de constructions anarchiques. La plupart des maisons se constituaient d'une pièce unique, de murs en torchis, de sol en terre battue et de toiture en tôle ondulée. Beaucoup n'avaient pas de fenêtre. On accédait par une porte en bois qui restait ouverte dans la journée. Bien sûr, les parties d'avenues les plus proches du centre-ville étaient bordées de constructions en « dur », mais en marchant, plus on s'éloignait et moins il y en avait. Ici vivait une population dense, hétérogène, à la vêture colorée et disparate. Les femmes et les hommes en boubous, les petits enfants nus dans les cours. Je devins un habitué du marché, à dix minutes à pied du camp. Tout me captivait : les femmes vendeuses de vin de palme portant une grosse bonbonne de verre sur la tête dont on voyait le liquide blanc opaque se balancer au rythme des pas. Une boîte de conserve retournée sur le goulot servait de mesure – les jeunes filles portant sur la tête un plateau garni d'oranges vertes en équilibre, sans qu'une seule ne tombe – celles qui portaient des bananes grillées ; des piles de pagnes, des coupons de tissu pliés ; ou celles encore avec une succession de bassines empilées montant de la plus grande jusqu'à la plus petite… J'admirais la grâce avec laquelle elles ployaient le genou devant le client en déposant leur charge sur le sol. J'allais au gré de l'intuition entre les étals, dans la curiosité de la découverte d'une humanité différente. Je m'ouvrais à l'altérité, sans retenue, mais avec respect. L'accueil me le rendait bien. Mon comportement de « blanc » devait trancher sur la généralité de ces derniers. D'abord j'avais naturellement le regard bienveillant. J'utilisais spontanément le vouvoiement, à l'inverse du tutoiement des Européens qui me choquait tant. Je ne portais pas d'appareil photo dont l'usage créait une barrière. J'étais toujours en civil. Les très rares fois en uniforme, je répondais au salut de quelques anciens porteurs de médailles militaires qui me faisaient signe. Bref, je m'intégrais. Un jour où j'achetais au détail des cigarettes à un vendeur ambulant, deux noirs m'adressèrent la parole. Un peu plus âgés que moi, l'allure avenante, on liait conversation. Je faisais connaissance d'Adama, le Baoulé, et de Salif, le Voltaïque. Ils restèrent mes amis au long de mon séjour à Abidjan… et même après.

Avec eux je pénétrais les quartiers enclos dans les quadrilatères formés par les avenues éclairées. Pratiquement aucun blanc n'y allait. Là était la vie des familles. Les maisons en terre séchée ou en parpaings non enduits bordaient des ruelles en terre, ponctuées de petites places. Toutes les portes étaient ouvertes, avec souvent un rideau de tissu qui préservait l'intimité intérieure. Un fossé-caniveau à l'air libre courait de chaque côté des ruelles. Une planche posée dessus permettait l'accès des maisons. L'isolement était simple, il suffisait d'enlever la planche. Il n'y avait pas d'électricité, sinon quelques branchements pirates près des avenues. Chacun possédait une ou deux lampes à pétrole pour l'intérieur et l'extérieur. Il n'y avait pas d'eau courante. Un point d'eau fixe à la disposition de tous dans la cour principale, sinon les bornes d'incendie le long des avenues où les enfants et les femmes allaient chercher l'eau. Tout le monde vivait dehors, surtout la nuit. Et la nuit, c'était extraordinaire. Passer du camp Gallliéni à la place du marché d'Adjamé, on changeait déjà de monde. Passer de la place du marché à la vie des cours intérieures, c'était entrer dans une autre dimension spatiale, temporelle, mais aussi une autre forme d'existence. Les maisons n'étaient plus que des ombres éclairées par les lampes à pétrole, des points lumineux projetant les choses en ombres oniriques noires, de gros bidons métalliques installés à des coins de rues où les flammes jaunes et rouges du bois et des déchets que l'on brûlait accentuaient l'aspect fantasmagorique. Salif m'avait invité à dîner chez lui un samedi soir. Je prenais le chemin de sa maison d'une pièce. Avant, nous l'avions emprunté de jour pour que les habitants me reconnaissent. J'ai souvenir du riz pimenté et du foutou[33] banane qu'il avait fait préparer par une de ses amies. Il était célibataire. Les femmes qu'il fréquentait l'étaient aussi. Elles faisaient payer leur présence. Ce n'étaient pas des prostituées au sens européen du mot, sûrement pas. En revanche, dans un pays où les enfants échappaient très jeunes au cercle familial, venant souvent de l'étranger, comment vivre quand on ne sait ni lire ni écrire et que l'on est une femme ? Nous avions mangé avec nos mains, dans de grandes bassines. Salif avait convié les voisins proches de la cour. Ce qui m'avait surtout plu était la participation d'une grand-mère aux cheveux blancs qui logeait seule dans une toute petite pièce en face de chez lui. Cette vieille femme n'avait aucun lien de parenté avec lui. Le hasard avait voulu qu'ils habitent l'un en face de l'autre.

Je remarquais l'attention qu'il lui portait en la soutenant matériellement et l'égard avec lequel il lui parlait. L'ambiance était bonne. J'étais observé sous toutes les coutures. J'étais le premier blanc à venir ici et un blanc qui partageait la nourriture. J'étais adopté. J'appris à vaincre les retenues naturelles devant l'inconnu. Je conservais néanmoins le sens des réalités. Je n'avais sur moi que mes papiers militaires et dans la poche de la chemisette le peu d'argent nécessaire à la sortie du jour. Avec le temps je me promenais souvent seul. Une fois vers minuit j'arrivais sur une place pleine de monde, attiré par le bruit du tam-tam. De derrière j'essayais de regarder ce qui se passait. C'étaient des danses africaines. Sans que je me rende vraiment compte le cercle des spectateurs s'ouvrait devant moi, j'avançais jusqu'aux premiers rangs où les personnes étaient

[33] Plat à base de banane cuite pétrie par les femmes, dont la pâte était assouplie sous les aisselles par les battements du bras.

assises par terre. Subitement j'entendis crier, « Assis le blanc ! ». Je me retournais… enfermé par la foule. Je m'asseyais sans difficulté, les proches se poussant un peu. L'instant était unique, la troupe de femmes et d'hommes dansait en chantant à la lumière de plusieurs fûts métalliques où brûlait du bois, sous la lune et les étoiles, en pleine nuit, loin de tout. Cet « Assis le blanc ! » m'avait intégré à la communauté. Bien que je sois le seul blanc, cette interpellation n'était pas un rejet, c'était au contraire un rappel normal, « Alors, tu penses à t'asseoir pour ne pas gêner ! ». Je suis resté jusqu'à la fin, au moins deux heures. J'avais juste vingt ans. L'aventure chez les humains…

Salif était chauffeur de taxi collectif qui accueillait jusqu'à cinq personnes, quatre à l'arrière et une à l'avant. C'était une vieille voiture du genre « Versailles ». À la demande de son patron Mossi qui possédait une dizaine de voitures, Salif empruntait régulièrement le même circuit : Adjamé-Le Plateau-Treichville, retour. Il n'existait pas d'arrêts spécifiques. Le client faisait signe du bord de la route. S'il y avait une place libre, il montait et il disait au chauffeur où il voulait aller, n'importe où à condition que ce soit sur le circuit. Le tarif de trente francs CFA était unique. Je crois qu'il existait aussi des taxis 10/10 (10 francs CFA), mais je ne suis pas certain. Salif disait avoir perdu ses papiers et son permis de conduire… Aussi, il avait constamment des billets pliés dans la pochette de sa chemisette. Par habitude des policiers se postaient sur son circuit. Quand ils l'arrêtaient, il sortait aussitôt les billets et leur donnait, avec le sourire et un mot gentil. Il repartait immédiatement… en rouspétant, « Ce sont des cons ! » disait-il. Mais il fallait payer pour rouler… Je l'ai accompagné plusieurs fois sur son circuit. Je m'asseyais sur le siège avant. Les clients se serraient à l'arrière, s'étonnant de la présence d'un blanc. Parfois l'un d'entre eux portait ostensiblement un mouchoir devant son nez. Les autres riaient. Moi aussi. Je savais que certains prétendaient que le blanc dégageait une odeur aigre de cadavre… Je répondais que je ne distinguais pas ma propre odeur de vivant. Après tout, ils avaient peut-être raison ! Tout en me promenant, je me fluidifiais dans la population dont j'apprenais les codes relationnels. Je réagissais avec le sourire. Les provocations réelles étaient très rares. Chacun pouvait voir, sans explications, le respect que je lui portais. Je me sentais en sécurité. Même aux matchs de football où l'ambiance s'échauffait rapidement. Salif supportait l'équipe de l'ASEC. Je l'ai accompagné deux ou trois fois, le seul blanc dans les gradins africains, sans problème dans les cris de la foule. Chaque matin mon camarade se rendait chez son patron Mossi pour lui remettre la recette de la veille. Celui-ci lui versait son salaire, tout en liquide, sans papier. L'affaire devait être rentable, les clients étaient nombreux. Le patron examinait le véhicule. Parfois il manquait les essuie-glaces, ou d'autre équipement, qui avaient été volés pendant la nuit. Il fallait aller sur le marché d'Adjamé où comme par hasard le revendeur du coin de la rue proposait exactement les identiques. Personne n'était dupe, tellement la probabilité était grande que ce soit lui le voleur. Ainsi prospérait le commerce… Un jour j'étais invité à la fête de la dernière-née du patron de Salif. On voyait que son entreprise prospérait : grande maison en « dur », à étage, et surtout marque extérieure de richesse : de nombreuses femmes qui préparaient à manger et le servaient. De nombreux hommes aussi l'entouraient en multipliant les marques de déférence. Ils me regardèrent avec étonnement ; mais je commençais à être habitué. Je ne comprenais pas grand-chose sur le fond à ce qui se passait. Ce n'est que plus tard que j'apprenais ce qu'était l'excision et cette information ne fut pas la fête pour moi.

Un jour dans le camp, j'eus la surprise de croiser Constantin Aristotelis que j'avais connu élève à l'école Fénelon. Ses parents en « affaires » en Afrique possédaient une belle maison sur les allées du Mail à La Rochelle. De mon âge, il faisait lui aussi son service militaire en Côte d'Ivoire. J'allais vers lui en souriant devant cet inattendu du hasard. Il me salua sans chaleur, en me donnant une impression d'« adulte déjà très mature ». J'éprouvais un désenchantement. Je vérifiais là encore que les conditions du temps passé ne se reproduisent pas. L'image que l'on en garde et les sentiments ne correspondent plus à ceux de l'instant présent. Les petits copains d'enfance sont fréquemment l'illustration de ce constat. Parfois, la durée entre deux connaissances de la même personne est beaucoup plus courte. Quoiqu'il en soit, j'appris avec peine quelques années plus tard son décès dans un accident d'auto en Afrique.

Les Africains parlaient entre eux en Dioula, la langue véhiculaire de l'ensemble des populations des pays de cet ouest d'Afrique. La nécessité de la communication l'obligeait, entre les Ghanéens, les Voltaïques, les Guinéens, les Libériens… et les Ivoiriens eux-mêmes composés de plus de quatre-vingts ethnies. Globalement, d'ailleurs, à Abidjan, les étrangers étaient plus nombreux et plus actifs, disait-on, que les populations ivoiriennes autochtones. Je portais sur moi un carnet sur lequel j'écrivais en phonétique des phrases usuelles pour me faire comprendre. Mon ami Mossi du camp m'était à ce sujet d'un grand secours. Je m'apercevais assez vite que les différences des uns et des autres ne s'acceptaient pas si facilement. Par exemple dans le camp, les Martiniquais ne prenaient pas de douches avec les Africains, les Baoulé refusaient de manger avec d'autres ethnies, chacun jugeait l'autre selon ses scarifications… Il m'apparaissait à ma très grande surprise que les Africains étaient au moins aussi racistes entre eux que pouvaient l'être les Européens vis-à-vis des Africains. Cette observation d'expérience sur le terrain mûrit profondément « ma vision de l'homme ». Rien ne vaut l'immersion de l'ouverture de l'esprit dans la pâte humaine, hors toute théorie, pour en recevoir les saveurs de la différence. C'est vrai que je trouvais beaucoup de blancs méprisants vis-à-vis des Africains, particulièrement les « petits blancs » nouveaux arrivés. À ce début de la Coopération, ils provenaient des grandes entreprises fonctionnaires EDF, l'Administration, la Compagnie des Eaux, SNCF… Ils trouvaient ici un moyen de sauter plusieurs échelons hiérarchiques inespérés pour eux en France. Sans formation, sans éducation à l'Afrique, vivant entre eux, ils jouaient les parvenus nouveaux-riches grâce à la conversion CFA/Francs métro. Ils ne savaient même pas dire merci[34] en Dioula au bout d'une année de présence. De même, combien ai-je entendu d'appelés du contingent arrivant bardés des discours d'idéologie du PCF sur l'« anticolonialisme et l'amitié entre les peuples », et qui laissant-là leurs généralités, adoptaient un comportement individuel du même ordre que celui de ceux

[34] I ni tchié.

qu'ils dénonçaient. À peine sur place, ils oubliaient que la Côte d'Ivoire avait acquis son indépendance depuis 1960. Je constatais ici encore, comme ailleurs, l'écart entre le dire et le faire, la distorsion entre les énoncés et la réalité. Ce qui me gênait le plus c'était cette déformation consentie et cachée derrière des mots à la mode. Sans l'authenticité surgit le mépris de l'humain. Cependant, la loyauté, la recherche de la vérité, l'altruisme, restaient aussi mal partagés dans les couleurs de peau de chacun et dans l'échelle des hiérarchies…

Le cinéma d'Adjamé était pour moi un grand moment. Adama et Salif en raffolaient. Nous y allions le samedi soir. C'était un grand bâtiment au sol cimenté, avec de hauts murs, mais à ciel ouvert. Les spectateurs s'asseyaient sur des bancs ou des chaises, on fumait et l'on mangeait. La séance se découpait en trois phases, d'abord les informations, puis un film américain et pour terminer un film indien. Les informations étaient accompagnées chaque fois d'un long extrait de la rencontre entre le Président Houphouët-Boigny et sa femme avec le président Kennedy et Jackie dans les salons de Washington. Les images étaient superbes, on entendait l'Abidjanaise[35] et… toute la salle se levait pour applaudir en criant. Le public participait au premier degré à l'histoire des films. Dans les westerns, on prévenait le « bon » par des interpellations, « attention ! Attention ! », que le « méchant » l'attendait en embuscade, on sautait de joie quand le « héros » triomphait. Chacun disait son mot. Mais l'attention était à son maximum pour le film indien qui montrait régulièrement des scènes de merveilleux, de palais de maharadja, de sultans enturbannés retenant la belle héroïne sous son long voile qui ne cachait rien et l'amoureux qui venait l'enlever au final sur son cheval ailé, provoquant les Oooooh ! des spectateurs. À la sortie, nous allions reprendre des forces en mangeant des tartines beurrées avec un café au lait, mélange de lait concentré sucré, d'eau chaude et de poudre de café lyophilisé, assis sur des chaises du trottoir parmi la foule… À minuit la rue grouillait de vie.

Est-ce là ou bien est-ce au restaurant indochinois en face du camp où j'allais manger une omelette salade, toujours est-il qu'un matin je me

[35] L'hymne ivoirien.

pliais en deux sous le coup d'une très grande douleur dans les reins. Une jeep m'emmenait d'urgence à l'infirmerie. J'avais une colique néphrétique. Bien soignée, elle disparut aussi vite qu'elle était venue. Je restais deux jours à l'infirmerie. Il y avait une demi-douzaine de malades, certains pour non prise de Nivaquine. Nous étions pourtant suffisamment informés de sa nécessité pour éviter le paludisme. Il s'y trouvait aussi un jeune sergent engagé atteint d'une jaunisse. J'avais appris par les blancs que je côtoyais à l'agence Semichon que cette maladie, considérée comme une des plus graves, imposait d'être rapatrié sanitaire d'urgence en France. J'en faisais part au sergent. « Je fais confiance au médecin… » dit-il. Je lui trouvais cependant la peau bien jaune. Je devais revenir à l'infirmerie peu de temps après, un gonocoque pas très malin venait me faire peur. En effet, il arrivait que lors de mes sorties à Adjamé je croise une jeune africaine. Elle avait mon âge. Je l'appréciais comme un garçon de vingt ans apprécie les filles. Je m'entendais avec Salif pour qu'il me laisse avec elle dans sa maison. Un jour elle avait amené de jeunes filles qui n'avaient pas « touché »[36] un blanc de près. Pendant que j'étais assis, elles tiraient la peau et les poils de mes bras, elles s'approchaient et reculaient en se bouchant le nez tout en riant. La fameuse odeur de cadavre ?! Le capitaine médecin-chef savait soigner mon affection. Il en voyait tellement. Mais la jaunisse ne devait pas trop l'interroger. Je retrouvais le sergent : après une brève rémission, sa jaunisse revenait plus forte encore. Je lui conseillais d'aller se faire examiner par un médecin civil en ville qui lui délivrerait sans attendre son certificat de rapatriement auquel le capitaine ne pouvait pas s'opposer… Trois semaines plus tard, où je revenais à l'infirmerie, je revoyais le sergent. Cette fois-ci il était devenu jaune cireux. Je réitérais notre précédent entretien, allant jusqu'à lui proposer de faire venir un médecin de Cocody. Il refusait, « Le capitaine va me sortir de là… ». Quarante-huit heures après, on apprenait sa mort. J'étais scandalisé, comme d'ailleurs la plupart des appelés… mais personne ne bougeait. J'allais en parler au commandant, je suggérais une pétition… Je devais me calmer, paraît-il. J'oubliais une chose

---

[36] Au sens premier du verbe. Expression commune chez les Africains.

importante : ce capitaine s'absentait fréquemment, il se déplaçait pour les tournois… il était champion de tennis militaire de Côte d'Ivoire… cela changeait tout.

J'ai parlé un peu plus haut de la jeune africaine que je connaissais. Je constatais pendant mon séjour une chose que la culture d'ici ignorait, pour son plus grand bien : le rapport sexualité/culpabilité. Les Africains vivaient leur sexualité d'une façon « libérée », sans y trouver une faute particulière. « L'interdit naturel »[37] régulait le fonctionnement normal de la société. Pour moi ce fut une découverte fondamentale et positive. Le rapport au corps se vivait ici d'une façon si différente de la nôtre en Europe. Il suffisait de voir les mamans portant leur bébé nu plaqué contre leur dos. Ce mode d'existence me faisait beaucoup réfléchir sur les « valeurs » des cultures. C'est en Côte d'Ivoire que s'est confirmée au plus fort en moi l'idée de l'altérité convergente. Si on laissait l'autre vivre *sa* vie ?

Mon travail au 3° bureau information se poursuivait sans problème. Le commandant faisait de temps en temps appel à mes services, notamment pour retrouver des déserteurs. Les cas étaient très rares, des pauvres types avec un pois chiche à la place du cerveau. J'en apercevais parfois un ou deux qui se cachaient au profond d'Adjamé. Ils étaient en « ménage ». La polygamie les attirait, avec des femmes africaines. Ils vivaient de petits trafics. Je suis allé dire à l'un d'entre eux que l'on commençait à le rechercher activement. Le seul fait de me voir le faisait pâlir. On pouvait donc le retrouver… Il disparut.

Dans les bureaux non climatisés, l'air n'était que brassé par les gros ventilateurs au plafond. L'humidité ambiante était constante et imprégnait tout ; vêtements, meubles, papiers. Les mycoses prenaient possession de mon corps sous les aisselles, à l'entre-jambes, aux avant-bras, entre les orteils. Plus on se grattait et plus elles proliféraient. Presque toute la troupe

---

[37] Au sens de Claude Lévi-Strauss, que je lus beaucoup plus tard.

était atteinte à des degrés divers. L'infirmerie qui décidément ne savait soigner que les affections génitales donnait des pommades inefficaces. À sa décharge, les pharmacies extérieures de proximité n'obtenaient pas plus de résultats. Donc, je continuais ma tâche de mise au point des tableaux sur la planche à dessin et je m'instruisais de la documentation du commandant. J'allais souvent porter les dossiers dans son bureau. Il avait embauché une secrétaire africaine d'une vingtaine d'années, qui s'occupait de la dactylographie et du classement. Des mauvaises langues prétendaient qu'elle l'aidait aussi chez lui dans son logement... Ce n'était que rumeurs, personne n'avait rien vu. Mais il aurait pu. Son corps était sculptural. Lorsqu'elle traversait la cour entre les bureaux, vêtue d'un pagne enserrant son corps et montrant ses belles épaules nues arrondies, ou bien à l'Européenne dans une jupe et un maillot collant ses formes ; la hiérarchie n'existait plus, tout le monde la regardait de derrière les persiennes.

L'agence Semichon et Loire bénéficiait d'une activité importante, couvrant également des pays limitrophes à la Côte d'Ivoire. Le travail ne manquait pas. J'observais un soin particulier à la régularité de ma présence et au respect des horaires convenus. J'y faisais la connaissance, entre autres, d'un jeune projeteur un peu plus âgé que moi. Il vivait avec sa femme dans un bel appartement du Plateau. Il m'invitait souvent à déjeuner ou à dîner, mais je préférais les rues inconnues d'Adjamé à son logement d'Européen. Cependant, sa femme faisait un couscous délicieux qui me permettait de me « remplumer ». Quelques dimanches ils m'emmenèrent à Bingerville à la plage. Ils laissaient leur bébé de dix-huit mois à la garde de la « boyesse »[38] ; une femme africaine d'âge mûr, sérieuse et sympathique. Une parenthèse à ce sujet : quand je dialoguais avec des européens travaillant sur place et que je les entendais critiquer les africains auxquels on ne pouvait pas faire confiance pour leur « peu de sérieux », je relevais le travail des « boys » auxquels ils confiaient non seulement la garde de leur maison, mais aussi celle de leur bien le plus

[38] Terme de l'époque désignant une « employée de maison ».

précieux, leur enfant. Je passais alors pour un dangereux gauchiste. Il y avait des choses que l'on ne devait pas dire… Le soir je quittais l'agence Semichon à vingt et une heures. Je croisais dans le jardin le gardien de la maison, un grand noir en boubou avec à la main un arc et des flèches. Il protégeait la propriété des rôdeurs. Je prenais un taxi qui me ramenait au camp. Une fois je n'en trouvais pas. Je descendais à pied la colline de Cocody pour remonter vers Adjamé, en suivant la route qui était éclairée. Dans la nuit on distinguait le long des fossés la frange d'une vie que l'on ne supposait pas en voiture. Assis autour des candélabres des grappes d'enfants s'agglutinaient avec leurs cahiers et livres d'écoliers, pour bénéficier de l'éclairement. Ils écrivaient et ils lisaient. Entre les éclairages les bouches d'eau contre l'incendie coulaient dans le fossé permettant à de nombreux Africains de se laver. On ne voyait que la mousse blanche du savon sur les corps. Parmi les passants certains portaient un poste transistors à piles qui hurlait de la musique. On me regardait comme un fantôme. Ce ne devait pas être fréquent de voir un blanc marcher seul, la nuit, ici. Je ne me souviens plus du temps que je mettais pour arriver au camp, je pense, une bonne heure et demie. Je me couchais fatigué. Rien que pour le plaisir, je recommençais quelques semaines plus tard.

Annie m'écrivait. Chaque jour je recevais une lettre qu'elle parfumait de « Vent Vert » de Balmain. Le vaguemestre me la remettait avec une pointe d'humour, « Je ne lis pas le destinataire, à l'odeur je sais que c'est pour toi… ». Je les ai toutes rapportées. J'aimais beaucoup les lire. Elles maintenaient le lien avec une page encore ouverte en France qui me paraissait si loin, immergé que j'étais dans une aventure qu'au fond il me semblait ne pas maîtriser : la Vie portait la mienne. Je répondais quotidiennement en glissant bien à plat dans l'enveloppe une fleur de bougainvilliers ou d'hibiscus qui poussaient facilement dans le camp. Annie m'avait envoyé son portrait en grande photo que j'avais installée dans un cadre posé sur le dessus de mon placard de chambrée. Comme j'occupais le lit du haut j'y avais aménagé un petit espace dans une caisse en bois formant étagère recevant sa photo, ses lettres que je respirais une dernière fois, deux ou trois livres et un poste transistor. Mon petit monde personnel. Quand je m'endormais, je calais le poste contre le traversin, je laissais tomber la grande moustiquaire entourant le lit en m'assurant qu'aucune punaise ne s'était glissée dans les plis et je m'allongeais. Les ventilateurs froufroutaient au plafond. Je m'endormais. Je me réveillais souvent la nuit vers une heure du matin. J'écoutais alors la radio d'Abidjan qui diffusait en reprise une excellente émission de Jazz de France Inter, « Fleuve profond » présentée par Sim Copans. J'entendais de beaux gospels et des orchestres New-Orleans. – À ce sujet, j'avais évoqué un jour avec mes deux compères Adama et Salif, cette musique des noirs américains. Leur réaction fut peut-être la plus surprenante de mon séjour ivoirien : « C'est de la musique de blancs » ! Qu'en auraient dit Billie Hollidays, Sidney Bechett, Armstrong, Miles Davis et les autres ?

Le temps avançait sans que je compte les jours. Le mot « départ » commençait à circuler. L'architecte Semichon me proposait un contrat de trois ans renouvelable. Même un taxi africain me dit un jour : « Pourquoi tu ne restes pas ?

— Parce que ce n'est pas mon pays. Je dois revenir en France ». Je ressentais une certaine fatigue ; le climat trop humide, les dartres sur le corps, le rythme de ma vie. Je ne pesais plus que soixante-trois kilos pour un mètre soixante-douze. En outre je savais combien étaient déconnectés de la réalité professionnelle française ceux qui revenaient en métropole au terme de deux ou trois contrats. Je n'étais pas comme les fonctionnaires dont la place de retour était déjà retenue.

Dans le camp, on supputait sur l'avion ou le bateau. La quasi-totalité souhaitait prendre l'avion. J'exprimais ma préférence pour le bateau. La chance me servait, j'apprenais mon embarquement futur sur le paquebot Jean Mermoz. Une semaine avant le départ j'étais nommé Caporal ! J'avais oublié avoir terminé premier du peloton d'instruction. On me dit que j'avais été proposé onze fois au tableau d'avancement… refusé régulièrement et accepté la dernière. Un tel parcours relevait de l'exploit, ajoutait-on. Les suites de ma « boule à zéro » ? Tout cela ne m'empêchait pas de terminer par un couscous géant chez mes amis blancs de l'agence de Cocody. J'emmenais Adama et Salif déjeuner dans un restaurant « chic » du Plateau. C'était la première fois qu'ils changeaient réellement de classe sociale.

Intimidés et faussement décontractés, ils riaient de bon cœur de leur maladresse à manier les couverts. Adama m'assurait qu'il m'écrirait pour venir en France. On se séparait dans l'émotion retenue d'une franche camaraderie. Le vingt-cinq août 1963, je montais à la coupée du bateau sur le quai de Treicheville. Le projeteur de chez Semichon venait me dire au revoir. Quand le bateau s'éloignait, je ne pouvais retenir des larmes. J'avais conscience qu'une belle page se tournait.

Le Jean Mermoz de la compagnie Fabre Fraissinet était un grand navire récent, lancé en 1957. Il venait d'être réquisitionné pour le transport des troupes françaises retirées d'Algérie à la suite des accords d'Évian. Maintenant il remontait vers l'Europe en suivant les escales identiques à celles que nous avions faites lors de notre venue de Bordeaux avec le Général Leclerc. Mais il y avait un plus qui me convenait parfaitement : la destination était Marseille ! C'est comme cela que j'admirais la blancheur de Casablanca qui se détachait dans le bleu du ciel. On devait rester à bord. Au passage du détroit de Gibraltar j'écartais les bras pour rejoindre l'Afrique et l'Europe. Elles paraissaient si près l'une de l'autre… Une tempête sèche et rude venait accentuer mon mal de mer. J'avais beau aller sur le pont avant pour respirer l'air frais et sentir les embruns, le tangage du bateau me rappelait les balançoires de la plage de La Rochelle quand enfant j'y avais vomi tout mon estomac ! L'escale suivante était Alger. Après moult recommandations de ne pas trop nous éloigner, il nous fut permis de descendre à terre. Certains préférèrent rester à bord. Nous étions en uniforme pour nous distinguer des quelques pieds-noirs qui étaient encore sur place et pas bien vus de la population, paraît-il. L'indépendance acquise de fraîche date pouvait libérer certaines rancœurs. Je partais avec un camarade pour monter en haut des collines d'El Biar qui dominaient la ville. Là, quelques enfants nous jetaient des cailloux accompagnés d'insultes. Sans insister, nous redescendions au port par la Casbah. Aucun Européen n'y circulait. J'étais sidéré par ces étroites ruelles blanches qui s'enchevêtraient ; par les façades en encorbellement et les fenêtres en ogives ; par les petites échoppes de cordonnier et la forge d'un chaudronnier en contrebas de quelques marches dans le sous-sol des maisons ; par des rues tout en escalier, si raides que l'on croyait s'enfoncer dans l'utérus de la cité. Les lieux étaient magiques. Dans le sentiment du moment, je faisais un gros anachronisme à mon compagnon de sortie : « On se croirait à Jérusalem au temps du Christ ! ». Tout en marchant, on saluait de la tête les passants algériens d'ailleurs relativement peu nombreux, et les commerçants des boutiques, histoire de montrer notre comportement de touristes ! Il y eut beaucoup de sourires en réponse. Le bateau repartait. J'admirais la baie et la ville. Vue dans son ensemble, elle méritait bien son nom d'Alger la blanche. En regard de la guerre qui venait de s'y dérouler, je ne pouvais m'empêcher de penser : « Quel gâchis ! ». Mais les temps étaient à l'optimisme. La presse de France, qui avait soutenu la lutte pour l'indépendance, abondait d'articles prévoyant un avenir de progrès pour l'Algérie où les ressources agricoles de la plaine de la Mitidja, les ressources minières et surtout les pétrolières inépuisables créaient les meilleures conditions d'une évolution positive, « Dans cinquante ans l'Algérie aura rejoint le niveau de vie moyen des Européens … ». La dernière escale se profilait, Palma de Majorque aux îles Baléares. Que l'air y était doux ; les montagnes couvertes de végétation plongeant dans la mer, la cathédrale belle et la bière bonne à boire ! La France se rapprochait. Après treize jours de mer, nous accostions à Marseille le sept septembre 1963.

Chapitre XVIII
Ma mère

En permission libérable je rejoignais directement La Rochelle. Annie m'y attendait et je l'espérais, elle. Je ressentais une grande joie à renouer le lien de l'affection dans la présence réelle. Dit simplement : j'étais heureux de la retrouver. Je déposais ma malle de voyage rue Jeanne d'Albret chez Fabienne et Boris, d'où je repartais sans attendre vers maman à Montguyon.

Je la voyais amoindrie, non pas tellement d'âge, mais de soucis et de maladie. Cependant, au fond de moi, j'éprouvais le soulagement de la regarder encore vivante. Pendant tous ces mois d'absence, j'avais redouté de recevoir une lettre fatidique ; ce qui était de l'ordre du possible. Aujourd'hui elle m'apparaissait plus affective, plus proche de mon intimité. Je restais une petite semaine pendant laquelle je répondais dans le détail à ses questions sans fin sur mon voyage africain. J'allais faire un tour ou deux dans le village. Si les lieux et les personnes étaient les mêmes, mon regard, lui, s'était modifié. Un sentiment curieux s'installait en moi, celui d'être un étranger dans un endroit qui m'était pourtant cher. Je croisais des camarades. Beaucoup étaient devenus universitaires. J'avais l'impression qu'ils me considéraient comme un revenant, dans le genre ancien combattant. J'étais ici et ailleurs en même temps. Un soir je les accompagnais dans un dancing à Guîtres sur le bord de l'Isle. Le regard de la jeune sœur du conducteur fit irruption en moi, comme une belle bulle traverse un plan d'eau. On ne sait d'où elle vient, mais elle vous touche. Elle s'appelait M., petite brune aux yeux noirs, elle dégageait une grande douceur. Elle tenait souvent un mouchoir serré dans sa main. Nos échanges étaient sincères. Au bout de quelque temps, nous nous séparions en vérité, mon esprit était déjà occupé. Il me restera cependant une émotion vivace du cœur et respectueuse de sa personne, notamment dans ses épreuves ultérieures. Il fallait sûrement que je remette mes « cubes » en place. Je reprenais le train vers La Rochelle.

Là-bas les choses avaient changé. L'agence s'était agrandie et Boris avait grossi. Il était désormais l'associé formel de l'architecte DPLG du département. Il avait troqué sa voiture Citroën ID19 pour une DS21 plus confortable. L'époque était à la construction tous azimuts. Les projets arrivaient les uns après les autres. Il fallait cependant aller les chercher. Boris s'était mué de facto en commercial de son cabinet. Il fréquentait la Préfecture, courait les ministères à Paris et les mairies du département. Le bureau de dessin « tournait » à plein. Je l'intégrais donc dès mon retour. De nombreux élèves architectes de l'École des Beaux-Arts de Bordeaux venaient travailler par épisodes, faisant régner une ambiance particulière mélangée de décontraction étudiante et de compétition sous-jacente sans cadeau. Je travaillais avec application dans l'optique d'une progression à venir. J'avais juste vingt et un ans. Parfois les interventions des anciens collègues me gênaient intérieurement. Ils avaient toujours en tête le jeune Louis qui était arrivé quatre ans plus tôt, tandis que moi j'avais conscience d'avoir acquis une expérience humaine qu'ils ignoraient.

Dans un premier temps je logeais rue Jeanne d'Albret. Ici aussi l'atmosphère avait changé. Fabienne et Boris occupaient désormais toute la maison. Le rez-de-chaussée servait de salon et les chambres étaient à l'étage. Parfois, quand un « Bordelais »[39] ne trouvait pas de chambre d'hôtel, il venait vivre ici. Je déjeunais ou dînais souvent seul avec Fançoise et ses enfants, l'activité professionnelle intense de Boris le maintenait à l'extérieur. Je cherchais un appartement pour garder

[39] Un étudiant en architecture de Bordeaux.

mon indépendance. J'allais vivre dans un trois-pièces au-dessus des arcades de la rue du Minage, près de la fontaine du Puilory. Annie venait m'y retrouver. Elle prenait une grande place dans ma vie. Elle m'invitait chez elle, avenue Roger Salengro à Aytré, pour rencontrer ses parents. La famille Vouillé me recevait avec sympathie, Roger le père, Jeannine, la mère, Marisa, la grand-mère paternelle. C'étaient des cheminots. Roger chaudronnier hautement qualifié travaillait au dépôt SNCF de Bongraine, comme son père et son beau-père l'avaient fait avant lui. Les deux étaient décédés. Jeannine, quant à elle, fabriquait sur mesure des corsets orthopédiques dans un magasin de la rue du Palais près de la banque du Crédit lyonnais. Les parents d'Annie nés en 1920 et 1921 me paraissaient très jeunes, comparés aux miens. La grand-mère Renault, maman de Jeannine, vivait seule dans une petite maison à deux pas sur le même trottoir de l'avenue Salengro. Les parents d'Annie me proposaient de déjeuner un dimanche. J'en pris l'habitude. Grand-mère Marisa préparait le repas, pendant que Roger ouvrait des huîtres. C'était bon et copieux. L'ambiance était conviviale. Tout le monde disait son mot. J'avais des opinions politiques différentes, mais personne ne portait atteinte à l'autre. Dans ces échanges je remarquais très vite les liens d'affection privilégiés qui unissaient Annie à sa grand-mère Marisa. « C'est elle qui m'a élevée », me dit-elle un jour. Que je n'oublie pas la chienne Diane au beau poil noir. Annie en prenait soin avec tendresse. Un soir qu'il faisait nuit nous étions allés en Solex la chercher à La Pallice chez un douanier qui ne pouvait pas la garder chez lui. Au retour vers Aytré, Annie assise sur le porte-bagages tenait Diane dans ses bras. Cela manquait de confort. J'apprenais aussitôt à conduire par une agence du haut de la rue Gargoulleau. Le dix-huit avril 1964, je revenais fièrement avec mon permis de conduire en main. Une collègue du bureau me vendait sa 2 CV Citroën, celle qui avait le capot du moteur en fines cannelures, ma première voiture, immatriculée 204 FR17 ! Cinquante ans après, je ne l'ai pas oublié ! La première sortie j'allais « m'entraîner » dans un endroit isolé du côté d'Esnandes, avec Annie. J'empruntais sans le savoir un petit chemin de terre sans issue. Au bout, je devais faire marche arrière avec la mer de chaque côté. Je n'y arrivais pas ; ayant appris sur un autre modèle de voiture. L'angoisse...! Mes mains en sueur glissaient sur le volant métallique peint. Finalement j'arrivais à passer la marche arrière, je m'habituais au changement de vitesse particulier de cette voiture. Dans la conduite une vague de « pouvoir de liberté » m'envahissait. Elle m'est restée encore aujourd'hui. Au mois d'août, j'eus droit à une dizaine de jours de congé. Avec Annie nous préparions notre premier voyage ensemble, en passant par une des rares agences de voyages grand public. Il y en avait deux à La Rochelle. Destination le Tyrol Autrichien, Kufstein, près de la frontière allemande.

La voiture d'occasion roulait impeccablement. Nous avions ouvert la capote. En nouveau conducteur, je faisais attention à la route et à la circulation, un peu crispé sur le volant. Pour mieux le tenir, je portais des gants de cuir sur la paume et textile tressé sur le dessus ! Annie protégeait sa tête du soleil par un petit chapeau rond, adorable, noir avec un ruban rose qui retombait sur le revers. Dans le bruit aigu du moteur, la route nationale défilait comme une route de campagne actuelle. Les villes se traversaient rapidement, Poitiers, La Châtre, Paray-le-Monial où l'on s'arrêtait déjeuner dans un bon restaurant à 16 francs le menu[40]... Nantua-Bellegarde. Avant cette ville, dans une région boisée, nous étions passés près d'une sorte de camp constitué de bâtiments à rez-de-chaussée et couverts de tôles ondulées, « Comme en Afrique... » je commentais. L'endroit était complètement isolé. On s'arrêtait en questionnement. En voyant des femmes algériennes, nous comprenions qu'il s'agissait d'un camp d'accueil de familles de Harkis qui avaient accompagné le départ de l'armée d'Algérie. J'étais outré. Comment pouvait-on s'intégrer à la société française ici et dans ces conditions ? J'imaginais sans peine la part de frustration de ceux qui avaient choisi notre pays et les problèmes futurs que cela poserait. Comment des fautes comme celle-

[40] « Plateau de hors-d'œuvre-truite aux amandes-chevreuil aux poires – salade – plateau de fromages – gâteau »... à mettre en rapport avec les menus d'Autriche.

ci pouvaient-elles être commises ? Décidément mon rapport aux hommes politiques ne s'améliorait pas. Quand, au retour de vacances, j'évoquais le sujet, on me riait au nez… La route se prolongeait, Genève, le lac Léman, Berne, Feldkirch, enfin l'Autriche. Nous étions des yeux grands ouverts dans la vallée de l'Inn et la montée du col de l'Arlberg. Le paysage de montagne, que je découvrais pour la première fois de ma vie, m'enthousiasmait ; Innsbruck, enfin Kufstein. Une chambre nous attendait à l'hôtel Eigger. Nous n'étions pas mariés et cela nous valait les regards en coin des touristes français, au reste pas très nombreux. Leurs coups d'œil devinrent mauvais quand ils ont vu à nos doigts les alliances que nous venions d'acheter chez un joaillier de la ville. Elles étaient en or « jaune autrichien » qui se distinguait de l'or français d'une couleur plutôt cuivrée. En plus, notre choix s'était porté sur de gros anneaux, alors que les alliances « françaises » étaient fines. On mangeait à part ! En revanche et bien qu'en 1964, la nourriture faisait encore très « après-guerre », pommes de terre bouillies à tous les repas, côtelettes de porc ou saucisses, choux en entrée ; menu type de tous les restaurants. Les quelques touristes français « râlaient »… déjà ! Ils rouspétaient aussi à propos des lits au couchage avec un seul drap sur le matelas et une couette sur le dessus. Ils réclamaient deux draps avec des couvertures bordées serrées, « Comme en France… » disaient-ils ! Nous, nous adorions. Quarante ans après, la majorité des Français privilégiera les couettes ! À l'entrée de Kufstein il y avait une grande plaine herbeuse qui servait de piste d'envol à des planeurs. Ceux-ci étaient tirés par un câble attaché à une voiture « Coccinelle » dont on avait enlevé la carrosserie. Un vrai spectacle que la population, essentiellement des touristes allemands, venait admirer. Ce qui nous impressionna le plus fut la vue du parking : des Volkswagen Coccinelle par centaines, bien alignées les unes contre les autres ! [41] On se demandait comment les propriétaires pouvaient retrouver leur véhicule. Quant à nous, les déplacements se faisaient au rythme bienveillant et bruyant de la 2CV.

[41] Dix ans plus tard, ce seraient des Mercédès…

Un jour que nous empruntions notre première autoroute vers le lac du Chiemsee, la voiture n'avançait plus, bien que le moteur tournait. Je m'arrêtais sur le côté. Dans le moteur la jauge du niveau d'huile était au plus bas. Je rajoutais deux litres et c'était reparti. Quelle voiture ! Dans le pays, nous remarquions des différences pratiques d'avec la France : les phares des voitures avec éclairage blanc au lieu des ampoules jaunes de chez nous ; les marquages au sol de couleur blanche ; et le nec plus ultra, la peinture de bandes blanches le long des bas-côtés pour mieux les signaler. J'en parlais à mon retour aux professionnels de la DDE[42]. Ils avaient un sourire de commisération… Maintenant ces dispositions sont devenues courantes. Le retour se passait sans problème sauf à la frontière Suisse/France où notre immatriculation de la Charente-Maritime attirait la suspicion des douaniers suisses. Nous pensions n'avoir rien à déclarer… en regardant dans le sac à main d'Annie ils voyaient la boîte autrichienne des alliances que nous portions au doigt : ils établirent une amende après avoir fouillé la voiture dans tous ses recoins !

La famille d'Annie nous accueillit avec chaleur, quoique tintée de petits reproches sous-entendus. Partir en couple à l'étranger sans même être fiancés, ce n'était pas dans les codes de la société ! La grand-mère Marisa montrait une ouverture d'esprit beaucoup plus souple, « Vous avez bien fait les enfants ! » dit-elle. Elle était née Marisa, Raymonde, Maria Bonneron le 14 mai 1896 au Fenouillet, près des Sables-d'Olonne. Elle montrait un caractère positif, rieur malgré une vie difficile. Elle vénérait son mari François Vouillé né en décembre 1893 à Givrand près de Saint-Gilles Croix de Vie en Vendée. Grièvement blessé à la Première Guerre mondiale, il avait perdu l'usage de son bras droit. Il était peintre en bâtiment ; courageusement il se rééduquait en gaucher et devenait très habile. Embauché à la SNCF, les mutations le menaient au « dépôt » des trains à La Rochelle. Pendant la Deuxième Guerre il se privait de nourriture pour sa belle-

[42] Direction départementale de l'Équipement.

fille enceinte d'Annie. La sous-alimentation et les efforts l'épuisaient. Il mourait rapidement de la tuberculose en septembre 1944, âgé d'à peine cinquante et un ans. Il aurait la joie de tenir Annie dans ses bras à sa naissance le 05 mars 1943… pendant que le papa, Roger, était déjà parti au STO[43] depuis trois mois à Wiener-Neustadt à cinquante kilomètres au sud de Vienne. Roger a donc vu sa fille Annie seulement à l'âge de six mois lors de sa première « permission ». Il prit le maquis pour ne pas retourner travailler en Autriche. J'ai entendu souvent la maman d'Annie rappeler qu'elle n'avait pu survivre pendant ces années d'occupation que grâce au sacrifice du grand-père François. Ces générations étaient marquées par les guerres 1914/1918 puis 1939/1945…

Un dimanche nous avons emmené en 2CV la grand-mère Marisa à Givrand où habitait sa sœur Fernande avec Manuel Vouillé, son mari. En effet, les deux sœurs Marisa et Fernande Bonneron avaient épousé les deux frères François et Emmanuel Vouillé. Il y eut beaucoup de sensations dans ce voyage. Au-delà du fait de se trouver en voiture avec Annie, Marisa savait qu'elle revoyait sa sœur aînée souffrante pour la dernière fois. Je partageais l'intimité chaleureuse de ce moment entre des personnes qui me paraissaient si âgées… J'ai retenu un « mot » d'Emmanuel auquel, dans son jardin, je demandais pourquoi il étendait un film de plastique sur le sol. « C'est pour chauffer la terre », dit-il, pour favoriser la pousse des pommes de terre. J'ai trouvé l'expression superbe, l'homme qui chauffe la terre… Quelle belle symbolique ! La grand-mère Marisa me traitait avec affection. Quand je venais, elle ne manquait pas de préparer des moules sautées à la poêle avec des morceaux de mie de pain, de l'ail et du persil. C'était bon ! Elle n'avait que soixante-neuf ans, mais à cette époque les corps de la génération de nos parents étaient plus marqués par l'âge que ceux d'aujourd'hui. Les travaux des champs, les professions ouvrières manuelles usaient les organismes et l'on

[43] Service du Travail obligatoire, imposé par les Allemands.

vieillissait plus tôt. C'était son cas, visible dans les rides de son visage. Peut-être aussi à cause de cela elle aimait sortir dans le bénéfice de la société qui évoluait. En 1965, elle riait, comme rarement nous l'avions entendu, aux aventures de Louis de Funès et de Bourvil dans le film « Le Corniaud ». Les cheveux blancs bouclés courts, pomponnée, sa fine silhouette dans son manteau noir, elle nous suivait au cinéma l'Olympia, place de Verdun. Assise dans un fauteuil au premier rang du balcon, elle dominait avec contentement l'orchestre et la scène. À l'entracte, elle nous racontait comment dans les années 1930 le cinéma ambulant venait aux habitants de l'avenue Salengro à Aytré. Dans le grand pré devant leur maison, certains soirs d'été on installait à l'air libre des bancs en demi-cercle et l'on projetait un film muet sur une toile blanche tendue. Les habitants du quartier venaient se distraire… Annie, petite enfant, avait même assisté à des projections, à la sortie de la guerre.

J'annonçais ma venue à maman pour lui présenter Annie. Au premier regard qu'elle posait sur elle, je savais qu'elle l'adoptait. On visitait toutes les pièces de la maison, on se promenait sous les ifs devant et sous les pommiers derrière dans le pré. On déjeunait à midi dans la salle à manger. Le repas fut plus que convivial, affectueux. Maman parlait à Annie en mère à sa fille. Dans l'ambiance si chargée de vie de cette pièce, dans la présence-absence de ceux qui avaient partagé ici leurs repas, je ressentais l'agrégation d'Annie à ma famille dans le temps. L'entente se manifestait aussi avec ma sœur Camillia qui faisait part des études qu'elle avait entreprises à la faculté de Bordeaux pour obtenir sa « Capacité en droit ». Elle était studieuse, en plus du temps consacré aux soins de maman. Le soir, notre départ formait une promesse de retour. Il y en eut de nombreux. Lors de l'un d'eux, maman invitait à déjeuner, monsieur Lavasseur qu'elle surnommait gentiment « Latry », comme Myriam, enfant, l'appelait en apprenant à parler. L'expression était restée. « Latry » représentait le passé de maman. Il avait photographié toute la famille depuis quarante ans, saisissant les moments de l'éphémère qui composent notre existence. Emblématique et déjà âgé, je l'aimais bien et je prenais l'habitude avec Annie de lui apporter une bouteille de vin de Bordeaux chaque fois que je venais. Je devais la déboucher devant lui, il n'avait plus la force de le faire. Sans réels revenus, il m'émouvait avec sa sœur Marcelle.

À La Rochelle mon activité de travail m'amenait à sortir du bureau. Lamy avait obtenu l'étude de la réfection des hospices de la Charente-Maritime. Avec JC, le « métreur » de l'agence, j'allais effectuer les relevés dimensionnels de ces vieux bâtiments issus des congrégations religieuses, qui dataient pour la plupart du 19e siècle. Je ne citerai que les villes de Saintes, Montlieu, Mirambeau… L'expérience de ce premier gros travail qui s'étalait sur plusieurs semaines n'était pas ordinaire. Les hospices recevaient une population disparate des exclus de la société soit par l'âge élevé, soit par la maladie non contagieuse, mais chronique, soit par la déficience mentale, les « débiles ». Il n'y avait que des salles communes. L'image de l'une de celles de Montlieu m'est restée : environ soixante lits alignés sur trois rangées, une contre chaque façade et l'autre au milieu – une demi-douzaine de personnes alitées dont on reconnaissait l'état de santé selon la position des bras et du drap : les bras par-dessus = fragile, mais ça va, les bras sous le drap = difficile, les bras sous le drap et le drap remonté jusque sous le menton = critique… – une table de nuit s'intercalait entre chaque lit, avec des verres dessus et des restes de pain – dans l'espace de l'entrée un vieux monsieur était sanglé sur un fauteuil pour ne pas tomber. De la sciure de bois avait été répandue en cercle tout autour pour empêcher le pipi de se répandre, « Il fait toujours sous lui, alors vous comprenez… » nous dit le personnel un peu gêné – des résidents assis en face à face jouaient aux cartes sur les lits, la bouteille de vin posée sur la table de nuit – tout cela dans un va-et-vient de vieux en béquilles, de jeunes débiles un peu « Quasimodos », de femmes âgées moitié habillées ; au milieu d'une atmosphère d'urine, de caca, de cigarettes et de vin… Je vois comme si j'y étais, le drap d'un lit qui tremblait jusqu'au nez sur les mouvements des mains d'un « parkinsonien ». « Il n'en a plus pour longtemps », entendions-nous. L'administration de l'établissement nous avait donné les clés en paquet pour que nous puissions entrer partout. Il restait une pièce un peu isolée. Nous entrons sans méfiance. C'était la morgue, le lit contenait une personne. Nous étions obligés de tendre le décamètre dans l'angle au-dessus du corps. « Tu es le plus jeune », me dit le collègue... J'ai fait, m'appuyant sur le matelas qui bougeait avec la morte en dessous.

À notre départ, le directeur s'excusait, « C'est une femme de cent quarante kilos. Elle est morte depuis deux jours. Il faut faire un cercueil spécial. On n'a pas pensé à vous prévenir... ». Il nous offrait l'apéritif en racontant les enfants qui ne venaient pas voir leurs vieux parents, ou ceux qui téléphonaient pour avoir des nouvelles... de la fin prochaine ? Ou encore de ceux qui faisaient signer des donations en tenant la main des parents... Mon expérience humaine s'enrichissait. Au déjeuner le collègue JC m'offrait l'apéritif, « On l'a bien mérité », disait-il.

Cette description de l'existant justifie le but de notre travail qui était de rénover totalement ces établissements, notamment par la suppression des salles communes, la création de chambres individuelles et de blocs sanitaires dignes de ce nom. Nous étions en 1964/1965.

En dehors du travail je cherchais à faire du sport, nécessaire à l'expression de mon corps. Je découvrais par hasard les cours d'Aïki-Do qui venaient de commencer à La Rochelle. L'esprit de cette discipline japonaise me plut immédiatement dans une sorte de sérénité du dojo, entre le sol recouvert de tatamis et la blancheur des murs. L'effort physique, associé à la volonté de progression dans l'exercice des mouvements, correspondait à mon envie. Je me lançais à fond dans cette discipline. Je trouvais dans les Arts Martiaux l'équilibre du corps et de la pensée. Je me sentais bien en kimono blanc à faire vivre mon corps, pieds nus sur le tapis. J'avais beaucoup grossi depuis mon retour d'Afrique. Ma gourmandise s'en donnait à cœur joie, aussi en dix-huit mois, mon poids était passé de 62 à 82 kilos. Le besoin de ressentir la vie des muscles dans la force et l'esthétique de la gestuelle s'exprimait donc naturellement dans cette voie japonaise. La pratique donnait un sens unifiant le corps et l'esprit en une création nouvelle, une forme de langage symbolique. J'en appréciais tout autant la philosophie, les règles de respect mutuel, l'histoire où elle puisait ses sources. Je plongeais dans les vies des Maîtres Ueshiba et Funakoshi. Je poursuivais l'intérêt dans la littérature des Shoguns et des « Quarante-sept Rônins ». Je m'ouvrais à une éthique Extrême-Orientale. L'art du tir à l'arc et celui du sabre élevaient la pensée. J'étais séduit. Avec un groupe de pratiquants volontaristes et la ceinture noire, monsieur Da, nous avons fondé le « CRAK »[44] dont j'ai déposé les statuts à la préfecture, pour vivre de notre indépendance. Un Maître français, R. Cocâtre, venait de Paris par épisodes nous faire progresser au cours de stages. Deux fois par semaine après le travail, j'allais m'entraîner jusqu'à vingt et une heures, souvent aussi le dimanche matin. Une fragilité des articulations m'obligeait d'évoluer vers le karaté où elles étaient moins sollicitées. J'endurcissais mon corps. J'évacuais le stress. J'apprenais à me maîtriser. Je surmontais l'appréhension naturelle du face-à-face des combats[45] à pieds et mains nus, quand on se retrouve deux à deux, seuls au centre du dojo sous le regard des autres élèves assis en périmétrie. La concentration et le vide recherché de l'esprit servaient d'exutoire aux soucis de l'extérieur et aux tensions de l'intérieur. C'était une école d'éducation à la force mentale et à la détermination dans l'action sur lesquelles je m'appuierais tout au long de la vie. Sans vouloir trop anticiper le récit, je terminerai le sujet en disant que je fréquenterai assidûment les dojos pendant huit années jusqu'à l'âge de trente ans. Je passerai le 1er dan de karaté à Paris avec R. Cocâtre, à son dojo.

En filigrane de ces expériences, la relation amoureuse avec Annie continuait de se construire. On se retrouvait tous les jours, soit pendant l'heure du déjeuner soit après le travail où je l'attendais à l'arrêt des

[44] « Club rochelais d'Aïki-do Karaté ».
[45] Ju Kumité, en japonais.

bus place de Verdun pour la raccompagner chez ses parents. Le samedi matin était travaillé. Nous pouvions être ensemble le samedi après-midi… lorsque je ne restais pas au bureau pour faire des heures supplémentaires qui amélioraient mon salaire de fin de mois. Nous allions au restaurant, chez « Pujol » à l'étage, à l'angle des rues du Temple et des Templiers ; ou chez un Vietnamien de la rue du Minage. Naturellement j'étais invité le dimanche dans sa famille, l'ambiance chaleureuse des repas me plaisait beaucoup. Nous en profitions pour aller saluer la grand-mère maternelle d'Annie, Marie Renault dont la maison était à côté sur le même trottoir.

Elle était née Beaudois en 1888 à La Ville près de Bressuire dans les Deux-Sèvres. Son mari André, employé SNCF, était décédé en 1959 à l'âge de soixante-dix-sept ans. Ils avaient eu dix enfants, dont la maman d'Annie et, entre autres, Yvette. Celle-ci avait épousé Henri Lefermier, cheminot (ce qui ne surprendra personne !). Les couples de Roger Vouillé et d'Henri Lefermier se côtoyaient régulièrement. Je les entendais souvent évoquer l'enfance des deux sœurs à Nesmy en Vendée. Mais ce qui revenait le plus dans leurs conversations c'était le souvenir d'André Renault dont l'originalité les avait marqués. La jambe gauche coupée à la suite d'un accident de travail, costaud, il avait l'allure d'un flibustier en clopinant avec, fixé sous le genou, son pilon de bois qui frappait le sol. Il se déplaçait à bicyclette à pignon fixe, en traversant la route sans regarder, « Ils me voient ! », disait-il, parlant des conducteurs. Il allait jusqu'à La Pallice, près de 20 km aller/retour, avec sa seule jambe valide qui tournait le pédalier et l'autre pendante sur le côté. Une nuit, pris d'une rage de dents, il était allé dans son atelier au fond du jardin où il s'arrachait une molaire avec sa pince d'outillage. Il se désinfectait le palais d'un verre de « gnôle », avant de se rendormir comme si de rien n'était. L'hiver par temps de gel, on l'avait vu torse nu se laver dehors à la pompe au-dessus du puits. Il était abonné à la revue satirique anticléricale « La Calotte ». C'était une figure ! Sa femme Marie mourra en 1966. Je m'insérais petit à petit dans un univers familial différent, en équilibre avec le mien.

Lors d'un déplacement à Montguyon, Annie et moi annoncions à maman notre projet de nous marier. Elle réagit positivement, plus, elle montrait son contentement. Sa santé déclinait. Les déplacements à l'hôpital Saint-André de Bordeaux devenaient fréquents, tantôt en forme de contrôle, tantôt en hospitalisation de courte ou moyenne durée. Sans le montrer, ma sensibilité était très affectée. Je la voyais coincée entre son mauvais état physique, son manque de revenus et la situation de Camillia qui la culpabilisait. C'était beaucoup pour une veuve. D'autant que ses autres enfants ne pouvaient plus ou ne venaient plus près d'elle. Ils ne se rendaient pas compte que les épreuves l'avaient changée. À l'occasion de l'un de ces déplacements, elle m'apprit qu'elle s'était affiliée au tiers-ordre franciscain. Pour des raisons qui ne tenaient qu'à elle, elle me précisa qu'elle avait tout fait pour que ne subsiste aucune trace écrite de son nouvel « état spirituel ». Elle voulait que ce qu'elle considérait comme un progrès de son être restât dans l'humilité du secret. « Personne n'a besoin de savoir », me dit-elle. Je sus par Camillia qu'elle portait accrochée à sa ceinture de sous-vêtement, une petite découpe de tissu de robe de bure pour symboliser son appartenance à la fraternité franciscaine. [46] Son caractère s'était adouci. Cela me touchait. J'ai eu envie de pleurer intérieurement bien souvent. J'allais faire quelques pas dans le jardin pour qu'elle ne s'en aperçoive pas. Elle nous informait de son désir d'aller habiter à Bordeaux. Deux raisons motivaient sa décision. D'une part, Camillia qui pourrait poursuivre là-bas ses études et d'autre part la proximité de l'hôpital pour les soins nécessaires à sa santé. Elle ajoutait, « Et pour Camillia, elle pourra trouver plus facilement un mari dans cette ville universitaire… »

Annie et moi avions trouvé un appartement à Lagord, 65 rue des Gonthières dans un immeuble de trois étages avec balcon orienté au sud. Mon surpoids acquis en quelques mois provoquait une jaunisse sérieuse. Je restais alité quelques jours. Cela donnait à maman

---

[46] J'ai effectué des recherches à ce sujet en 2012… sans trouver de traces « administratives ».

l'occasion de m'écrire des lettres que je conservais tellement la tonalité s'en était transformée depuis celles de l'adolescence. Elle y exprimait un mélange de liens maternels, à la fois vers le petit enfant que chaque mère reconnaît dans les siens et vers l'adulte qui est l'altérité. Je savais bien qu'elle ressentait la précarité de celle qui sait qu'elle est « encore debout, mais sur la berge ». Quand chaque parole peut être l'ultime.

Quant à nous, la date du mariage était fixée au 29 mai 1965. Maman se préparait. Elle voulait venir. Elle avait trouvé un « beau tissu » pour se faire un ensemble. Nous étions très heureux de sa venue jusqu'au jour où elle tombait à nouveau malade à la suite d'un contact avec mon frère Julien qui lui rappelait qu'elle n'avait pas assisté à son propre mariage. Nous allions aussitôt la voir le dimanche suivant. Alitée, en mauvaise forme, elle confirmait que son état l'empêchait de se déplacer à La Rochelle. Nous lui proposions de l'emmener ; « peut-être », dit-elle. Elle était vraiment touchée. En repartant le soir, Annie et moi étions sans illusion. Quel dommage, encore une bonne occasion perdue ! Le samedi 29 notre mariage se célébrait dans l'église d'Aytré, si froide, humide et sombre. Nous étions heureux. Boris Lamy était mon témoin. La famille d'Annie largement représentée. Nous étions conduits dans la 404 Peugeot grenat de son oncle et parrain Lucien Renault, avec sa femme Luce. La marraine d'Annie, Yvette Lefermier, suivait avec son mari Henri auquel j'avais confié notre nouvelle voiture, une Opel Kadett blanche. Leurs deux jeunes enfants Claude et Dominique étaient naturellement de la fête. La grand-mère Marisa participait avec une robe neuve. Des cousins d'Annie, ses oncles et tantes nous accompagnaient. Ma sœur Fabienne représentait ma famille directe. Nous devions être une bonne trentaine de personnes au repas de midi, au restaurant du Commerce, place de Verdun. Toutes regrettèrent l'absence de ma maman. La soirée se prolongeait dans les bouteilles de champagne. L'ambiance restait chaleureuse et sans problème. Annie était vêtue d'un tailleur blanc très chic et d'un petit chapeau de même couleur. Elle était rayonnante. Je portais un costume gris à fines rayures rouges, une chemise blanche et une cravate foncée à pois rouges.

Pour notre voyage de noces, nous partions en voiture faire le tour d'Espagne. Burgos, Avila, Madrid, Séville, Cordoue, Elche où les habitations sur le sable dans la palmeraie me rappelaient l'Afrique, la côte Méditerranéenne ; rien ne nous échappait. Le pays, pauvre, marquait un gros décalage avec la France. Il y avait très peu de voitures et les camions bruyants enfumaient la route pendant que les chauffeurs conduisaient la tête hors de la portière, pour échapper à la température de la cabine ! C'était encore de l'exotisme ! Au retour nous faisions un crochet par Marseille dire bonjour à ma sœur Flô. On mesurait presque la qualité de nos vacances à la distance parcourue… Pour rester sur le thème des vacances, l'année suivante en 1966 nous retournions en Autriche et en Bavière sur la route de la Zugspitze et des châteaux de Louis II. Cette année-là nous achetions une tente canadienne bleue à double toit. Nous l'avions essayée un soir au camping de la plage d'Aytré. La grand-mère d'Annie, Marisa, était venue l'admirer. « Que vous serez bien ! » disait-elle, jeune d'esprit. Une petite aventure nous arrivait cependant à Oberammergau où la pluie de la journée et le froid de la nuit provoquaient une condensation si grande que nos duvets étaient trempés. On se trouvait une chambre d'hôtel à minuit… Dans ces pays nous apprécions les haltes dans les auberges au bord des lacs isolés dans les forêts. On pouvait y être servi l'après-midi, à toute heure sous les sapins, d'une grande assiette de jambon fumé avec du pain de seigle et une bière fraîche ! C'était bon et les paysages de montagnes étaient beaux. La qualité de l'accueil était de loin supérieure à ce que nous connaissions en France, d'une propreté surprenante pour nous français, pimpant avec les rideaux à carreaux rouges et blancs aux fenêtres. Nous revenions la tête pleine de souvenirs. Au terme de ces longs déplacements, je pris l'habitude de dire « merci » au Créateur de nous avoir protégés de tout accident pendant notre périple. À cette époque nous nous fixions nos priorités de vie qui, d'ailleurs, seraient les nôtres le long du futur. En premier, le travail. C'est lui qui nous faisait vivre. Tout serait donc consacré à sa réussite, puisque tout le reste en dépendait. En deuxième, les congés annuels avec un grand voyage qui serait la récompense de notre travail. Mais cela avait un prix. Nous avions conscience de la précarité de l'existence et ce choix était celui d'une certaine philosophie de vie : le voyage ou la maison à bâtir ? Nous avons préféré le premier. Quarante ans plus loin, nous ne le regrettons pas.

J'avais cependant hérité d'une petite somme de la succession de papa. Je l'investissais sans attendre dans l'achat d'un appartement de trois chambres, séjour, garage. Le père d'Annie avait eu vent d'un projet de construction d'un immeuble de dix-huit appartements sur un terrain situé en face de sa maison, de l'autre côté de l'avenue. Nous contractions un prêt de quatre-vingt-dix pour cent de la valeur à rembourser pendant vingt ans. La foi dans l'avenir s'affirmait. Maman m'encourageait dans cette voie. Elle avait hâte de venir voir les travaux.

En corollaire mes amis africains se manifestaient. Adama Traoré qui savait bien écrire m'envoyait plusieurs lettres annonçant sa venue. Je connaissais l'esprit des hommes de ces pays, prompts à partir à l'occasion d'une opportunité pour « trouver mieux ». Il m'avait reçu chez lui, je lui rendrais donc la pareille. À Abidjan il était magasinier dans un garage Citroën, alors pourquoi pas en France ? J'établissais une déclaration à destination des services de l'immigration selon laquelle j'étais responsable pendant un an des conditions pécuniaires, sanitaires et de logement de son séjour en France. Je faisais confiance, lui aussi sans doute. Il débarquait du bateau à Bordeaux à la fin 1965. J'allais le chercher. Il vint habiter dans une chambre de notre appartement de la rue des Gonthières où il vivait avec nous. Je l'accompagnais et le présentais au garage Citroën « Garchet » situé à La Rochelle, le long des Parcs. Sa démarche plut. Il était embauché au même poste que celui qu'il occupait à Abidjan. Au bout de trois mois, il trouvait une chambre à louer dans une petite maison du haut de l'avenue Guitton chez une vieille dame qui s'occupait de lui comme de son enfant. Il avait tout de même une bonne quarantaine d'années ! Il s'appliquait à s'intégrer dans notre société. Pour nous remercier Annie et moi de notre accueil, il nous invitait à dîner au restaurant La Cagouille qui venait d'ouvrir récemment. « Prenez tout ce qui vous fait plaisir, dit-il, c'est moi qui paye ». Je ne me privais pas. J'aimais les crêpes flambées au rhum du dessert et le cognac vieux qui les suivit… Nos rencontres s'espacèrent progressivement. J'observais qu'il était gêné que je lui parle de sa femme et de ses enfants. « Comment vont-ils, n'oublie pas de leur envoyer l'argent dont ils ont besoin ...? » Quand il me voyait, je crois que je signifiais pour lui une forme de conscience morale lui rappelant ses obligations familiales. Il m'évitait. L'année de ma caution à son égard se terminait. Quand des donneurs de leçon d'« humanisme » m'interpellaient, je leur proposais d'accueillir un Africain dans leur maison… Le hasard voulait que la venue de mon ami Adama coïncide avec la fin de lecture d'un livre en vogue, « L'Afrique noire est mal partie » de René Dumont. Il m'ouvrait les yeux sur une réalité que peu de personnes voulaient comprendre. Il alimentait mon scepticisme de raison… qui équilibrait mon optimisme foncier.

Cet épisode paru trop long à Annie. Nous étions juste mariés et je faisais venir un homme qu'elle ne connaissait pas dans notre petit appartement. J'avais un passé que je lui imposais, même si je lui avais demandé son accord. Je la remercie aujourd'hui. De nombreux commentaires de l'extérieur m'étaient hostiles.

Au travail j'avais besoin de changement. Mon objectif était d'atteindre la polyvalence des connaissances couvrant l'ensemble des activités d'une agence d'architecture ou d'un bureau d'études : dessin-administration-chantier. J'avais en tête d'obtenir rapidement une fonction d'encadrement. Je quittais donc le bureau de dessin pour rejoindre le service des marchés. Je le faisais d'autant plus volontiers que la fréquentation du groupe des dessinateurs commençait à me peser sérieusement. Les « Bordelais » jouaient entre eux un jeu trouble d'amitié d'apparence et de jalousie réelle. J'avais aussi trouvé à mon retour d'Afrique un cousin inconnu à la quarantaine passée dont je ne goûtais pas les sarcasmes sur ma famille. Je découvrais également le frère d'une amie très proche de Boris… Au-delà de l'aspect familial et personnel, je ne trouvais pas mon compte sur le plan professionnel. Le mélange des genres me gênait. L'envie d'un autre climat relationnel se faisait jour. Le service des marchés était dirigé par un ancien militaire, adjudant-chef du « Génie ». Il était compétent. Avec lui je me formais à la création des documents constitutifs des marchés entre les maîtres d'ouvrage, les maîtres d'œuvre et les entreprises. L'étude des cahiers des charges me motivait particulièrement et je mettais à profit les cours de droit que j'avais suivis. L'esprit astucieux et méfiant de l'ex-militaire faisait merveille pour détecter les insuffisances des pièces écrites. Une saine émulation s'exerçait entre nous, à celui qui découvrirait le « piège » caché dans la rédaction. Je m'apercevais que j'avais plaisir et une certaine aptitude à établir des contrats.

Sachant que j'étais allé en Côte-d'Ivoire, l'ancien militaire de carrière se montrait loquace sur sa vie passée qui, il faut le reconnaître, sortait de la banalité. En réaction contre ses parents, il s'était engagé à dix-huit ans dans l'armée pour trois ans en 1937… en 1939 débutait la Seconde Guerre mondiale, en 1945 il ne pouvait faire qu'une chose, rester militaire. Son parcours personnel se transformait en cours d'histoire : avant-guerre il parcourait les sables de Tunisie. Fait prisonnier lors de la débâcle de 1940, il était très fier de parler de ses tentatives d'évasion de camps allemands – à la Libération il partait en Indochine sur la promesse orale commune à beaucoup de jeunes militaires, « Là-bas, tu seras vite nommé officier… ». « En Indo, racontait-il, j'étais adjudant. Dans les sorties dangereuses, on nous donnait des ordres de mission sous notre grade portant la mention additionnelle “faisant office de lieutenant” et parfois même de capitaine ». Il n'était pas tendre envers la plupart des officiers (mais pas de tous, bien sûr) dont il avait pu voir le comportement dans la retraite de France, dans les « offlags » en Allemagne et maintenant en Indochine. J'eus droit à sa lecture des désastres de Cao Bang et de Langson sur la célèbre route RC4 au nord Indochinois. J'entendis évoquer Saïgon, le quartier de « Cholon » et ses canards et le Parc à Buffle – il racontait sa remontée du Mékong jusqu'au lac Tonlé Sap, à propos de laquelle je relevais son observation à ma question sur le « de quoi vivaient les populations ? » : « les habitants étaient pauvres, mais personne ne mourait de faim. Une ligne jetée dans le fleuve et un poisson se laissait prendre, une banane cueillie et l'on pouvait se nourrir ». J'avais déjà constaté en Côte d'Ivoire que le bonheur pouvait exister en dehors de la possession du frigidaire. J'entendis citer le « Palmier en Zinc » de Djibouti avant de finir dans les sables du Sahara en Algérie et du « chœur des vierges » de Tamanrasset. J'écris ces quelques lignes pour montrer comment pouvait se transmettre d'une génération à l'autre une « forme » partielle de l'Histoire dans des témoignages personnels, mais issus de la réalité. Il est vrai que j'avais l'oreille attentive…

Par ailleurs, et plus largement dans d'autres lieux que l'agence, les coulisses de la vie professionnelle se montraient dans toute leur nudité. Dans ces années de construction nationale, les opérations immobilières étaient nombreuses et mettaient en jeu des sommes considérables. La conception de ZUP [47] « descendait » pour l'essentiel de bureaux parisiens où exerçait un architecte qualifié de « Mandarin ». En un seul plan masse dessiné sur un coin de table par un projeteur, trois ou quatre mille logements s'implantaient. Les aberrations ne manquaient pas. Mais le mandarin veillait à la distribution des lots et des honoraires… Les hommes politiques s'en mêlaient au plan national comme local. Je compris tout de suite pourquoi il y avait pléthore de candidats dans la course aux élections. J'y trouvais confirmation de mon parti-pris de ne pas aller voter. Je connaissais trop leur mine gourmande. Les fonctionnaires de tout niveau suivaient sans vergogne. Ils délivraient les

[47] Zone à Urbaniser en Priorité.

autorisations administratives. Les entreprises en profitaient. Des architectes à l'esprit éclairé attiraient néanmoins l'attention sur les conséquences catastrophiques que ne manquerait pas de produire cet urbanisme sans âme. Leurs confrères les qualifiaient de jaloux : « parce qu'ils ne sont pas sous la "gouttière" », disaient-ils élégamment. Un déjeuner d'entrepreneurs valait cent pages de droit appliqué. Autrement dit, sur le plan humain et sociétal, je commençais à être blindé.

Au fil des mois je progressais dans mes compétences professionnelles et je ressentais une maturité d'expérience qui me poussait à m'exprimer. Je m'étais abonné aux Journaux Officiels et me constituais une documentation technique de bon niveau. Je voulais avancer. J'aimais le contact relationnel avec les clients et les autres intervenants extérieurs. Je voulais « sortir » du bureau. J'avais envie de « faire du chantier » où la maîtrise d'œuvre des travaux m'attirait dans la polyvalence des sujets.

En parallèle, ces années 1966/67 voyaient mon environnement se modifier en profondeur. Les relations maritales de ma sœur prenaient une tournure conflictuelle avec Boris. Celui-ci n'était plus le garçon que j'avais vu venir de Plassac à Montguyon à bicyclette avec un bidon sur le cadre, ni même le jeune architecte qui plus tard m'avait emmené sur sa Vespa de La Rochelle à Plassac en Gironde, chez ses parents. Il était désormais à la tête d'un très important cabinet avec beaucoup de travail, beaucoup de sorties extérieures et quelques conquêtes féminines. Or, j'étais son beau-frère et je travaillais à son agence. L'ambiguïté n'échappait à personne. « Fan » de rugby, il avait mis sur pied une équipe avec les employés dans laquelle je jouais. Les sorties d'après match et les plaisanteries grossières me devenaient de plus en plus difficiles à supporter… Un sentiment intérieur prenait progressivement tournure dans une affirmation de soi étayée désormais sur l'expérience : il fallait partir.

À Montguyon, les choses ne s'arrangeaient pas. Maman avait vendu, sans me prévenir, une parcelle du pré de la maison familiale, mitoyenne de l'ancienne Justice de Paix, où se trouvait le poulailler. Cette nouvelle me touchait au cœur, comme une lame pénètre en vous. L'ensemble « maison de mon enfance » s'amputait d'une de ses parties. Sur le plan intérieur, mon émotion, pour être cachée, n'en était que plus brûlante. « Maman, j'aurais pu te donner une partie d'héritage que j'ai reçue de la succession de papa… ». « Mais non, garde ce qui est pour toi et pour Annie. Moi je me débrouille avec ce qui m'appartient… ». L'objectif de maman avec ce complément d'argent restait celui d'acheter une maison à Bordeaux. Elle la trouvait rue Brun pas trop loin du centre-ville. Elle nous y emmenait. La façade en pierres de taille, les deux niveaux, le petit jardinet à l'arrière, les trois chambres et le séjour semblaient en bon état. Quelques travaux d'adaptation étaient nécessaires. Dans la préparation de son départ et comme cadeau de mariage, elle me proposait de choisir ce que je préférais dans la maison. Sans une seconde d'hésitation, je prenais la bibliothèque. Son contenu de nombreux petits livres de fin de classe des grands-parents avec l'indication du nom et une mention genre « Prix d'écriture, année 1853… » m'était si proche, plus les autres ouvrages dont tant de doigts avaient tourné les pages. Mais aussi un manuscrit très épais relié, de mon arrière-grand-père Elie Lancien, sa thèse de vétérinaire : « Manuel opératoire ou résumé de toutes les opérations que le vétérinaire est à même de pratiquer pendant le cours de sa pratique – Année 1813 – », à l'École Vétérinaire de Toulouse. J'en remplissais le coffre de la voiture et tout l'espace de la banquette. Les amortisseurs arrière au plus bas, nous remontions lentement vers La Rochelle, l'avant relevé. Les voitures qui venaient de face, éblouies par notre éclairage, nous faisaient des appels de phares… normal, les nôtres regardaient le ciel.

Un jour, j'allais à Montguyon pour aider au déménagement de notre maison. Maman avait prévu trop grand. Les gros camions contenaient plus de volume que de meubles. Elle en fut surprise et commentait, « Tu vois, on est moins important que ce que l'on s'imagine ». J'entends l'électricien monsieur Klein, de la rue de la gendarmerie, venu décrocher le lustre du salon, sidéré par ce départ imprévu, « C'est pour toujours ...? Mais vous reviendrez, madame Delorant ?! ». Je parcourais les pièces vides. Je fermais les volets. Maman roulait déjà vers Bordeaux dans la 403 conduite par Camillia. À la réflexion, je l'admirais. Être capable de faire une telle rupture de vie à soixante-quatre ans accomplis ! En quelque sorte, couper le cordon ombilical de son passé et se projeter dans son à-venir. J'étais bluffé !

Maman est née le deux décembre 1901 à Montguyon. Sa petite enfance s'enfonce dans le milieu familial perturbé de ses parents, grand-père Lancien et Marie Charpentier dont le divorce en 1905 devait la marquer pour le restant de sa vie. Toute petite, ses parents l'écartèlent entre la vie passée « rêvée » de Pougues les Eaux où l'emmène régulièrement sa maman et la vie « assombrie » du Montguyon de son papa. J'ai mis en lumière ces événements dans les précédents passages. On ne peut les oublier si l'on veut comprendre les réactions de son ressenti qui déforment tellement la réalité de son tempérament profond. Sa scolarité échappe à l'école communale. Elle reçoit une éducation par des précepteurs. Son intelligence accroche bien. Elle se signale par une disposition exceptionnelle à la musique. Son oreille fait merveille en étude du solfège. Son habileté au piano et sa mémoire des partitions surprennent son entourage. Grand-mère Charpentier l'envoyait à Paris à son adolescence pour y suivre des cours de piano. Elle devenait une mélomane avertie. De plus elle possédait une belle voix. Cependant, personne ne remarque que cette enfant est élevée en dehors de tout contact communautaire de son âge. Elle grandit isolée, dans son monde, dans le décalage du rêve espéré et de la réalité qui s'affrontent. Les affects du tout début l'accompagnent donc dans le déploiement de sa personnalité contradictoire. Elle est l'être de la spontanéité. Il n'est pas évident de discerner l'enthousiasme sous l'emballement, le bon cœur derrière le refus, l'idéal sous le jugement péremptoire, l'amour sous l'interdit. Ses réactions épidermiques provoquent tant de contresens, tant d'erreurs d'appréciation. Au fond, sans doute comme beaucoup d'entre nous, elle est en manque d'amour. Elle le trouve auprès de Louis Delorant, nouveau médecin de Montguyon. Onze ans les séparent. Ils se marient le 16 juillet 1925, à Paris en l'église St Ferdinand des Ternes. – Bizarrerie de leur histoire ? Loin des parents respectifs. Jusqu'en 1942 maman met au monde six enfants et deux fausses-couches. Ces deux absences présentes dans la parole m'interrogent. Comment être le premier de la course des spermatozoïdes et rater sa sortie ? Maman plus prosaïque ne se pose pas de questions : « Tu ne crois pas qu'avec six enfants c'est bien suffisant ?! ». Ce sont ses plus belles années. Dans leur grande maison qu'elle appelle « Villa des ifs », elle mène une vie apaisée. C'est une très belle femme au corps bien proportionné et généreux. Elle attire le regard. Elle aime Louis qui le lui rend bien. Les enfants grandissent dans le jardin. Les soucis matériels s'éloignent enfin. Les photos de cette période nous montrent une famille établie dans le confort bourgeois, sans gros soucis. Louis travaille énormément sans compter son temps. Quand il se repose, il aime prendre ses enfants sur ses genoux. Louis et Marguerite sont deux affectueux. Le déclenchement de la guerre contre l'Allemagne en 1939 vient perturber leur paysage. Louis est mobilisé en tant que médecin à Poitiers. À l'armistice de 1940, il revient. Marguerite se sent mieux. Patatras, les Allemands arrivent. Ils s'installent dans le pré et l'officier commandant la « zone » de Montguyon réquisitionne la chambre « Empire », celle qui donne sur le pré. Le 22 novembre 1942, Marguerite donne le jour à Louis (moi !) qui sera son dernier-né.

De ce temps où j'étais dans le berceau, maman rappelait avec fierté que pendant la guerre elle allait à Libourne à bicyclette, distante de plus de trente kilomètres. Les jantes en bois, les pneus « pleins », le cadre en acier, cette bicyclette était lourde. Maman l'utilisait pour faire du troc avec des victuailles de fermes qu'elle emportait. Elle les échangeait contre des produits « finis », notamment des tissus pour habiller ses enfants. Elle partait le matin, négociait ses affaires et revenait le soir même, quatre heures pour l'aller autant pour le retour, soixante kilomètres… En plus, elle prenait le risque d'être arrêtée par les Allemands pour pratique interdite de « marché noir ».

Malgré tout, à la Libération, maman est victime d'une délation. Des « résistants » FFI que personne ne connaît envahissent la maison en l'absence de papa et emmènent maman à la sous-préfecture de Jonzac. « Elle a collaboré avec l'ennemi », affirment-ils. À ce moment trouble de l'Histoire de France, parmi les dénonciations généralisées, l'accusation peut entraîner de graves conséquences. Maman risque soit d'être condamnée à de la prison, soit d'avoir la tête tondue par les résistants de dernière heure, soit au pire d'être fusillée dans l'excitation générale des circonstances. L'ordre républicain et la légalité sont encore en gestation. Mais que reproche-t-on à maman ? Rien de précis. Papa se précipite à Jonzac où il peut expliquer que les Allemands ont réquisitionné le pré et notre maison où un officier « occupe » une chambre. Tout cela est évident. Rien ne peut lui être reproché. Les états de services militaires de papa, son action pendant l'Occupation vis-à-vis des plus démunis suffisent également aux gradés responsables, d'autant qu'aucun « témoin » ne vient courageusement se présenter. Il s'agit donc d'une calomnie anonyme comme il y en a tant. Maman revient dans une Jeep ouverte en plein vent, avec des drapeaux tricolores fixés aux quatre coins. Elle est fragile de la gorge. Gentiment les accompagnants lui donnent la seule chose qu'ils ont sous la main : le drapeau français ! Dont elle se fait un foulard ! L'affaire aura duré quarante-huit heures. Elle y voit l'effet de la jalousie personnelle et sociale : elle est riche, elle est belle, elle est catholique et, le pire pour certains, elle ne cache pas son anticommunisme. Depuis cette épreuve elle porte un regard amer et désabusé sur le genre humain. Je la comprends.

Mais revenons au moment où elle quitte Montguyon vers sa nouvelle destinée.

Les souvenirs de maman partent dans les camions du déménagement. Elle habite désormais Bordeaux. Nous allons fréquemment la voir avec

Annie dans sa nouvelle maison de la rue Brun. Chaque fois nous remplissons le coffre de la voiture de victuailles. « Ne prépare rien, nous apportons ce qu'il faut… ». Les repas sont empreints de chaleur. Nous évoquons tous les sujets. Chacun écoute l'autre. À la fin du déjeuner, elle va chercher une bouteille de très vieux cognac d'au moins quarante ans, qu'elle a retrouvée en partant de Montguyon ; le meilleur de ma vie. Elle aime beaucoup nous accueillir. Elle est pleine d'attention pour Annie. J'observe ici la prédisposition d'Annie à se trouver en sympathie dans un milieu affectif. Le changement à la baisse de l'apparence physique de maman nous préoccupe. Ses rendez-vous à l'hôpital se multiplient. L'ablation de son sein n'a permis qu'une rémission. Nous observons qu'elle s'ennuie dans cette nouvelle maison. Annie suggère de lui offrir un poste de télévision. Je remarque l'émotion de maman à cette proposition, « Ce n'est pas la peine, ma vue n'est plus très bonne… ». Camillia nous informe des métastases qui se multiplient. La présence permanente de cette dernière nous réconforte. Elle est dans le concret des piqûres quotidiennes, des rendez-vous chez les médecins, des examens à l'hôpital. Comment ferions-nous sans elle ? Son dévouement auprès de maman nous émeut. Nous lui sommes reconnaissants de ce qu'elle fait., une sorte de vie sacrifiée. Qui d'autre agirait comme cela ? Un autre changement se manifeste chez maman, à mon avis plus important que le physique : celui de son expression affective. La maladie, la faiblesse, l'âge, qu'importe ; elle laisse tomber une à une les écailles de sa cuirasse protectrice. Sa parole libère de l'empathie, sa réflexion s'arrondit dans la modération. Sa foi elle-même, à mon grand étonnement, s'élargit au-delà des dogmes vers un universalisme plus profond… Quel dommage d'attendre la vieillesse pour montrer le nouveau-né tel qu'il est, sans les remparts de l'ego ni des sociétaux ! Parfois elle retourne à Montguyon passer deux ou trois jours. Ce sont des moments qui me font mal. Dans le bureau de papa, elle a gardé deux matelas avec une table et des chaises. Elle y met le couvert sur une nappe pour nous recevoir Annie et moi. Nous apportons de la nourriture, une bouteille de vin, des petites choses qu'elle aime manger. On ouvre les volets. On nettoie le jardin. On balaie la maison.

Les pièces sont froides. Nous montrons de la bonne humeur pour mieux recouvrir la tristesse qui nous enserre. Des instants joyeux demeurent cependant. Un dimanche nous venons rue Brun au volant de la nouvelle voiture Renault R10 luxe. Le vendeur de La Rochelle nous l'a prêtée pour essai. Nous emmenons maman à Arcachon. Elle est assise confortablement à l'avant, Annie et Camillia sur le siège arrière. Sur la route des Landes, j'augmente la vitesse jusqu'à 150 km/h. Maman, heureuse, ne craint rien, dans le léger sifflement de la vitesse de l'air sur la carrosserie. Elle nous raconte comment Willy sur cette route disait sentir les nuances des odeurs des bois… alors que les vitres étaient fermées. D'autres fois, nous l'emmenons à Chalais voir le Château. Nous faisons un tour dans les bois de Boscamnant où elle aime marcher dans les fougères. Nous prolongeons jusqu'à la ferme de Mastavy où elle allait jadis visiter le cousin Robert et sa femme Elénoutsa…

Les difficultés de ses autres enfants la soucient plus qu'elle ne le dit. À chacune de nos visites, elle nous parle d'eux. Les nouvelles ne la confortent pas : Myriam est à l'étranger avec Willy dont le comportement pose des questions – Flora à Marseille divorce de Maurice, celui-ci la laissant seule avec deux enfants – Fabienne à La Rochelle vit des moments difficiles avec Boris – Julien navigue. Elle craint pour sa santé. Camillia, qui la soigne, n'est pas mariée. La culpabilité la ronge. Louis, juste marié avec Annie, n'a pas encore construit son avenir.

Elle se sent seule à Bordeaux. Mes sœurs et mon frère lui manquent.

En 1967 le nombre de ses séjours à l'hôpital s'accélère. Nous avions préparé avec Annie un grand voyage en Bulgarie prévu pour trois semaines au mois de juin. Nous demandons son avis à maman. « Allez-y. Je serai ici à votre retour ». Nous partons avec l'Opel Kadett pour un long circuit qui nous fera passer par Venise, la côte Yougoslave où Dubrovnick nous enchanterait, enfin, la Bulgarie. Nous faisons halte quelques jours à Baltchik au bord de la mer Noire. Ce voyage étonne tout le monde : c'est « la guerre froide » – les États de l'Est ne sont pas accueillants – la Bulgarie, c'est loin. Tout cela est vrai, sauf que c'est le seul pays du pacte de Varsovie où un Français peut entrer sans visa et où les touristes de l'Ouest n'ont pas à déposer préalablement pour accord des autorités l'itinéraire de leur parcours. En Macédoine le ciel nocturne est si pur que les étoiles le remplissent d'une façon resserrée. Une vraie toile lumineuse. En Yougoslavie j'observe l'origine architecturale des constructions qui marque soit un avant l'occupation ottomane, soit un après actuel avec Tito. Comme si plusieurs siècles d'occupation n'avaient servi qu'à construire des mosquées. En Bulgarie le monastère de Rila, la vieille ville de Tarnovo, l'odeur des tilleuls de la vallée des roses comblent notre attente. À Sofia on visite le mausolée de l'ex-chef de l'Etat « Dimitrov » dont le corps embaumé est exposé dans une chasse en verre… « Comme Ste Bernadette à Nevers ». Le « peuple » est invité à venir honorer le « petit père » de l'indépendance. Un réseau de haut-parleurs quadrille toutes les rues, pour diffuser les informations ; impressionnant. Le vide des vitrines des magasins confirme ce que nous savons sur l'économie des pays communistes. À Baltchik, notre destination où nous campons, les femmes de ménage demandent des bas de soie et du savon à Annie, et à moi des lames de rasoir. Ceci dit, la population nous regarde avec sympathie. On vient nous parler à la plage. J'admire leur apprentissage des langues étrangères. La mer Noire est d'un bleu magnifique.

À notre retour nous apprenons l'hospitalisation de maman à l'hôpital Saint-André. Nous accourons à son chevet. Camillia nous informe du diagnostic réservé des médecins. Elle est dans une salle commune d'une dizaine de lits. Nous l'embrassons. Son teint rosé résulte du goutte-à-goutte. Assise calée contre son oreiller, elle cherche à montrer un reste de dynamisme, « Soyez sans crainte, je vais aller mieux… ». Nous ne sommes pas dupes. Elle fatigue vite à parler. Elle se renseigne sur notre voyage. Je vois que je lui parle trop, ses yeux se ferment. Nous repartons le plus tard possible vers La Rochelle. Je préviens les autres sœurs et mon frère. Minou, la femme de Julien, rend visite régulièrement à maman. Il se trouve que sa maman à elle est également en fin de vie, accueillie dans leur logement[48]. Elle va donc d'une chambre à l'autre. Les services de l'hôpital déplacent maman dans une chambre à un lit. Le samedi 29 juillet, son état se complique. Nous l'entourons ; Camillia, Fabienne, Flora, Annie et moi. Elle est à bout de force. On lui donne à boire de l'eau avec une paille. Elle aspire un peu. Sa tête dodeline à droite et gauche, sans tenue sur son cou qui me paraît subitement si mince. L'infirmière nous demande de partir, c'est la fin des visites. Je sors en dernier, en faisant un signe de la main. Elle me répond de sa main qui se balance, un petit sourire triste aux lèvres. Nous arrivons rue Brun un quart d'heure plus tard. Un mot nous y attend : « Madame Marguerite Delorant est décédée juste après votre départ à vingt heures ».

Myriam arrive trop tard, par le train le dimanche matin. Ses larmes coulent sur le quai.

La tombe de maman se trouve au cimetière Nord à Bruges près de Bordeaux, concession temporaire série V n° 285. Le mot temporaire me convient. Heureusement que les cimetières sont vides.

Nous retournons à La Rochelle, Annie et moi sur le chemin.

---

[48] Julien sur son bateau reçoit un télégramme radio de Minou : « Maman vient de décéder aujourd'hui ». Il s'agit de la mort de sa maman à lui. Il croit que c'est la maman de sa femme. Quelques jours après il reçoit un autre télégramme de Minou : « Ma maman est décédée aujourd'hui ». Dans l'émotion de l'instant, en lecture rapide, il confond le second message et le premier. « Je le sais déjà », dit-il. Ultime méprise.

Imprimé en Allemagne
Achevé d'imprimer en mars 2024
Dépôt légal : mars 2024

Pour

Le Lys Bleu Éditions
40, rue du Louvre
75001 Paris